U1070550

中国古代哲学十五讲

何 郁 著

商務印書館
国际有限公司

图书在版编目（CIP）数据

中国古代哲学十五讲 / 何郁著 . — 北京：商务印书馆国际有限公司，2015.4
ISBN 978-7-5176-0127-2

Ⅰ . ①中… Ⅱ . ①何… Ⅲ . ①古代哲学—中国—通俗读物 Ⅳ . ① B21-49

中国版本图书馆 CIP 数据核字（2015）第 054086 号

中国古代哲学十五讲

作　　者　何　郁
项目统筹　王志标
出版发行　商务印书馆国际有限公司
（地址　北京市东城区史家胡同甲 24 号　邮编　100010）
（总编室电话　010－65592876　市场营销部电话　010－65598498）
经　　销　全国新华书店
印　　刷　北京信彩瑞禾印刷厂
开　　本　787mm × 1092mm　1/32
印　　张　12.75
字　　数　265 千字
版　　次　2015 年 4 月第 1 版第 1 次印刷
书　　号　ISBN 978-7-5176-0127-2
定　　价　32.00 元

版权所有 • 侵权必究
如有印刷质量问题，请与我公司联系调换。

总有一盏灯叫哲学（代序）

何 郁

总也忘不了在乡下教书的那几年。鄂东南丘陵深处，一所名不见经传的农村中学，远离乡镇，甚至远离村庄，天黑后，死一般寂静。远处不时有一两声狗吠传来，使学校愈发显得寂静。这个时候，我总是习惯性地拿出一本书，静静地读起来，一灯如豆，黑暗像游魂，在四处游荡，偶有山风吹过，夜就一下子黑透了。

那时候，我正琢磨着报考古代哲学的研究生。

那是一种空前的孤寂！19岁时，我母亲和奶奶去世，24岁时，父亲又走了，留下我一个人孤零零地在这个世界上。我该依靠什么才能存活下来？幸好有书，有诗歌，有禅宗，而中国古代哲学又是我最喜欢的。当时我“毅然预订了全年”的《中国古代哲学史研究》（是这个名吗？有点记不住了），每一本新刊到手，都读得如痴如醉。奇怪，手头上居然还有一本不知从哪里弄来的任继愈先生主编的《中国哲学史》，只有一本，封底都已经脱落了，也经常拿出来拜读。不知为什么，那时候特别迷恋中国古代哲学，或许只有在那里，才有一个寄托吧；也或许那时正是人生最迷茫的时候，需要哲学的安抚。阅读哲学，是不是在冥冥中企盼哲学这盏灯的照引？是啊，青年人一旦遭遇不幸，总希望上帝伸出一只手来拉一拉自己。

当然，也可能跟我天性喜欢哲学有关系。上大学时经常逃课，但政治系的课——西方哲学史、现代西方哲学流派我一节课也没落下，而且总是想办法坐在前排。现在想想，也真有趣，那时候读得最多的书，竟然是弗洛伊德，是尼采，是萨特，是禅宗，而中外文学名著实在是读得不太够。后来参加工作了，仍然很喜欢哲学，特别是禅宗和庄子。大约是在2004年，因读庄子又逐渐喜欢读先秦诸子，然后顺流而下，沉浸在中国古代哲学这条静水深流的河流之中。仔细想想，在我人生的大坎处，总有哲学相伴，或许真是一种缘分；靠着哲学这盏灯，我才慢慢抬起头，看清前行的路。现如今，打开书柜，竟发现文学书和哲学书几乎各占一半，他们相安无事，日夜晤对。

为什么要读哲学？这问题似乎很难回答，但似乎又必须回答。记得我上中学时，政治老师讲过，哲学是关于世界观的学问，哲学总要问一问，这世界到底是什么？人们从哪里来，又往哪里去？我们与这个世界有什么联系，又该有怎样的联系？亲爱的朋友，你不知道，当我在一个深夜读到朱熹说，世界总是一个理，“合天地万物而言，只是一个理”，我是多么激动。我想，朱熹之所以能成为继孔子之后最大的学者和教师，是不是在于他对客观万物有自己独特的一套理解和认知呢？如果一个人能发现这个世界与自己的意义，内心不是一下子就强大起来了吗？剩下的就是做功夫，去探索这个“理”啊。在《朱子语类》中还记载有这样一个故事，有人问：“饮食之间，孰为天理，孰为人欲？”是啊，一个饮食，怎样区分“天理”和“人欲”呢，这是在拷问朱熹！朱熹回答说，“饮食者，天理也；要求美味，人欲也。”回答得多好！当然从生活和生命的角度来讲，要求美味也不算过分，吃好点，穿好点，本也是人之常情，但如果过分贪欲呢，如果没有节制呢？或许就很可怕！《项链》中的马蒂尔德不就是存有非分之想，终于导致一场悲剧吗？现在的社会人心浮躁，贪腐横行，难道与过分追求“人欲”没有关系吗？是不是往往在这时，我们总是忘记了天地之间还有一个“天理”在！想到这儿，我们是不是觉得朱熹曾秉承的“存天理，灭人欲”也有几分道理？至少他是对人们贪欲的一个警告！原来哲学也不远，也不陌生，就在我们身边，就在这些哲人的言辞里；哲学总在告诉我们，世界是什么，我们与世界有怎样的联系。

北大教授钱理群先生说，一个人要打好精神的底子，至少需要阅读五本书，《论语》《庄子》《红楼梦》，“唐诗”和鲁迅。前两者都是哲学著作，后两者虽然是文学，但也是哲学。其实唐诗里也有哲学，它有大唐的生命哲学、历史哲学和生活哲学。钱先生告诉我们，阅读哲学与一个人打好精神的底子关系十分密切。既如此，我们还犹豫什么呢？从今天起，就读哲学著作吧，从孔子读起，从老子读起。

作为教师需要读哲学，尤其是文科教师，因为我们需要用哲学打底子。一个缺少哲学根基的教师终归是轻飘飘的。作为中学生、青少年，甚至是小学生，也需要读哲学，尤其是读中国古代哲学。所谓打好精神的底子，也就是要烙上中华民族的印记，而这个印记有多半又是以中国古代哲学作为支撑的。所以阅读中国古代哲学十分重要！读哲学，又最好与读人相结合。有人说，文学即人学，其实哲学也是人学。一种哲学背后总站着一个哲学家，甚至一排哲学家，而这些哲学家又都是一个个个性鲜明的人。你要学习砥砺而行，那就读孔子，知其不可为而为之；你要学习诗意地栖居，那就读庄子，抟扶摇而上九霄去；你对军事有兴趣，那就读孙武，“兵者诡道也”；你想做一个洒脱智慧的人，那就读王阳明，见花开花落，悟人世浮沉……总之，你若要读，就读哲学，读中国古代哲学。

人生或短或长，总有许多盏灯在照引，其中，必有一盏灯叫哲学，因为我们每一个人都需要开悟……

识于蓬雀居

2015 年 2 月 5 日

目　录

第一讲

儒学宗师——孔子

儒学概述

儒学又称“儒教”，后来又称“儒术”，不管怎么变，它的基础思想没变，就是指以孔子创立奠基的、又经孟子继承和发展的“儒家思想”，其代表著作是“四书五经”，即《大学》《中庸》《论语》《孟子》，《诗经》《尚书》《礼记》《周易》《春秋》。“五经”又简称为“诗、书、礼、易、春秋”，也有称“六经”的，加上《乐经》。

儒学大致经历了先秦儒学、两汉儒学、唐代儒学、宋明儒学和近现代儒学这样几个阶段。

先秦儒学的主要代表人物是孔子及其弟子，孟子，荀子，其主要思想是讲“仁”，好“义”，崇“礼”。孔子的思想以“仁”为核心，孟子的思想以“义”为要素，荀子却极力推行“礼治”。概括起来，儒学的基本思想，就是坚持“亲亲”“尊尊”的立法原则，维护“礼治”，提倡“德治”，重视“人治”。

所谓“礼治”，其根本含义就是使贵贱、尊卑、长幼各有其特殊的行为规范。只有贵贱、尊卑、长幼、亲疏各有其礼，才能达到儒家心目中君君、臣臣、父父、子子、兄兄、弟弟、夫夫、妇妇的理想社会。“德治”就是主张以道德去感化教育人。儒家认为，无论人性善恶，都可以用道德去感化教育人。这种教化方式，是一种心理上的改造，使人变得善良，知道羞耻而去奸邪之心。“礼治”“德治”强调教化的程序，而“人治”则偏重德化者本身，是一种贤人政治。儒家相信“人格”有绝大的感召力，所以他们认为“为政在人”。儒家把伦理道德作为修身、齐家、治国、平天下最高的修养原则和人格境界。

在孔孟时代，因为诸侯争战，战乱频仍，统治者表面上关心儒学，尊崇贤能，其实他们真正关心的是铁血统治，谁能帮助他们取得胜利，辅助他们称王，谁就是他们的思想“教师爷”，这样孔子、孟子、荀子从来就没有被当权者真正青睐过。这不是孔子等人的悲哀，实在是时代的必然选择。到了汉代，为了巩固大一统的皇权地位，需要用儒学来统治、教化人们的思想，这时，儒学才得以被重视。西汉博学弘儒董仲舒，这位汉代最重要的儒学思想家，把儒家伦理思想概括为“三纲五常”，被汉武帝采纳，从此儒家思想被钦定为官方思想，延续至今。

魏晋南北朝时期，豪强割据，门阀混战，人命朝不保夕，于是人们近佛谈玄，企图在有限的生命里，过得逍遥自在一些，黄老之道得以兴盛，特别是庄子的逍遥思想被读书人奉为圭臬。官方哲学儒学的尊贵地位被动摇。到唐代，上至皇亲国戚，下至平民百姓，崇道敬佛，蔚成风气。作为有唐一代的儒学大师韩愈，看在眼里，急在心上。他以孟子自居，认为自己的历史使命就是继承和发扬儒家之“道统”。所谓“道统”，就是儒家的“仁义思想”。韩愈举起捍卫儒学正统地位的大旗，鲜明地反对佛老。为反对唐玄宗尊迎佛骨舍利，他几乎丢掉性命。赓续其后一起摇旗呐喊的，还有他的亲密战友柳宗元、刘禹锡，以及学生李翱。

历史上儒学再一次复兴是在宋明时期，史称理学时期，其代表人物有北宋的周敦颐、邵雍、张载，程颢、程颐兄弟，南宋的朱熹、陆九渊，明代的王阳明等。他们或拿太极图说事，如周敦颐，认为“无极而太极”，以太极为事物的本源；或以“气”解释万事万物的变化，认为“凡有，皆象也。凡象，皆气也”，建立“气”一元论哲学。

理学兴起于北宋中期，至南宋朱熹为集大成者，被定为官方哲学，明代进一步发展，至清朝逐渐衰落。理学的根本特点是以孟子学说和《周易》为哲学基础，吸收道家和佛教的思想，集中讨论“形而上”和“形而下”的相互关系，同时又关心社会现实问题，从而开创了一个新的哲学发展时期。

近代以来，特别是五四运动以来，人们对儒学进行了激烈的清算和批判，斥其为“吃人的礼教”，高喊要“打倒孔家店”。“孔老二”开始走下风。但，即便是这样，一批深受传统思想教育的知识分子，仍然埋头研究儒家经典，并以昌明儒家学说为使命，使中国的儒学又进入了一个辉煌时期，史称“新儒学”。

“新儒学”是在与西方近代民主和科学思想的交流碰撞中发展起来的，他对亚洲经济的腾飞，起到了推动作用。有学者甚至认为，亚洲“四小虎”的崛起，就是得益于儒家思想。

“新儒学”当以康有为肇始，以梁漱溟为先驱，在 20 世纪 20 年代走向鼎盛。康有为说，“孔子之道，其本在仁，其理在公，其法在平，其制在文，其体在各明名分，其用在与时进化。”又说，“夫主乎太平，则人人有自主之权；主乎文明，则事事去野蛮之陋；主乎公，则人人有大同之乐；主乎仁，则物物有得所之安；主乎各明权限，则人人不相侵害；主乎与时进化，则变通尽利。”（《春秋笔削大义微言考序》）康有为的这些思想，不仅继承了孔子思想的根本，而且非常接近西方现代民主思想，与时俱进，因此赢得了新儒家学者的吹捧和推崇。

“新儒学”的代表人物以思想倾向为特征可分为两派，一派以梁漱溟、熊十力等为代表，他们倡导新陆王学，史称“新心学”；一派以冯友兰为代表，他力主程朱学，史称“新理学”。三个人在中国传统哲学现代化方面都做出了杰出贡献。“新儒学”对世界哲学思想，特别是东南亚、欧美现代新思想的形成，对中国传统思想的传播，都有着重要作用。

伟哉！孔子

毫无疑问，孔子是中国最伟大的思想家和教育家。

司马迁对孔子是这样评价的：

“诗有之：‘高山仰止，景行行止。’虽不能至，然心乡往之。……天下君王至于贤人众矣，当时则荣，没则已焉。孔子布衣，传十馀世，学者宗之。自天子王侯，中国言六艺者折中于夫子，可谓至圣矣！”虽一介布衣，可推崇至圣，两千余年，无人能敌。

朱熹评价孔子说，“天不生仲尼，万古如长夜”。朱熹也是一代大儒，他这样评价孔子，足见孔子在他心目中的地位。是啊，如果没有孔子，不知华夏文明要晚到几时，也不知我们的思想根基会是什么色彩。著名学者李长之先生说，要说中国之立国精神，那就是儒家思想，要说儒家思想，首先就要说孔子，孔子是中华文明和中国文化的奠基人之一。

孔子以“仁”为旗帜，以清洁的人格和百折不挠的精神为旗杆，以雅人深致的道德境界为鼓吹，构造了一个直追周王朝的理想社会。可惜的是，在春秋时代，孔子在政治上注定是一个失败者——没有人理会他的倒退的政治蓝图。然而，孔子在思想和教育上，却又是最为成功的。它是中国传统思想的巨人，是中国古代教育的第一人。他的“仁者爱人”和“中庸之为德”的仁政思想，“朝闻道，夕死可矣”的知其不可为而为之的直追勇气，“不义而富且贵”的崇高道德修养，一直为后来的士人所敬仰。孔子以一人之力，把官办教育改制成民办教育，使教育的大门从官府向贫民子弟敞开，孔子是中华大地上最伟大的教育家。

孔子的一生并不复杂。他生于没落的鲁国贵族，三岁丧父，母亲颜徵在把他养大。十七岁时，母亲撒手人寰。大约十九岁时，孔子结婚了，第二年生下儿子孔鲤。后来，孔子相继干过管理牛羊和会计工作，约三十岁时，开门受徒，第一次做教师，创办了中国历史上第一所私立学校，有“贤人七十，弟子三千”。三十五岁时，孔子往齐国三年，无成，归鲁。四十七岁时，当上了中都宰（相当于首都行政长官）和鲁国大司寇（相当于鲁国司法部长），官已经做得不小了，这是孔子政治上最辉煌的时期。后仕途不顺，于是在五十三岁那一年，率领自己的学生离开鲁国，周游列国，历时十四年，经卫、曹、宋、郑、陈、蔡、楚等七个国家，但七国国君都对孔子“敬而远之”。六十八岁那一年，孔子回到鲁国，专心从事教育，编修“五经”，直至七十三岁逝世。三段从政经历，三段从教经历，前者基本失败，后者完全成功，这充分地说明，孔子是一个失败的政治家，又是一个成功的教育家。

我喜欢孔子这样几个镜头：

知错就改，自我解嘲。在《阳货》篇中，载有这样一个故事：

子之武城，闻弦歌之声，夫子莞尔而笑曰："割鸡焉用宰牛刀。"子游对曰："昔者偃也闻诸夫子曰：'君子学道则爱人，小人学道则易使也。'"子曰："二三子，偃之言是也。前言戏之耳。"

意思是：有一天，孔子去武城看望自己的学生子游。子游是武城的地方长官。孔子来到武城，听见满城弹琴瑟、诵诗书的声音，孔子笑着说："杀鸡哪里用得上牛刀啊？"或许孔子是想跟子游开个玩笑，但子游认真了，他说："从前老师教导我们说：'做官的君子学了道就会有仁爱之心，老百姓学了道就会听话顺从。'"孔子马上说："同学们，子游说的是对的，我刚才不过是跟他开个玩笑！"孔子一向倡导用诗书、礼乐教化民众，他怎么可能不知道弹琴瑟、诵诗书的重要性呢？看到武城有这一幕，他应该高兴才对，学生在认真践行自己的德政理想啊！他可能是觉得武城是个小地方，小地方容易管理，用不上诗书、礼乐的教化。很显然，孔子错了。教化民众又岂能分大地方、小地方？即便是针对一个人，也应该用之才对。错了就错了，承认就是了，孔子就是这样做的。不过，承认错误时，他有点自我解嘲，这就使孔子在承认错误的勇气里面，又显示了几分可爱。

爱学生，胜于爱己。颜渊之死，在孔子来说是一件大事，

《论语》浓墨重彩，四次记述，足见对孔子师生的重要。选其一处，见《先进》篇：

颜渊死。子曰："噫！天丧予！天丧予！"

颜渊死了，孔子恸哭："哎呀！这是老天要我的命啊！这是老天要我的命啊！"

一个学生去世，老师竟这样恸哭呼告，这是做学生的幸福，还是做老师的骄傲？恐怕二者都有吧！

颜渊是孔子最心爱的学生，颜渊的学识、操行、心境最合孔子意趣，师生二人唱和相契，现在颜渊去世，意味着孔子的知己不再啊！所以，孔子才这样痛哭流涕。

可即便这样，当颜渊的父亲颜路要求买棺椁厚葬颜渊时，孔子认为不可；当其他学生要求厚葬颜渊时，孔子还是没答应！因为这不合礼节。这就是孔子，即便是下葬颜渊，心中也仍然没有忘记儒家的"礼节"。

现在可还有这样的老师，这样的学生？

唯物求实，直面当下。《先进》篇中有这样一段文字：

季路问事鬼神，子曰："未能事人，焉能事鬼？"曰："敢问死？"曰："未知生，焉知死？"

这段文字很重要，可以一窥孔子的生死观和鬼神观。有人据此概括出孔子"敬鬼神而远之"的鬼神思想，其实与孔子相隔。孔子是一个唯物主义者，现实的焦虑充满了他的心胸，他哪有心思管理鬼神的事情呢？所以子路冒冒失失地跑来问鬼神时，他就显得有点不耐烦了。第一句回答算是正告，现实的事情都没弄好，哪里谈得上侍奉鬼神呢？这是唯物求实的态度，孔子要直面当下的世风日下，人心不古。第二句回答就有点态度啦！人生的事情还没搞清楚，你说死神的事情干什么？怪子路有点不理解自己。在孔子看来，为现实奔走，实现自己的政治抱负是头等大事，其他事情都可以靠后。可鲁莽的子路又怎能理解老师的隐衷呢？

知人善启，温文尔雅。“侍坐”章是《论语》中的名篇，记述了孔子与其弟子之间的一次言志活动。子路言志后，孔子“哂之”，也就是微微一笑，没表态——实际上已表态。冉有、公西华言志后，孔子未作评价，转而问曾皙：

“点，尔何如？”

鼓瑟希，铿尔，舍瑟而作，对曰：“异乎三子者之撰。”

子曰：“何伤乎？亦各言其志也。”

曰：“莫春者，春服既成，冠者五六人，童子六七人，浴乎沂，风乎舞雩，咏而归。”

夫子喟然叹曰：“吾与点也。”

曾皙说的是什么呢？“在暮春时节，天气开始暖和，春天的衣服已经穿上身，这时，和五六位成年人，六七个少年，到沂河里去洗澡，在舞雩台上吹吹风，一路唱着歌走回家。”这是多么惬意浪漫啊！孔子何以高度认同这一点呢？

孔子从根本上反对法制，崇尚礼治，更反对战争，所以，对子路的言志是微微一笑——他料定子路也成不了大事，所以且不管它！微微一笑，既言明了态度，又不使子路难堪，多么善解人意，多么温文尔雅！那么，对冉有、公西华的言志为什么也不表态呢？难道他们说的不对吗？原来，冉有、公西华虽然符合孔子的礼治思想，但他们的境界太低了，所以孔子虽然认同，但不满意，于是才转而问曾皙。只有曾皙的回答才是自己追求的理想啊！你想，一个国家，“老者安之，朋友信之，少者怀之，万物莫不遂其性”，这不就是国家富裕、百姓安乐、政通人和的礼治之景吗？这正是孔子的梦想啊！这时，作为奔波了一辈子的孔子，才可以松一口气，去大自然好好享受一下明媚的春光！

老而不颓，清醒告别。许多人年纪大了，或犯固执，或入颓唐，然而伟哉孔子，却老而不颓，十分清醒，眼看大限将至，竟发出长叹——非为自己，而是叹自己去世后，有谁来拯救这个日益堕落的世界？据《礼记·檀弓》载：

孔子蚤作，负手曳杖，消摇于门，歌曰：“泰山其颓乎！梁木其坏乎！哲人其萎乎！”

据说这是孔子去世前七天，在自家门口等子贡来时所唱的歌谣，“泰山就要倾倒了，梁柱就要折断了，哲人就要像草木那样枯萎烂掉了！”原来，孔子不仅是对自己的大限有预知，而且对自己的伟大作用也有着清醒的认识。“天不生仲尼，万古如长夜”，的确，孔子不仅是儒家一代宗师，也是亘古未有的伟大哲人，其时、其地、其景，除了他，有谁能拯救这个世界？

所幸的是，孔子死后，泰山没有倾倒，梁柱也没有折断，哲人也没有像草木那样枯萎烂掉，孔子的思想如一盏明灯，高高地照在中华大地上。

孔子的主要思想

孔子的思想内容宏富，博大精深，千百年来，一直影响着中国人的思想和生活。但由于孔子对其没有系统的论述，其思想主要是表现在一些对话和活动中，因此，名称繁多，前后说法不一，理解起来有些困难。比如，《论语》一书中，讲“礼”七十五次，讲“仁”一百零九次，几乎没有一处说法完全一致。

概括起来，孔子的主要思想就是“礼治”“德治”和“人治”。具体体现在他的哲学、政治、伦理和教育思想中。教育思想我们单独说明，这里主要介绍他的哲学思想、政治思想和伦理思想。

一、孔子的哲学思想

孔子是中国古代最伟大的哲学家，他不仅奠定了儒家哲学的基础，也奠定了中国哲学的基础。他的哲学自成体系，影响深远，主要表现在天命观、人道观和方法论上。

天命观。关于“天”，孔子说法不一，一会儿指主宰一切的上天，一会儿又指广袤的大自然。他提出“畏天命”的思想，说，“获罪于天，无所祷也。”（《八佾》）触怒了上天，连祈祷都是徒劳的。又说，“天何言哉，四时行焉，百物生焉。”（《阳货》）上天、大自然自有其不可告人的力量，作为人，我们只能是遵循天道。关于“命”，他提出“知命”的思想，说“不知命，无以为君子也”，并自称“五十而知天命”（《为政》）。孔子对“命”有着清醒的认识；不过孔子所说的“命”，并不是指上天的命令，而是一种人力所无法挽回的自然规律。

人道观。孔子的人道观就是讲“礼治”，仁礼结合。强调“礼”，并非孔子始。前人早有论述，如子产就说过：“夫礼，天之经也，地之义也，民之行也。”（《左传》）但纳仁入礼，仁礼结合，以期修身齐家治国平天下，却是自孔子始。孔子说，做人首先要学礼，“不学礼，无以立”，又说要“克己复礼”。治国要“为国以礼”，“齐之以礼”。为了说明仁礼结合的重要性，他又说“人而不仁，如礼何？人而不仁，如乐何？”孔子纳仁入礼，使“礼”不单单是作为外在的强制性力量，而且有“仁”作为内在的理性自觉的力量来支撑。

方法论。孔子的方法论就是讲“中庸之道”。“中庸之道”既是一种世界观，也是一种对待自然、社会、人生的基本方法。孔子的“中庸之道”概括起来就是两点，“执两用中”和“过犹不及”。“执两用中”就是做任何事，都要合乎中道，他说，“执其两端，用其中于民”。需要注意的是，孔子对那种貌似执中，而实则乡愿的人，又是深恶痛绝的。另外，凡事超过一定极限，也是孔子所不愿看到的。

二、孔子的政治思想

孔子政治思想的基本出发点就是企图恢复周王朝文明，在东方复兴周礼。孔子说，“周监于二代，郁郁乎文哉！吾从周。”周王朝是借鉴夏商二代政治制度建立起来的，多么灿烂啊，我尊崇周王朝的一切。

孔子为什么要恢复周王朝的礼乐制度呢？在孔子看来，眼下诸大夫僭越非礼，已经到了无法忍受的地步了。春秋时期，周天子已无足轻重，“礼乐征伐自诸侯出”，而诸侯国的权力又落到陪臣之首。孔子痛感礼乐混乱，君臣不分。他尖锐地批评鲁国三桓“八佾舞于庭”。“八佾”指八纵八横的舞列，本为周天子祭祀大典时的专用，现在卿大夫季桓子在家中演出也用，严重地僭越了周天子的礼乐制度。孔子表示出极大的愤慨，发出“是可忍，孰不可忍”的谴责。

为了复兴周礼，孔子特别强调正名。“正名”是儒、道、墨、法、名诸家都非常重视的一种政治理论。老子开篇就谈“名”和“道”的关系，“名可名，非常名；道可道，非常道”；墨家和儒家也就“名”和“实”的问题展开了辩论，儒家重“名”，墨家重“实”，两家针锋相对；法家和名家都就“名”和“实”的问题进行了仔细的争论，一时间“正名”问题十分热闹。

孔子“正名”不是为了凑热闹，而是为了复兴周礼。所以，当子路问他“卫君等着您去治理国政，您准备首先干什么”时，孔子毫不犹豫地回答，“必也正名乎！”必须先正名。孔子说，

"名不正，则言不顺；言不顺，则事不成；事不成，则礼乐不兴；礼乐不兴，则刑罚不中；刑罚不中，则民无所措手足。"当齐景公问孔子如何治理国家时，孔子回答说，"君君，臣臣，父父，子子"，使君臣父子各有名分，各司其职。要想理顺社会关系，必须先从正名开始，名正言顺，身正令行。

三、孔子的伦理思想

孔子的伦理思想以仁为核心，"仁者，爱人"，"人"在孔子这里得到了极大的尊重。有一个典型的事例为证：

厩焚。子退朝，曰："伤人乎？"不问马。马棚失火了。孔子退朝回来，问："伤人了吗？"不问马。可见孔子对人的尊重。当然，用现在的观点来看也有问题，为什么就不问问马呢？马也是生命啊！孔子那时可能还没有尊重动物的意识吧。

"忠恕"和"孝悌"，是孔子伦理思想的主要内容。当子夏问有没有一个关键词可以作为言行的准绳时，孔子回答说就是"忠恕"。"忠恕"之道，一体两面，一面为"己欲立而立人，己欲达而达人"，一面为"己所不欲，勿施于人"，一正一反，推己及人。至于"孝悌"，孔子也非常重视。孔子说，"其为人也孝悌，而好犯上者，鲜矣。不好犯上，而好作乱者，未之有也"，还说，"君子务本，本立而道生"，奉行孝道，友爱兄弟，是做人的根本。通常我们理解孝道是自上而下的，单方面的，实际上不是。孔子说，"父慈子孝，兄友弟恭"，都是相关的，对双方都有约束。

作为教育家的孔子

孔子是中国历史上最伟大的教育家。他一生做过三段教师，分别是：

第一个时期，三十岁至三十五岁。孔子自己讲，三十而立，据李长之考证，当为第一次独立做教师。孔子说，“我到了三十岁时，对任何事都有一个主意了。”指的就是做教师。这时候的学生有颜路（颜回的父亲）、子路、曾点（曾参的父亲）、孟懿子和南宫敬叔（孟僖子的两个儿子）。

第二个时期，三十七岁至五十岁。这是孔子做教师最辉煌的时期。当时，鲁国政权不在君而在大夫，大夫之政在士，士即陪臣，如阳货，所谓“陪臣执国命”。孔子认为这种政治生态不正常，不愿与这样的权臣同流合污，所以不仕。于是，“退而修诗书礼乐，弟子弥众，至自远方，莫不受业焉。”（司马迁语）这时的学生有颜回、子路、子贡、冉有、冉雍、公西华等。“盍不各言其志”（公冶长篇）和“侍坐”章（先进篇）

都出于该时期。

第三个时期，六十八岁至七十三岁，生命终结。六十八岁时，孔子结束长达十四年之久的流浪生活，自卫国回到鲁国，开始整理典籍《诗》《书》《礼》《乐》《易》《春秋》，使之成为定型教本。教育思想也日趋成熟。这时的学生有曾参、子张、子夏等。

作为一代教育大家，孔子自有其独立的教育理想、教育原则、教学方法。下面分别述之：

一、孔子的教育理想

“有教无类”。孔子开门办学，教育的大门向全社会敞开。孔门弟子有贫穷的，如颜回，“一箪食，一瓢饮，在陋巷”；有富裕的，如子贡，“赐不受命，而货殖焉，亿则屡中”；有地位低的，如子路，“卞之野人”，“子路事亲，尝食藜藿，负米百里之外”；有地位高的，如孟懿子，“鲁国贵族子弟”……有人说：夫子之门何其杂也？子贡回答说，君子以端正的品行等待四方之士，正如良医之门多病人一样。孔子说，“只要是能送来十条干肉的，我从来没有不教诲的。”孔子对学生一视同仁。

“培养君子”。培养君子的目的是实现自己的政治理想。什么是君子？子路问怎样才是君子。孔子说：“修养自己，保持严肃恭敬的态度。”子路又说：“像这样就够了吗？”孔子说：“修养自己，使贵族大夫们安居乐业。”子路说：“像这样就够了吗？”孔子还说：“修养自己，使全体百姓安居乐业。

修养自己，使全体百姓安居乐业，尧舜都担心自己做不到。”意思是，这是最高境界。概括起来就是两条：一曰修己；一曰安人。如何修己？做到三条：仁、知（智）、勇。

二、孔子的教育原则

1. 尊重个性，因材施教。同样是问“孝”，因为对象不同，所以回答就不同。在《为政》篇中——

孟懿子问孝，子曰：“无违。”（不要违背父母的意愿）

孟武伯问孝，子曰：“父母，唯其疾之忧。”（要担心父母的疾病）

子游问孝，子曰：“今之孝者，是谓能养。”（要做到尽心奉养）

子夏问孝，子曰：“色难。”（对父母要和颜悦色）

这才是因材施教，孔子做到了。然而，现在的我们又做得怎样呢？

2. 师生互动，如切如磋。学习贵在交流，老师和学生之间互通有无。有一天，颜渊、子路在孔子身边侍立。孔子说：“何不各自说说自己的志向？”子路说：“愿意有车马乘坐，有裘衣穿戴，与朋友共同使用，即便穿旧了破了也不抱怨。”颜渊说：“愿意不夸耀自己的长处，不表白自己的功劳。”子路说：“愿意听听老师的志向。”孔子说：“使年老的人安康舒适，使朋友们互相信任，使年幼的孩子得到关心养护。”孔子师生之间，就是这样如切如磋，如琢如磨。难怪他有“贤人七十，弟子三千”。

3. 学以致用，重视实践。孔子反对死读书，读死书；学习的目的就是为了有一天能到社会上去实现自己的政治抱负，去教化民众。他说，“诵《诗》三百，授之以政，不达；使于四方，不能专对，虽多，亦奚以为？”意思是，“熟读《诗经》三百篇，派他去从政做官，却不会处理政务；派他去当外交使节，却不能独立地办事交涉，即使书读得再多，又有什么用呢？”

子路问政。孔子又说，“先之，劳之。”请益。曰：“无倦。”意思是，“先要领头去干，带动老百姓勤劳地去干。”子路请求多讲一点。孔子说：“永远不要松懈。”你看，孔子多重视实践活动。

三、孔子的教学方法

1. 善于发问。孔子说：“不说怎么办、怎么办的人，我也对他没有办法。”做老师，要善于启发学生去发现问题，因为发现问题比解决问题更重要。许多人就是从发现问题开始走上治学道路的。

2. 举一反三。子曰：“不愤不启，不悱不发，举一隅不以三隅反，则不复也。”孔子说：“不到他冥思苦想而仍领会不了的时候，不去开导他；不到他想说而又说不出来时，不去启发他；告诉他一个角，他不能由此推知另外三个角，就不要再重复去教他了。”点拨、指导要恰到好处，这样才能起到一触即发、点燃学生的作用。

3. 学思结合。孔子非常重视学思结合，他说，“学而不思则罔，思而不学则殆。”“光学习而不深入思考，就会迷惑；光思考而不结合学习，就会很危险。”的确，要做一个会学习的人，只埋头苦学，或许可以做一个书袋子，可终究学不成名堂。

4. 教学相长。教师要善于放下身段，做学生也要敢于挑战老师。孔子说，“当仁不让于师。”面对着合乎仁德的事，即使是老师，也不必谦让。孔子又说，“三人行，必有我师焉。择其善者而从之，其不善者而改之。”

《论语》名句精读

一、论仁德

1. 子曰：“巧言令色，鲜矣仁。”

注释：令色，伪善的面貌。

翻译：孔子说：“花言巧语再加上一副伪善的面孔，这种人是很少有仁德的。”

精读：“巧言令色”，成语。孔子似乎不喜欢花言巧语、长得比较和善的人，他喜欢讷于言而敏于行的人，说话比较谨慎、木讷，但做事比较果敢、敏捷，这种人他喜欢。

2. 子曰：“知者乐水，仁者乐山。知者动，仁者静。知者乐，仁者寿。”

注释：前两个“乐”，读“要”，喜爱，喜欢。

翻译：智者喜欢水，仁者喜欢山。智者喜欢动，仁者喜欢静。智者快乐，仁者长寿。

精读：“知者乐水，仁者乐山”，成语。水，尚流动，富变化，勇争取，所以智者喜欢；山，藏丰富，能沉稳，有爱心，所以仁者喜欢。这大概也就是智者和仁者快乐和长寿的原因吧！

3. 子曰：“志士仁人，无求生以害仁，有杀身以成仁。”

注释：杀身，牺牲性命。

翻译：孔子说：“志士仁人，没有贪生怕死而损害仁义的，只有牺牲自己的性命来成全仁义。”

精读：“杀身成仁”，成语。儒家本来十分珍视人的生命，但在生命和仁义的冲突中，他们倡导“杀身成仁”。到底是生命重要，还是仁义重要？

4. 或曰：“以德报怨，何如？”子曰：“何以报德？以直报怨，以德报德。”

注释：或，有人。何以，以何，用什么。

翻译：有人说：“用恩德来回报怨恨，怎么样？”孔子说：“如果是这样，用什么来回报恩德呢？应该用公平正直来回报怨恨，用恩德来回报恩德。”

精读：“以德报怨”，成语。这是老子的话。这话类似于西方基督宣扬的“当有人打你左脸的时候，请你把右脸也转过去”，是一种忍让哲学。孔子不赞成这样的做法。孔子主张不念旧恶，但应该公平正直地指出来，这样既符合人之常情，也给对方以信号——我只是不愿纠缠，并不是奴颜婢膝。应该说，孔子的态度更客观。

二、论弘道

1. 子曰："朝闻道，夕死可矣。"

注释：道，道理，真理。

翻译：孔子说："早晨懂得真理，晚上即使死了也值得。"

精读：多么伟大的勇气，多么纯粹的精神，为了追求真理，朝闻夕死都可以。这便是儒家典型的生命不息、奋斗不止的精神。

2. 子曰："君子忧道不忧贫。"

注释：道，这里指儒家的政治理想。

翻译：孔子说："君子只担忧政治理想能否实现，从不在乎自己的贫穷。"

精读：儒家主张积极用世，因此，在他们心中，从来不把追求财富当一回事，相反，他们在乎的是自己的政治主张是否被人采纳，政治理想是否能够实现。他们拥有坚定的理想情怀！

3. 子曰："道不同，不相为谋。"

注释：道，道德理想。

翻译：孔子说："道德理想不同，就不要与他共同商议了。"

精读：生活中，有时候是这样，理论背景不同，主张不同，信仰不同，的确很难有共同语言，但如果换一个角度看，越是道不同，你是不是越要注意听取意见呢？他山之石，还可以攻玉呢！

三、论修身

1. 子曰："见贤思齐焉，见不贤而内自省也。"

注释：齐，看齐。

翻译：孔子说："看见贤人便应该向他看齐，看见不贤的人，便应该反观自省是否有与他一样的缺点。"

精读："见贤思齐"，成语。儒家很重视自省功夫，强调做人要善于自我反思。人，只有在自我反思中，才能不断进步。

2. 子曰："君子坦荡荡，小人长戚戚。"

注释：荡荡，平坦的样子。戚戚，忧愁的样子。

翻译：君子的心地平坦宽阔，小人却常常愁眉苦脸。

精读：君子何以能坦坦荡荡，因为君子不为个人谋福利，只为江山社稷谋振兴；小人为什么总是愁眉苦脸，因为小人整天为了一些鸡毛蒜皮的事，扯皮拉钩，钩心斗角，又怎能不忧愁纠结呢？

3. 子曰："君子不以言举人，不以人废言。"

注释：举，提拔，重用。

翻译：孔子说："君子不因为某人说好话就提拔他，也不因为某人不好就鄙弃他的意见。"

精读：“因人废言”，成语。孔子能有这样的认识，十分难得。孔子似乎能做到这一点。比如，他不因为卫灵公夫人南子的名声不好，就不与她言事，相反，他与南子仔仔细细商讨卫国的治理问题。西方也有类似的说法：我不同意你的意见，但我誓死捍卫你说话的权利。

四、论孝悌

1. 子曰：“父母在，不远游，游必有方。”

注释：方，方向，去向。

翻译：孔子说：“父母在，不出远门，如果要出远门，一定要告诉（父母）自己的去向。”

精读：孔子这样说，有两层含义，一是免得父母牵挂，二是怕万一父母有事，子女出远门了，也顾不上。特别是父母年事已高时，就更是如此。现在提倡“好男儿志在四方”。

2. 子夏问孝。子曰：“色难。”

注释：难，困难。

翻译：子夏问孝。孔子说：“子女在父母面前始终保持和颜悦色，很难。”

精读：孔子看透了人情世故，这话说得客观。俗话说，“久病床前无孝子”，平时，要在父母面前始终和颜悦色，很难很难，更何况是在长久生病的父母面前。孔子火眼金睛，能看透人的骨头。

五、论教育

1. 子曰：“默而识之，学而不厌，诲人不倦，何有于我哉？”

注释：识，同“誌”，记住。

翻译：孔子说：“把所见所闻默默记在心里，努力学习而不厌弃，教导别人而不知疲倦，这些事我做到了多少呢？”

精读：“学而不厌”“诲人不倦”，成语。孔子真是一个好老师，为学，他热爱学习，为师，他善于反思，对自己严格要求，如果每一个老师都能做到这样，该是多好啊！

2. 子曰：“不愤不启，不悱不发。举一隅不以三隅反，则不复也。”

注释：愤，想弄明白而不得。悱，想说明白而说不出。

翻译：孔子说：“不到他努力想弄明白而不得的程度不要去开导他，不到他想说明白而说不出的时候不要去启发他。如果他不能举一反三，就不要再给他举例了。”

精读：“举一反三”，成语。这段话涉及两个方面，一个是在什么时候启发学生最好，一个是学生在什么情况下不要再启发了，再启发也无济于事。孔子这是关注到学习者有求助的欲望了，自然这个时候再去点拨他，就是最好的。因为内因先起作用，再辅以外力，学习往往就能事半功倍。

3. 宰予昼寝。子曰：“朽木不可雕也，粪土之墙不可杇也！于予与何诛？”

注释：杇，同“圬”，指泥工抹墙的工具，此处指刷墙。与，语气词，同“欤”。诛，责备。

翻译：宰予大白天睡觉。孔子说：“腐朽了的木头不能雕刻，粪土一样的墙壁不能粉刷。对宰予这个人，又有什么可以责备的呢？”

精读：“朽木不可雕”，成语。看来，宰予有点让孔子失望，也有点让孔子生气，居然大白天睡觉。在一干弟子中，这恐怕是最严厉的批评了！对子路的批评，虽然来得猛，但快言快语，子路容易接受，对宰予这样表达生气和失望，宰予能接受吗？看来，孔子批评学生，有时候也难免失当啊。

4. 叶公问孔子于子路，子路不对。子曰：“女奚不曰，其为人也，发愤忘食，乐以忘忧，不知老之将至云尔。”

注释：奚，为什么。

翻译：叶公向子路问孔子，子路回答不出。孔子说：“你为什么不回答他，‘他这个人啊，为了搞清楚疑问常常忘了吃饭，高兴起来常常忘了忧愁，甚至衰老到来也不知道，仅此而已。’”

精读：“发愤忘食”“乐以忘忧”，成语。这真是一个清醒的老头，他自述其志，居然表现得那么快乐！孔子从学习和各种活动中充分体会到了无穷乐趣，它是一个清醒的现实主义者和浪漫的乐观主义者。一个“仅此而已”，表明孔子自得，但，坦诚可爱！

第二讲

理想主义儒学——孟子

孟子其人

孟子是继孔子之后儒家最伟大的思想家，历史上称为“亚圣”，与孔子合称为“孔孟”。孔孟思想在中国传统思想中，居于统治地位。

孟子是战国中期鲁国邹地人，是鲁国贵族的后裔。

四岁时，孟子父亲去世，家道彻底衰落，家庭收入主要来源于母亲织布，母子相依为命。孟子的母亲不仅聪慧、贤良、有眼光，而且很重视对孟子的教育。在《列女传》《韩诗外传》中记载有孟母教育孟子的故事：

首先，孟母很重视社会环境对孩子的影响。孟子小时候，家里很穷，住的地方靠近墓地，孟子整天与一帮孩子出于其间。孟母担心这样下去孩子会迷恋鬼神之事，于是带着孟子换了一个地方住。可是这次住的地方靠近市场，孟子贪玩市场上的炫卖之事，有空就往市场上跑，孟母担心这样下去，孩子会不思进取，于是带着孟子又换了一个地方。这一次，他们选择在一所学校旁安居下来，果然，受其环境影响，孟子开始安心读书，并且认真学习礼法之事。孟母说，这才是我们可以居住的地方。这个故事叫“孟母三迁”。

其次，孟母很重视对孩子意志力的培养，做事情贵在坚持，不能半途而废。有一天，孟子去学校读书，心中想着母亲的织布机在扎扎作响，心里贪玩，就停了下来，回家了。母亲知道孩子心里浮躁，安不下心来，于是就问孟子：“为什么逃学了？”孟子说：“想回来看看母亲织布。”母亲二话没说，拿起桌上的剪刀，剪断了正在织的布，捣毁了机杼，这样，不光是这匹布织不成了，而且织布机也不能再织布了，母子二人的生活受到了影响。孟子非常痛苦，对母亲表示再也不逃课了。孟母转啼为笑。自此以后，孟子读书十分用功。这是孟母“断杼教子”的故事。

孟母不仅注意孩子的读书学习教育，而且也很注意孩子的品德思想教育。有一次，村东头一户人家杀猪，孟子不解，问母亲，这家人杀猪干什么？母亲说，想把肉给你吃。说后，自知失言。孟母说，我怀你的时候，席子不正我不坐，食品不净我不吃，这是你的胎教。今天我说话自知失言，但为了教育你，做人要讲诚信，我说到做到。于是孟母把自家的小猪送到东家去杀了，割肉回来给孟子吃。这是孟母“杀猪取信”的故事。

由于孟母对孟子管教严格，加上孟子天资聪颖，读书又十分用功，所以孟子十分年轻时，就已经名闻乡里了，这可能也助长了孟子的骄傲情绪。有一天，孟子回家，推门而入，发现妻子竟然箕踞而坐，孟子十分生气，对母亲说，我要把妻子休了。母亲问明原因后，对孟子说，这不是你妻子违礼，而是你违礼。按照礼法，你进门前先要问清楚有谁在家，进厅堂时要让里面的人知道外面有人进来，进入卧室时要先向下看，这样做的目的，都是为了提醒里面的人要有所准备。你推门而入，毫无礼法，怎么能怪罪于你妻子箕踞而坐呢？孟子听完母亲的教训后，深悔对妻子无礼了。孟子知错能改，完全取决于母亲深明大义、严格礼法教育的结果。这是关于孟子休妻的故事。

作为战国中期最重要的思想家之一的孟子，小时候即受到了良好的教育，长大后，成为了一个满怀仁义道德的儒家学者，他的身上充满了理想主义色彩，正因为如此，孟子在先秦儒家里，也就成为了一个眉头紧锁的理想主义者。如孔子一样，他也一直在路上奔走，且走得比孔子更焦虑、更峻切。他似乎没有孔子从容，但比孔子幸运，他没有孔子那么辛苦。我们来看看孟子峻切、焦虑的脚步吧：

十四岁志于学。

二十六岁开门办学，创办子思学院，广纳门生，宣传儒家学说。

四十岁时，名声远播，邹穆公延请担任国职，从此开始出仕和游历生活。凡三十八年。

四十三岁时，齐威王招纳天下贤士，稷下学宫如日中天，孟子奔齐。后母亲去世，孟子回家守丧，三年后，再奔齐国。

六十七岁时，稷下学宫衰落，孟子去齐奔宋，不用；往滕，与滕文公有交流。后往魏，与梁（魏）惠王交谈甚欢。

约七十一岁时，再投奔齐宣王，与宣王多有交谈。

约七十八岁时，回到家乡邹地。从此，像他的先师孔子一样，从事著书和讲学，直到生命终结。享年八十四岁。

孟子在频繁的奔走中，始终如一地在做一件事——推行王道政治（仁义政治），但可惜的是，没人理会他。战国纷争，各路诸侯圈地抢人，要的是霸道，谁会对王道政治感兴趣呢？所以，孟子同孔子一样，在政治上也是一个失败者。

然而，孟子的思想和人格魅力却有着巨大的影响，跟随孟子游说和学习的弟子非常多，有名有姓的就有乐正子、公孙丑、万章、公都子、陈臻、充虞等十三人，高峰时，更多。据说，孟子离开滕国时，规模非常大，车几十辆，随从数百人。可见孟子在当时的影响。在这一点上，孟子比孔子强多了——孔子常常吃闭门羹和中途绝粮，惶惶如丧家之犬。

孟子在历史上真正受到重视是在唐代，主要推动者是韩愈。韩愈特别推许孟子的“以天下为己任”的“浩然之气”的理想人格，因此，他自己常常以儒家道统继承人自居。由于韩愈的推崇，孟子被抬高到儒家第二人的地步。到了宋代，王安石视孟子为千古知己，亲自为孟子作注。到了二程，又把孟子规定为官方意识，篆刻石经，并称孔孟。朱熹把《孟子》一书与《大学》《中庸》《论语》合编为四书，孟子地位步步升格。元代，孟子被追封为“邹国亚圣公”，从此，“亚圣”成为孟子的代名词，真正成为儒家的第二把手，直到今天。

在我看来，这一些表面文章并不重要，重要的是孟子的民本思想、仁政学说，和他的善养浩然之气的伟丈夫人格魅力，这些随着时代的前进，不仅对后代知识分子影响深远，而且愈发显示出熠熠的光辉。

孟子的主要思想

司马迁在《史记》中写道："孟轲，邹人也，受业于子思之门人。"意思是孟子是孔子的孙子子思之门人的学生。子思即孔子的孙子孔伋。这说明孟子是师承孔子及其弟子的思想的。孟子自己又说："予未得为孔子之徒也，予私淑诸人也。"孟子以自己没有赶上做孔子的学生为遗憾，但他很仰慕孔子的思想和为人，愿意做他的私淑弟子，这说明孟子以宣传孔子思想为己任，愿意以推行儒家思想为自己崇高的历史使命。

的确如此，孟子的一生可以说是为宣传、弘扬儒家思想而来。他两度适齐，去宋之鲁，居滕，赴魏，不停地在几个诸侯王之间穿梭，为的是推行王道、仁政，他想救民于水火之中，但无奈，他失败了。失败的孟子发出了一声浩叹："夫天未欲平治天下也；如欲平治天下，当今之世，舍我其谁也？"好一个伟丈夫！有一份责任，有一份担当，更有一副救世情怀！

那么，孟子到底有哪些基本思想呢？

首先，是他的民本思想。民本思想是孟子政治思想的核心，也是孟子思想中最闪光的部分。这一思想上承孔子。《尚书·泰誓》记载周武王伐纣进军的誓词说：“天视自我民视，天听自我民听。”意思是天意来自民意，民意反映天意，这样一来，顺从民意就是顺从天意。这个意思被概括为一句话，就是“民惟邦本，本固邦宁”。“邦”就是“国”，“民惟邦本”就是“民为国本”。“邦”——民众稳定了，“国”——国家就安宁了。孔子深刻认识到了这一点。他说，“博施于民而能济众”，只有让老百姓自足安宁了，国家才称得上是稳定的祥和的。孔子以此创立了自己“仁民济众”的德治学说。在此基础上，孟子提出了自己的民本思想——“民为贵，社稷次之，君为轻”。这十个字不简单。孟子从民众、社稷、君主三者的关系上，指出民众为社稷和君主的基础，对于社稷和君主来说，民众的地位最为重要，没有民众，社稷和君主都不复存在。尽管这一思想的出发点也是为了维护统治者的利益，企图国家和君主江山永固，但这一思想客观上却有石破天惊的意义。因为，是孟子第一次鲜明地指出，如果君主危害了国家政权的利益，这样的君主就可以换掉；如果一个国家不能造福黎民百姓，不能让老百姓风调雨顺，反而是灾难连连，那么这样的国家政权也可以改变。是孟子，第一次把老百姓的利益放在了第一位，高于社稷和君主。这一点，无论在当时，还是在现在，都有其重要的现实意义。

孟子还指出，君主要注意保民安民，要与民同乐，他说：“桀纣之失天下也，失其民也；失其民者，失其心也。得天下有道，得其民，斯得天下也。”孟子指出，得民心者得天下也。这一思想影响深远。孟子深刻地论述了君臣之间的关系，他说，“君视臣如手足，则臣视君如腹心；君视臣如犬马，则臣视君如国人；君视臣如土芥，则臣视君如寇仇”。孟子本着维护统治者的利益原则，良药苦口，谆谆教导统治者，要善待老百姓，只有让老百姓日子过好了，国家才能安宁。但很可惜，好战的君王都不听他的。

其次，是仁政思想。孟子倡导仁政，推行王道，要求君主要有仁人爱人之心，要推己及人地爱护老百姓，而不是做表面文章。他说：“先王有不忍人之心，斯有不忍人之政也。以不忍人之心，行不忍人之政，治天下可运之掌上。”君王只有做到真心对待老百姓，真心实意地推行仁政，治理天下才可以轻松自如。孟子进而指出，爱护百姓，不是做做样子，而是要让老百姓实实在在地得到实惠，让老百姓能够安居乐业。孟子说，老百姓只有有了固定产业，生产和发展都稳定了，国家才能够发展壮大。孟子提出的“制民之产”的思想，极具经济眼光。孟子还为我们描绘了一幅理想化的社会图景：

五亩之宅，树之以桑，五十者可以衣帛矣。鸡豚狗彘之畜，无失其时，七十者可以食肉矣。百亩之田，勿夺其时，数口之家可以无饥矣。谨庠序之教，申之以孝悌之义，颁白者不负载于道路矣。七十者衣帛食肉，黎民不饥不寒，然而不王者，未之有也。

孟子倡导仁政，推行王道，不是纯粹指望统治者发善心，孟子认为这是靠不住的，要想让老百姓真正能够安居乐业，只有发展生产，稳定资产，才可以。孟子的这种经济眼光，在当时是十分先进的。

第三，是性善论。人性善恶，春秋始争，孔子也涉及过，但未明确表态。孔子说，“性相近，习相远”，孔子只说明了人性相近，并未说明人性是本善还是本恶。孟子是中国历史上第一个提出人性本善论的思想家。孟子说：“人性之善也，犹水之就下；人无有不善，水无有不下。”这说明人性中“善”是一个人先天的基础和发端，就像水从高处往低处流动那样自自然然，是本身具有的天性。但这种天性并不是完善的，只是一个人的基础，就好比矿石中含有黄金一样，还需要开采和冶炼。孟子说：“无恻隐之心，非人也；无羞恶之心，非人也；无辞让之心，非人也；无是非之心，非人也。恻隐之心，仁之端也；羞恶之心，义之端也；辞让之心，礼之端也；是非之心，智之端也。人之有是四端，犹其有四体也。”这就是孟子著名的“四端”说。“四端”说，表明了孟子对人性的深刻认识。孟子认为，人先有“四端”，然后不断地开采和冶炼人性中“善”的内容，即不断地提纯自己的道德修养成色，然后就可以达到尧舜的道德境界，做到“至善”。孟子说，“曹交问曰：‘人皆可以为尧舜，有诸？’孟子曰：‘然。’”孟子说，人都有“善根”，“人人可以为尧舜”。孟子的性善论反映了战国时期对人的价值的发现和尊重，也呼吁普通百姓要善于通过自己的教育和实践，去努力践行儒家思想，成为一个道德高尚的人。

第四，是理想人格。既然“人人可以为尧舜”，那么每个人就都应该自励自为，努力去做一个顶天立地的大丈夫。孟子为我们塑造了一个理想化的大丈夫形象。首先，这个大丈夫要具有救民于水火的胸怀，要为做一件大事情而来，所谓“天将降大任于斯人也，必先苦其心志，劳其筋骨，饿其体肤，空乏其身，行拂乱其所为，所以动心忍性，曾益其所不能”。大丈夫总是“生于忧患”的，因为他“乐以天下，忧以天下”。其次，大丈夫要具备一种伟岸的精神品格，不光是在困难面前不低头，更重要的是，要“富贵不能淫，贫贱不能移，威武不能屈”，要“得志，与民由之；不得志，独行其道”。“达则兼济天下，穷则独善其身”。要心系苍生，胸怀黎民百姓。第三，要能“舍生取义”。孟子说：“鱼，我所欲也，熊掌，亦我所欲也；二者不可得兼，舍鱼而取熊掌者也。生亦我所欲也，义亦我所欲也；二者不可得兼，舍生而取义者也。”做人不能苟且偷生，而要大义凛然，舍生取义。孔子曾经说，君子必要时要“杀身成仁”，孟子对这一思想作了补充和发展。第四，做一个大丈夫，还要善养“浩然之气”，不蝇营狗苟，对他人要宽，对自己从严。孟子说：“爱人者，人恒爱之；敬人者，人恒敬之。”孟子要求大丈夫要善于“反求诸己”，君子只有不断地磨砺自己，仁民爱人，才可以做到“人人皆可以为尧舜”，达到一个理想化的人格目标。

孟子的思想博大精深，非一篇小文章所能尽述，诸如孟子的伦理思想、教育思想、文艺思想等，读者如果有兴趣，不妨再去展读。

孟子的论辩技巧

《孟子》一书在先秦散文，特别是诸子散文中有独特的艺术魅力，其主要特点，就是善于论辩说理。

《孟子》继承了《论语》的对话艺术，又发展了孔子的叙述和说理技巧。《论语》是语录体散文的典范，它直观、简明，思想表达言简意赅，许多意思点到为止，最长的一篇《季氏将伐颛臾》也不过273个字。不过，这样一来，也使得它过于简约，许多意思人们只知其然，不知其所以然。孔子讲话，好简约，不喜类比，比喻只是偶尔为之，所以，《论语》一书文风朴实，言辞明朗；《孟子》则不同。它既有语录体的痕迹，更有论辩体的特点，它常常主动设置话题，诱人入彀，然后层层批驳，使对方自失其理，所以，它既对话简约，又论述鞭辟入里。《孟子》每一篇都很长，观点十分鲜明，论述不仅详尽，而且气势雄浑，言辞激烈，论理辩驳，步步紧逼，十分有力量。《孟子》最长的一篇《齐桓晋文之事》有1311个字，说明《孟子》一书已经在叙述和说理上都趋于成熟了。《孟子》还善于运用对比、比喻、排比等修辞手法，使文章不仅说理透彻，气势磅礴，而且文采斐然，十分富有感染力。

孟子是先秦思想家中善于论辩的大师之一。

首先，孟子善于巧置话题，诱人入彀，使其自失其理。以“王顾左右而言他”为例：

孟子对齐宣王说：“如果您的某个大臣，把妻子儿女托付给他的朋友照看，而自己到楚国去游玩，等他回来时，发现妻子女儿都在挨饿受冻，那么，您认为应该怎样对待这个朋友呢？”

齐宣王说：“与此人断绝交情。”

孟子又说：“如果一个长官不管理他的下属，那又该怎么办呢？”

齐宣王说：“撤掉他。”

孟子又说道：“如果一个国家没有治理好，那又该怎么办呢？”

齐宣王装作没听见，回头左右看看，之后就谈别的问题了。

孟子巧妙地设置一个话题，如果一个人不负责任怎么办，让齐宣王回答“撤掉他”，把齐宣王引进来，然后让齐宣王一步一步按照自己预定的轨道前进，最后，包袱抖开，自失其理。这里运用的论辩技巧就是引君入彀法。对话简短明了，言辞清新俊朗，保留了《论语》语录体的风格，但又不同于《论语》，它引君入彀，步步紧逼，逼其就范，论辩不容辩驳，说理十分透彻。

其次，逻辑推理，严丝合缝，巧用对比，层层递进。以“天时不如地利”为例：

孟子说：“天气条件好不如地理条件好，地理条件好又不如人民团结重要。一座小城，内城三里，外城七里，能够围起来攻打，说明天时成熟；然而不能取胜，说明天时成熟但不如地理条件重要。还是这座城池。城墙不是不高，护城河不是不深，兵器铠甲不是不锋利牢固，粮食不是不多，但最后却守不住，丢盔弃甲，这说明地理条件重要但不如人民团结更重要。所以说，管理老百姓不必依靠边疆的界墙，巩固国家不必依靠山谷的险峻，威震天下不必依靠兵器铠甲的锋利牢固。依靠什么呢？实行王道。实行王道的国家，就会得到很多人帮助；不实行王道的国家，就会失去很多帮助。帮助少到了极点，就连亲戚都会背叛。帮助的人多了，整个天下都会归顺。所以君子不打仗则已，一打仗则必定取得胜利。”

孟子论述的这个道理叫“民心向背”，得民心者得天下。如果实行王道，则不战而胜，人民自然拥戴你；如果不实行王道，就会众叛亲离，国家灭亡。孟子先明确观点，“天时不如地利，地利不如人和”，然后一环扣住一环，层层推进，说明人民团结最重要。怎样做到人民团结呢？就是实行王道。在对比中，结论自然得出。观点、结论的推出水到渠成，论述过程严丝合缝，步步紧扣，丝毫不乱。真不愧是论辩说理的大师！

第三，寓言说理，叙事从容，故事生动。以“齐人有一妻一妾”为例：

齐国有一个人，家里有一妻一妾。丈夫每次出门，必定是吃得饱饱的、喝得醉醺醺的才回家。他妻子问他和什么人在一起吃喝，他说全都是些有钱有势的人。他妻子告诉他的妾说：“丈夫出门，总是酒醉肉饱地回来；问他和些什么人一道吃喝，他说全都是些有钱有势的人，但我们却从来没见到什么有钱有势的人物到家里面来过，我打算悄悄地跟着他，看看他到底去些什么地方。”

第二天早上起来，妻子便尾随在丈夫的后面，走遍全城，没有看到一个人站下来和她丈夫说过一句话。最后丈夫走到了东郊的墓地，向祭扫坟墓的人要些剩余的祭品吃；不够，又东张西望地到别处去乞讨，这就是他酒醉肉饱的办法。

妻子回到家里，告诉他的妾说：“丈夫，是我们仰望并终身依靠的人，现在他竟然是这样的一个人！”二人在庭院中咒骂着，哭泣着，而丈夫还不知道，得意洋洋地从外面回来，在他的两个女人面前摆威风。

在君子看来，人们用来求取升官发财的方法，能够不使他们的妻妾引以为耻而共同哭泣的，是很少的！

孟子这是讽刺那些不择手段奔走于诸侯之门，求取功名利禄的士人，他们在光天化日之下冠冕堂皇，自我炫耀，暗地里却行径卑劣，弄虚作假，寡廉鲜耻，干着见不得人的勾当。这篇寓言中的齐人，就是这样的典型。孟子善于运用寓言故事讲述道理。这则寓言文学性很强，讲述的故事曲折生动，刻画人物形象栩栩如生。孟子的讽刺是辛辣而深刻的。寓言劝诫士人要加强品德修养，自廉自励，只有一大批士人都具有了理想人格，实行仁政王道之治才有可能。

第四，锁定语词，避开锋芒，迂回反击。以“以手救嫂”为例：

淳于髡问：“男女之间不亲手传递和接收东西，这合乎礼制吗？”

孟子回答说：“合乎礼制。”

淳于髡又问：“如果嫂嫂落入水中，要用手去救她吗？”

孟子回答说：“嫂嫂如果落入水中，不伸手救她，简直就是豺狼。男女之间不亲手传递东西，这是合乎礼制的；嫂嫂落入水中，而用手去救她，这是礼制变通的办法。”

淳于髡说：“现今天下的人都像掉在水中，先生却不肯伸手去救援，这是为什么呢？”

孟子说：“天下的人掉在水中，应该用王道去救他；嫂嫂落入水中，应该伸手去救她。难道你要我用手去救天下人吗？”

从这个小故事里，我们可以看到孟子的论辩智慧。第一，善于变通，淳于髡只是问救不救人，并没有限定说救人的意义，孟子利用对方的这个漏洞，表示救嫂嫂是在抢救一条生命，所以救嫂嫂是合乎礼制的，礼制的核心就是仁者爱人嘛，这是礼制变通的结果。第二，当淳于髡问孟子为什么不去救天下人时——其实淳于髡是希望孟子发挥他的论辩才干，挽天下于既倒，孟子一时急眼了，并没有理解淳于髡的好意，就锁定词语，表示救天下是用王道，救嫂嫂是用手，自己怎么可能用手救天下人呢？孟子规避锋芒，迂回反击，虽然有点诡辩，但论辩的气势还是挺压人的。

《孟子》名句精读

一、《孟子·梁惠王上》

1. 弃甲曳兵而走，或百步而后止，或五十步而后止，以五十步笑百步，则何如？

注释：曳，拖着。兵，武器。走，跑，这里指逃跑。

翻译：战败的士兵丢盔弃甲逃跑，有的人跑到一百步才停下，有的人跑到五十步才停下，跑了五十步的人因此嘲笑跑了一百步的人，您觉得行不行呢？

精读：这是孟子回答梁惠王的问话。成语“五十步笑百步”就是从这里来的。孟子用这个比喻，意在告诉梁惠王，跑一百步和跑五十步没有本质的区别，因为都是逃跑，就如同梁惠王说河东和河西发生灾荒，把两地的灾民挪来挪去一样，也没有本质区别，关键还是要真心实意让老百姓富足起来，以王道治民，这样才能从根本上解决国家治理的问题。

2. 老吾老，以及人之老；幼吾幼，以及人之幼；天下可运于掌。

注释：第一个“老”和“幼”，都是动词，尊敬，爱护。

翻译：尊敬自己的长辈，推广到也尊敬别人家的长辈；爱护自己的幼小，推广到也爱护别人家的幼小；这样治理天下就能运转于手掌之上了。

精读：这句话有三层意思，第一层意思是说，尊敬和爱护自己的长辈和幼小是前提，孟子的态度是客观的，符合人性的。每个人先要做到尊敬自己的长辈，爱护自己的幼小，一个连自己的长辈都不尊敬，自己的幼小都不爱护的人，很难想象他能尊敬别人的长辈，能爱护别人的幼小。第二层意思是说，光做到这样，还很不够，这只是做人的基本要求，做一个大写的人，还要胸怀万民，广济苍生，要像尊敬自己的长辈一样尊敬他人的长辈，像爱护自己的幼小一样爱护他人的幼小，这样这个社会才是和谐的。第三层意思是说，作为一个统治者，一旦做到了胸怀万民，实行仁政之治，治理天下就变得容易了，因为万民归顺了，天下也就太平了。

二、《孟子·梁惠王下》

3. 独乐乐，与人乐乐，孰乐？

注释：第一个“乐”，快乐，欣赏。第二个“乐”，指音乐。

翻译：独自一个人欣赏音乐，和别人一起欣赏音乐，哪一种更快乐？

精读：这是孟子强调君主要与民同乐。孟子继承了孔子的音乐治国理论，强调加强音乐修养，可以帮助治理国家。他首先肯定了齐宣王喜欢音乐是对的，但接着进一步论述，作为一个君王，要善于与民同乐，与民众一起欣赏音乐，这样民众才会拥戴您。这是孟子民本思想的具体体现。

4. 贼仁者谓之贼，贼义者谓之残。残贼之人，谓之一夫。闻诛一夫纣矣，未闻弑君也。

注释：贼，损害，毁灭。一夫，众叛亲离的独夫，这里指殷纣王。

翻译：损害仁爱的人叫作贼，损害道义的人叫作残，这样的人我们叫他独夫。我只听说过周武王诛杀了独夫殷纣王，没有听说弑过君王。

精读：孟子的思想非常大胆，尤其在当时的情况下。不过也说明，战国时期，虽说诸侯混战，但对有名望的士人，如孟子，也是较为宽容的，没有听说，孟子说了这番话以后，治他什么蔑视君主之罪。孟子站在捍卫仁义的立场上，在他看来，一切损害仁义的言行，都是不允许的，即便他是君主。在孟子眼里，殷纣王这个损害仁义的君主，就是独夫民贼，是该诛杀的，他早就不配做一个君主，所以杀他，就是杀一个独夫民贼，而不是弑君。孟子渴望贤君治理国家，他一直在努力推行贤能政治。

三、《孟子·离娄上》

5. 孟子曰："离娄之明，公输子之巧，不以规矩，不能成方圆。"

注释：离娄，古代视力最敏锐的人。公输子，即鲁班，鲁国人，春秋末年的著名工匠。规矩，规，即圆规，画圆的仪器；矩，即曲尺，画方的仪器。

翻译：孟子说："即使有离娄那样的视力，公输子那样的手艺,如果不使用圆规和曲尺,也不能准确地画出圆形和方形。"

精读：孟子这是在强调工具的作用。孟子思想里也有法家的因素。孟子一方面强调道德修养，另一方面也强调工具的不可替代性。在《离娄下》里，孟子还说："规矩，方圆之至也；圣人，人伦之至也。"孟子居然把日常生活中功用的规矩等同于"圣人"，与"圣人"具有同样尊贵的地位，这足以说明孟子已经开始具有法家的思想。规矩是生活的标准，圣人是人伦的标准，这就是孟子的复杂，他既重视人格道德修养，也重视日常工具的功用。

6. 争地以战，杀人盈野；争城以战，杀人盈城，此所谓率土地而食人肉，罪不容于死。

注释：率，张网捕鱼，此处指抢占土地。不容于死，死刑都不能抵消。

翻译：为争夺土地而战，往往杀人盈野；为争夺城池而战，往往杀人满城，这就是所说的为争抢土地来吃人肉，这种人罪大恶极，就是死刑也不能抵消他们的罪孽。

精读：看得出，孟子是多么厌恶战争，在这一点上，孟子同墨子一样，两人都是反战派的。孟子认为治理国家，管理老百姓，要靠仁政，实行王道，而不是靠战争；战争是一个魔鬼，它不仅毁灭生命，也摧毁人性，扰乱人心，所以孟子鄙弃它。这几句话，也客观地反映了战国时代的社会面貌，那个时代，战乱频仍，烽火不断，民不聊生，生命朝不保夕。孟子企图用一人之力，挽历史狂澜于既倒，孟子也是知其不可为而为之。

四、《孟子·离娄下》

7. 不孝有三，无后为大。

注释：不孝有三，是指三种不孝顺的言行，阿意屈从，陷亲不义，一不孝；家贫亲老，不为禄仕，二不孝；不娶无子，绝先祖祀，三不孝。

翻译：不孝顺的情况有三种，没有后代是最严重的。

精读：这里反映的是孟子的伦理思想。在孟子看来，不孝顺有三种，第一种是一味顺从父母，父母有错而不加以提醒劝说，使他们陷于不义；第二种是家境贫寒，父母年迈，身为人子却不谋官位以资赡养父母；第三种是不娶妻生子，断绝后代，无人继承香火。其中，以不娶妻生子断绝后代最为不孝。对孟子的这个思想要辩证地看。现而今，有人抱独身主义，似乎无可厚非，有人娶妻生子，也属正常人伦，生命贵在自由。不过，人类的传承还是需要结婚生子的，不然的话，若干年后，人类将不复存在。

8. 孟子曰："大人者，不失其赤子之心者也。"

注释：赤子之心，即童心。

翻译：孟子说："高尚的君子，就是没有失去天真的童心的人。"

精读：这是孟子的"童心说"，"童心说"对中国传统思想影响巨大。明代的哲学家李贽的哲学思想，其核心就是"童心说"。孟子认为高尚的君子，必须是具有赤子之心的人，心机太重，成不了君子。君子是那种对社会、对人类有大恩大德的人，他不为小恩小惠而来。孟子说，"人有不为也，而后可以有为"，对小恩小惠不为，对救济苍生之大事有为。与孟子同时代的庄子，也持有类似的思想，在庄子那里，不是叫"童心"，而是叫"天心"，"天心"与"机心"相对。伟大的哲学家，总是这样惊人的相似，他们都认为，要做大事，就必须具有赤子之心，具有童心，具有天心，而不是相反。

五、《孟子·尽心上》

9. 孟子曰："君子有三乐，而王天下不与存焉。父母俱存，兄弟无故，一乐也；仰不愧于天，俯不怍于人，二乐也；得天下英才而教育之，三乐也。君子有三乐，而王天下不与存焉。"

注释：王，动词，称王。无故，没有事故、灾祸。怍，愧怍，惭愧。

翻译：君子有三种乐趣，但统治天下不在其中。父母健在，兄弟无灾无病，这是第一种乐趣；仰头无愧于天，低头无愧于人，这是第二种乐趣；得到天下的优秀人才，对他们进行教育，这是第三种乐趣。君子有这三种乐趣，统治天下又算得了什么？

精读：这真是伟丈夫！孔子知其不可为而为之，为理想、为仁义奋斗了一生，他是一个伟丈夫。他足可笑傲王侯将相。作为亚圣，孟子同孔子一样，也做到了超然挺拔。他一身正气，满腹经纶，走，为救世、为生灵涂炭而走，奔，为苍生、为黎民百姓而奔。他们都为做一件大事而来，这就是推行王道，实行仁政。孔子和孟子塑造的理想人格，自己首先就做到了。孟子在“尽心下”里曾明确表示了对孔子的尊敬，他说：“孔子登东山而小鲁，登泰山而小天下。”实质上，孔孟二人，都成为了后世士人的万世师表。

第二讲

现实主义儒学——荀子

荀子其人

荀子是战国末期的一位思想家，也是先秦儒家最后一位大学者。他继承和发展了孔子、孟子仁政学说，又融进了其他诸子的思想，因此他的思想呈现出驳杂的色彩。但他终归是儒家的一位思想家。

荀子主张性恶论，强调礼义治国，强调后天的学习和修炼。他对社会认识深刻，强烈感受到了人民渴望统一的要求，认识到“天下定于一”是历史发展的必然趋势。他是承前启后的一个思想家，上承孔子、孟子，下启韩非子和李斯。荀子对法家思想也深有影响。

如果说孔子是儒家的创始人，是儒学的一代宗师，孟子是儒家的一个理想主义者，那么，荀子就是儒家的一个现实主义者。他的礼法并用、刑赏不过的治国方略，义立而王、信立而霸的王霸思想，水能载舟、水能覆舟的君臣论见，多为后世所借鉴。许多学者也认为荀子是儒家的一个现实主义者。著名哲学家冯友兰先生在他的《中国哲学史》一书中，专列一章对荀子进行介绍，标题就是“儒家的现实主义派——荀子”。孙伟博士在一本名叫《重塑儒家之道——荀子思想再考察》的著作中，着重讨论了荀子如何帮助孔子和孟子解决现实问题，并最终使儒学走出了现实困境。荀子对奠定儒学的正统地位功不可没。

荀子，是战国时赵国人，现属于山西省新绛县人，约生于公元前 298 年，卒于公元前 238 年，一生活了 60 多岁。荀子应该是与战国四公子——魏国的信陵君、齐国的孟尝君、赵国的平原君、楚国的春申君同时代。荀子，又名荀卿、孙卿，古代“荀”和“孙”读音相近，加上为了避汉宣帝刘询之讳，所以有的书上称荀子为孙卿、孙卿子。荀子曾三次担任齐国稷下学宫的祭酒，也就是现在国立最高学府的校长，看来在当时，荀子的学术地位和影响还是非常大的。后来遭人诽谤，荀子流落到楚国，楚国的春申君非常器重他，任命他为兰陵令。春申君死后，荀子就慢慢失去了学术影响，最后死在兰陵。《荀子》这部书从叙述的口吻看，应该是他本人独立撰写的一本著作，因为书中多称“吾”，这一点很明显有别于其他诸子。

荀子既然在战国末期是这样一位广有影响的大学校长，我们就重点来介绍一下他的学术生涯。荀子的学术生涯大致可分为五个时期：

第一阶段：青少年时期，第一次游历齐国。这里有点争议。荀子到底是多大年龄去游历齐国的，因为史料缺乏，一直没有定论。司马迁说，荀子是“年五十始来游学于齐”，认为荀子是五十岁开始游学于齐的，而西汉的刘向认为荀子是十五岁开始游学于齐的。持第一种观点的有司马迁、颜之推、汪中、胡适等，持第二种观点的有刘向、梁启超、钱穆、游国恩等。我们取第二种说法。既然说“始来游学”，表示是学业未成，是去拜师学习的，即不是学成以后再去的，这才称为“始来游学”，由此可见，应该是青少年时期比较合适，所以荀子第一次游学齐国，当为“十五岁”。

稷下学宫是春秋时齐桓公创立的，兴盛于战国时期齐威王和齐宣王时代，曾吸引了许多名流学者前来学习，这些学者都受到极厚的优待。荀子在这里，主要是研磨礼义，听取各家思想交锋，学习论辩的方式方法，这些都为他日后从事学术研究打下了坚实的基础。

第二阶段：青年时期，第一次游历楚国。大约是在齐湣王衰败之极时——稷下学宫可能毁于这个时期，荀子离开齐国，第一次游历楚国。在那里，荀子见证了楚顷襄王由弱变强的过程。当时，楚国不断遭到秦国的袭击，国势衰微，城市被侵占，楚王也逃出国境。后来楚顷襄王执政，精心组织军队回击秦国的侵略，不仅多次取胜，而且收复了所有的失地。荀子由此受到启发，思考暴力和正义的问题。荀子认为，秦国尽管强大，依靠暴力取得了短暂的胜利，但它最终也没有主宰楚国，这说明有比暴力更重要的东西，这就是正义。荀子说，“假今之世，益地不如益信之务也”，当今这个世界，增加信义才是当务之急啊！

在这个时期，荀子大约写了《劝学》《富国》《礼论》等文章。

第三阶段：青壮年时期，返回齐国。荀子大约在 30 岁的时候，返回齐国。这时候，齐国由齐襄王执政，国势开始恢复。齐襄王驱逐走了燕国，收复了失地，齐国变强大了，于是稷下学宫又恢复了。在稷下学宫，荀子已经具有了相当的学术影响力，比同时代的其他学者如邹衍、田骈等，影响大得多，受到了齐国的重视，曾三次被任命为稷下学宫祭酒。

荀子由齐国的衰败之变，思考圣王统治的问题。他认为，一个国家要想强大，必须有圣王政府来领导，这一点与孔子的思想基本一致。他们都期盼一个道德境界高尚的人，来做君主。不同的是，荀子是从人性论的角度来提出自己的思想的。他认为人性本恶，正因为人性本恶，所以你不能指望一个圣王自动出现，他必须加强后天的学习，使自己的道德修养趋于完善，这样才可以不战而王，成为一方霸主。

荀子在这个时期，大约写下了《王霸》《天论》《性恶》等文章。

第四阶段：壮年时期，游历秦国赵国。游历秦国时，荀子真切感受了秦国的强大。他了解到，秦国的强大并不是推行儒家学说而变得强大起来的，荀子向秦昭王宣传圣王统治，秦昭王也没有采纳。荀子在秦国碰壁了。碰壁后的荀子开始反思，反思儒家学说的问题，思考秦国强大的原因。后来，荀子回到自己的祖国——赵国。在赵国，他亲眼目睹了一个惊心动魄的事件，这就是历史上著名的“信陵君窃符救赵”。

公元前 258 年，秦国向赵国发动了一场战争，赵国都城邯郸岌岌可危。赵国向魏国求援。魏王慑于秦国的强大和秦王的警告，不敢出兵救赵。这时，魏王的弟弟——信陵君依靠门人的帮助，盗取了军队的作战指挥权，联合赵兵一起抗击秦国的进攻，终于打败了秦国的进攻。这场战争，使荀子重新思考“王霸”“信义”的涵义，思考儒家圣王政府的出路。现实的教训告诉他，此时此刻，统治者似乎不欢迎“圣王统治”，他们对“王霸”更有兴趣，这也就难怪孔子、孟子在现实面前屡屡碰壁。荀子转而思考，必须在现实社会的基础上，重新思考儒家的出路。他认识到，或许实行“王霸”的目标也不坏，至少这样可以保证一个国家的平稳发展，社会秩序良好。“王霸”并举的思想可能就诞生于这个时期。这个时期，荀子可能写下了《议兵》《君道》《臣道》《非十二子》等文章，这是荀子思想的成熟期。

第五阶段：壮年、晚年时期，逗留楚国。大约在公元前255年前后，也就是荀子43岁的时候，荀子受楚国春申君之请，第二次来到楚国，并出任兰陵令。这大概是荀子唯一一次正式担任行政职务。由于资料缺乏，我们不知道荀子在兰陵令任上有何政绩，只是大致上猜想他在这个时期可能做的一些事情。

荀子在楚国大约住了十七年之久，一直到春申君下台。随着春申君下台，荀子被免职，最后孤独地死去。这个时候，荀子思考的一个重要问题就是在“礼义”之外，要不要“刑法”并重，现实的启发告诉他，治国应该加强法制建设。《非相》《正名》和《不苟》等文章，大概是这个时候写下的。

荀子就这样走完了他学术化的人生，一生没有显赫，也不是默默无闻，他所创立的思想，既是对儒家的赓续，也是对后世思想的开启。

荀子的主要思想

作为战国末年的一位大思想家，荀子不仅继承了孔孟之道，成为儒家在秦汉之际的代言人，而且依据自己对现实问题的深入考察，认识到，孔孟之道的仁政之治在现实社会里行不通，一个称王称霸的时代，谁要你的仁政？于是荀子开始思考儒家思想的出路，他要为儒家思想重新找出一条光明之径。

荀子定性人性本恶，断定人只有通过后天的学习才有可能成为一个道德境界高尚的人；他倡导礼法并用、王霸并用，认为君民之道，就像水和舟的关系，源清则流清；他批评墨子，非议道家，目的是为了维护儒家的正统地位，可以说，正是因为荀子的据理力争，才有后来儒家思想的统治地位，发展到汉代，终于成为“罢黜百家，独尊儒术”的一家独大的局面。在教育方面，荀子强调后天学习，认为一个人要想成为道德君子，就必须坚持学习，终身学习，“学不可以已”，只有这样才能做到“知明而行无过矣”。

荀子的思想主要表现在以下几个方面：

第一，主张性恶论。人性论是先秦诸子普遍关注的一个问题。孔子没有明确表态，人性到底是性善还是性恶，只是说“性相近，习相远”，认为人性是可以相通的，有共性。孟子主张人性善，认为人性包含着仁、义、礼、智四性，也就是“四端”，他说“仁、义、礼、智，非由外铄我也，我固有之也”，此说刚好与荀子相反。荀子主张人性本恶。

荀子说，“人之性恶，其善者伪也”，人的本性是恶的，之所以后来表现出善，是人为的结果，也就是后天学习、教育、自我修养的结果。这句话里，包含着三层意思：第一，人的本性是恶的，不是善；第二，善是后天人为的结果；第三，作为人，必须通过后天的学习，成为一个至善的人。因为人性本恶，所以荀子特别强调后天教育和学习的重要性。

怎样知道人性本恶呢？荀子说，社会上种种现象都能说明，“生而有好利焉”，“故争夺生而辞让亡焉”；“生而有疾恶焉”，“故残贼生而忠信亡焉”；“生而有耳目之欲，有好声色焉”，“故淫乱生而礼义文理亡焉”。可见人性本来就是恶的。

如何办呢？荀子认为，必须用师长的法度来教化，用礼义道德来引导，然后人们才会讲究礼貌谦让，遵守文明礼义，服从国家管理，最终使国家走向安定太平。所以荀子认为人性本恶，并不是故意要跟孟子唱对台戏，而是想为儒家在战国末期找出一条可行之径。

第二，主张礼法并用。重视“礼治”本来就是儒家的一贯传统，到了荀子这里，“礼治”被抬高到至高无上的地位，是“国之命”，所谓“故人之命在天，国之命在礼”。荀子在强调“礼治”的同时，也强调“法治”，“隆礼”和“重法”并用。又，在礼法并用的基础上，必须有圣人、君子的情怀作为价值导向，这样才能使国家一方面走向清明，另一方面也更加人性化。这是荀子区别于法家的地方。

荀子说，作为人君者，应该“隆礼尊贤而王，重法爱民而霸”，既要隆礼尊贤，也要爱民重法，做到这样，就能成就王霸事业。不能相反，“好利多诈而危，权谋倾覆幽险而亡”，如果只是争利巧诈，搞阴谋诡计，就一定会招致灭亡。看来，荀子的思想既对法家有启发，又有所区别，他不像法家那样为了王霸事业，而不惜一切手段。

荀子提倡礼法并用，并没有夸大法治的功能，相反他认为法治只是末流，礼治才是本源，“源清则流清，源浊则流浊”，说到底，荀子还是儒家仁者情怀。荀子说，法，只不过是治理的开端，君子，才是治理的本源；没有君子，即使法治再完备，治理起来也会漏洞百出，所以，作为君子就要善于维护本源。荀子说，“故有良法而乱者，有之矣，有君子而乱者，自古及今，未尝闻也。”

第三，主张王霸并用。王，就是王道，是儒家用仁政感召天下，使天下人归顺；霸，就是霸道，用武力、军队征服天下，依靠强权维持秩序，这二者本来是对立的，儒家弃霸道，崇王道，法家弃王道，崇霸道。荀子结合了二者，既主张王道，又不排斥霸道，主张王道，是人性的需要，不排斥霸道，是现实的需要。荀子说，“仁眇天下，故天下莫不亲也。义眇天下，故天下莫不贵也。威眇天下，故天下莫敢敌也”，也就是要“恩威并施”。

为什么要“恩威并施”呢？因为在一个弱肉强食的时代，仅仅依靠王道是办不成事的，必须依靠霸道。荀子说，“事强暴之国难，使强暴之国事我易。”什么意思呢？就是说，跟一个强权国家谈判，很难，可是如果自己强大起来了，再让强权国家跟自己谈就容易了，这就好比一个少女在山中遇到强盗，你一味地跟他求情，是无济于事的，可是如果你自己有本事制服他，再跟他谈条件，就容易多了，这就是丛林法则。

即便这样，荀子也不认为霸道就比王道重要，相反，他认为霸道只不过是王道治理的一个补充，一个迫不得已的办法。荀子说：“不攻而得，甲兵不劳而天下服，是知王道者也。”王道终归是国家治理的最高境界。

第四，主张忠君爱民。忠君不是愚忠，要善于分辨是非，爱民也不是装装样子，而是要实实在在地体恤人民。忠君爱民的思想自孔子始。孔子一方面强调“君君臣臣父父子子”，尊卑有序，一方面也强调爱人，“仁者爱人”；到了孟子这里，又进一步，发展为“民贵君轻”，君主如果不称职，就可以换掉；到了荀子这里，又有发展，“从道不从君”，遵从道义，不遵从君主。道义放在第一位。

荀子说，善于养活人民的人，人民就亲近他；善于管理人民的人，人民就安心接受他；善于安置人民的人，人民就乐于在他手下干活；善于表彰人民的人，人民就以做他的臣民作为荣耀。你看，荀子始终把人民举得高高的，遵从的也始终是道义。

荀子借用古人的话来说明君民的关系，“君者，舟也；庶人者，水也。水则载舟，水则覆舟”。君民的关系，就好像舟和水的关系一样，水能载舟，也能覆舟，所以，善于做人君的人，就要“平政爱民”“隆礼敬士”“赏贤使能”，荀子认为这才是做人君的“大节”。

荀子的教育思想

在中国教育史上，孔子无疑是最伟大的教育宗师，而荀子呢，也堪称是一个承前启后的教育家。一篇《劝学》，全文1709个字，算得上是先秦议论文中最长的篇章之一了。这篇文章从学习的目的和意义、学习的态度和方法、学习的内容和途径，全面反映了荀子的教育思想。多少人从《劝学》中吸收营养和智慧，又有多少人从《劝学》中了解先哲深刻的教育思想。《劝学》是中国教育史上影响最广泛、历时最久远的经典作品之一，不可多得。

下面我们将从七个方面介绍荀子的教育思想，主要依据就是《劝学》。

第一，学习的目的是要成为一个圣人。无论是教育，还是学习，首先应弄清楚目的。目的就像灯塔，它能指引人顺利地走向彼岸。荀子也是如此，他对教育、学习的目的论述得十分清楚。他说，学习是“其义则始乎为士，终乎为圣人”。学习的意义就是从一开始就要做一个有志向的贤士，最终的目的是要做一个圣人。做一个圣人，这是儒家做人的最高境界。

怎样才能做一个圣人呢？荀子说，就是要坚持学习，一刻也不能放松，“为之，人也”，否则，就可能成为一个禽兽，“舍之，禽兽也”。当然，荀子不是说，不学习就会真的成为禽兽，而是强调如果你不学习，你就不可能成为一个“文明人”。作为一个君子，应该“博学而日参省乎己”，这样才能“知明而行无过矣”。荀子对学习的重要性的认识是十分深刻的，也是十分有远见的。

第二，学习和修身相结合。教书育人从来就不可分割，现代如此，古代也如此。教育一方面就是学知识、练能力，另一方面就是富涵养、纯德行。儒家非常强调个人的修为，认为一个人如果没有教养，谈吐粗俗，就不值得交往。荀子继承了这一思想。

荀子说：“问楛者勿告也，告楛者勿问也，说楛者勿听也，有争气者勿与辩也。”问话粗俗恶劣的，就不要告诉他；告诉事情态度恶劣的，就不要去问他；说话粗野恶劣的，就不要听他的；有以意气相争的，就不要同他辩论了。荀子多么看重一个人的品行啊！荀子说，一个君子应该“不傲、不隐、不瞽”，也就是不傲慢、不隐瞒、不盲目，真诚待人，正道直行。君子要“谨慎其身”，在这一点上，荀子与孔子相同。孔子也强调君子要“慎于言敏于行”。

第三，荀子认为学习贵在专持。专，就是专一，用心专一，不三心二意；持，就是坚持，持之以恒，不半途而废。荀子说：

“骐骥一跃，不能十步；驽马十驾，功在不舍。锲而舍之，朽木不折；锲而不舍，金石可镂。”只要是坚持不懈，即便是驽马，也能走上十天半月，即便是金属和石头，也能把它镂空，可如果不坚持，即便是骐骥，也不能跃上十步，即便是朽木，也不能把它刻断。除了坚持，荀子还强调专一。荀子说：“蚓无爪牙之利，筋骨之强，上食埃土，下饮黄泉，用心一也。蟹六跪而二螯，非蛇蟮之穴，无可寄托者，用心躁也。”你看，蚯蚓没有锋利的爪牙，强劲的筋骨，可是它能上食黄土，下饮黄泉，因为它用心专一，可是螃蟹呢？即便有八条腿和两只钳，却只能寄居在泥鳅和蛇的洞穴里，这是因为它用心浮躁的原因！荀子讲述的道理，多么深刻！

第四，要谨慎选择学习内容。学习内容的选择是一个重要问题，内容选得好不好，往往决定着教育和学习的品质。荀子十分重视学习内容的选择。荀子说，学习“始乎诵经，终乎读礼”，诵经作为起步阶段的内容，读礼作为最高目标。“礼”在荀子这里被抬高到至上的地步，是“国之命”。诵经是读哪些经典呢，读礼又为什么是最高目标呢？对此，荀子做了仔细的分析。他说，《尚书》是记载政事的，《诗经》是人们心声的极致，《乐经》中正平和，《春秋》涵义深微，这些都需要仔细研磨，所以可以作为学习的起步教材，而《礼记》呢？它是行为规范的总纲，是一切生活准则的指南针，是“群类之纲纪”，所以读礼是道德的最高目标。

第五，要讲究学习方式。有什么样的学习方式，决定着有什么样的学习质量。荀子也十分重视学习方式的选择。荀子曾多次强调，“学莫便乎近其人”，“学之经莫速乎好其人”，学习没有比接近贤师更方便、更有效果的了，学习就是要善于结交贤师，跟贤师学习。“与君一席话，胜读十年书”，讲的就是这个道理。民间有谚语说，“跟好人，学好人；跟燕子，学飞行”，也是讲的这个道理。

除了要注意跟贤师学习以外，荀子认为，学习还要注意手脑并用。荀子说：“君子之学也，入乎耳，着乎心，布乎四体，形乎动静。”学习要进入耳中，记在心里，分布到四肢上，表现在行动上。一个耳朵进，一个耳朵出，这是愚蠢人的学习方式，荀子说是小人的学习方式。荀子还强调学思结合。他说，“吾尝终日而思矣，不如须臾之所学也”，在这一点上，荀子与孔子完全一致。孔子说，“学而不思则罔，思而不学则殆。”两位先哲讲的这些道理，我们今天还都适用。

第六，荀子非常重视环境对人的影响，强调要“择邻而居”。这一思想与孟子一致。孟子小时候，跟随母亲，三次迁居，都是为了找到一个好住处。荀子继承了孟子的观点。荀子说：“蓬生麻中，不扶而直；白沙在涅，与之俱黑。”蓬草长在大麻中，不用扶植自然挺直；白沙混在黑土中，就与黑土一样黑。这就是环境的作用，人力有时候是难以抗拒的。所以作为君子，就要善于“择邻而居”。荀子说：“故君子居必择乡，游必就士，所以防邪僻而近中正也。”现在，“近朱者赤，近墨者黑”已经成为人们谨慎交往的箴言。

第七，荀子认为学习是终身的事情，要活到老，学到老。《劝学》一篇，荀子开宗明义，说明学习不可以停止。荀子说：

“学不可以已。”学习为什么不能停止呢？因为要想成为一个圣人，只有通过学习；为什么只有通过学习，因为人性本恶，学习、接受教育是唯一途径。人的天性本来就是恶的，人，只有通过后天的学习，才能改造自己，使自己走向文明，变得有教养，变得知书达理，变成一个君子。荀子强调学习的重要性，原来也是为了儒家的仁政王道事业，他和孟子选择的路径不一样，但追求的目标却是一致的，这就叫殊途同归。

《荀子》名句精读

在《荀子》一书中，我们选取了七个句子来学习，这七句分别取材于《劝学》《修身》《不苟》《富国》《天论》等五篇，大致上能看出荀子的一些思想。

1. 故不登高山，不知天之高也；不临深谿，不知地之厚也；不闻先王之遗言，不知学问之大也。——《劝学》

注释：谿，也写作“溪”，山里的小河沟，此处指山谷。

翻译：所以不登上高山，就不知道天高；不面临深谷，就不知道地厚；没有听到古代圣王的遗言，就不知道学问的博大。

精读：“不知天高地厚”这句话，现代汉语中仍在广泛使用，可见影响之大。荀子写这句话，意在强调学习要追求最高的境界，不能轻易放弃、停止，结构上是在回应开篇所说的“学不可以已”。前两句是类比，后一句才是荀子要强调的内容。荀子认为，要善于向古代圣贤学习，“学莫便乎近其人”，学习没有比接近圣贤更便捷的学习方式了。学圣人，做圣人，这是荀子终其一生在追求的东西。

2. 君子之学也，以美其身；小人之学也，以为禽犊。——《劝学》

注释：美，形容词作动词用，美化。禽犊，原是祭献之物，如牛犊、羊羔之类，此处指礼物。

翻译：君子的学习，是为了美化自身；小人的学习，是为了把学习作为礼物取悦他人。

精读：学习的目的不同，导致做人的境界也有高下之分。君子学习，是为了使自己的言行、心灵都合乎道德伦理，合乎圣人规范；而小人的学习呢，却是为了取悦他人。荀子这一思想，来源于孔子。在《论语·宪问》中，孔子说："古之学者为己，今之学者为人。"二人所说的意思是一样的。

3. 故非我而当者，吾师爷；是我而当者，吾友也；谄谀我者，吾贼也。——《修身》

注释：贼，残害，祸害，害人者。

翻译：所以反对我意见正确的人，就是我的老师；赞同我意见正确的人，就是我的朋友；阿谀奉承我的人，就是我的敌人。

精读：古人对自己、对朋友、对他人，有这样一种认识，太了不起了！修身应从交朋友做起，交友不慎，满盘皆输。古人说："砥砺岂必多，一璧胜万珉。"意思是交友不在多，关键是要交“诤友”。所谓“诤友”，就是能够直言相告的朋友，这样的朋友不徇私情，不留情面，能直陈朋友的缺点，这样才有助于自己成长。

4. 凡治气养心之术，莫径由礼，莫要得师，莫神一好。夫是之谓治气养心之术也。——《修身》

注释：径，捷径。要，关键。一，专一，荀子谈到“一”时，多半指专一，专心致志。

翻译：总之，调理性情、修养身心的办法，没有比遵循礼义更便捷的了，没有比找到良师更关键的了，没有比专心致志更神妙的了。这就是我所说的调理性情、修养身心的办法。

精读：荀子讲修身养性，和孔子、老庄都不同。孔子讲修身是为了百姓，所谓“修己以敬”，“修己安人”。老庄是用清静无为的方式，强调个人休养调息，比如庄子就讲全身、保生，自由自在地活着，比什么都重要。荀子是用遵循礼义、学习良师、专心致志的方式，来达到治气养心的目的。荀子和老庄有本质的区别。老庄强调无为而无不为；荀子是事功，强调积极进取，“道虽迩，不行不至；事虽小，不为不成。”

5. 公生明，偏生暗；端悫生通，诈伪生塞；诚信生神，夸诞生惑。此六生者，君子慎之，而禹、桀所以分也。——《不苟》

注释：端，端正。悫，诚实。

翻译：公正产生清明，偏私产生愚暗；正直诚实产生通达，欺诈虚伪产生闭塞；忠诚守信产生神明，虚夸荒诞产生困惑。这六种情形的产生，君子应该谨慎对待，这也是区分禹和桀的标志。

精读：从荀子的这段话里，延伸出“兼听则明，偏信则暗”的成语，后来广为流传。荀子在这里是讲人生的态度。荀子认为做人应该严谨、认真、一丝不苟，然而中国人恰恰是习惯“差不多”，做什么事，差不多就行，胡适先生还专门为此写过一篇寓言故事——《差不多先生传》，讽刺这种“差不多”精神。荀子对中国人的“国民性”认识，达到了一定的深度。

6. 我以墨子之“非乐”也，则使天下乱；墨子之“节用”也，则使天下贫。——《富国》

注释：“非乐”“节用”，指《墨子》书中的两篇文章，前者反对音乐，后者主张节约。

翻译：我认为墨子的“非乐”的观点，就会使天下混乱；墨子“节用”的观点，就会使天下贫穷。

精读：荀子对诸子的思想，是批判性的吸收。他既受到诸子的启发、影响，又反对诸子的某些观点、做法。对墨子的“非乐”和“节用”观，他就是持批判态度的。荀子认为墨子反对音乐、主张节用是拜错了菩萨，磕错了头。儒家非常重视音乐的调教功能，认为音乐对陶冶人的情操有一定的作用。荀子认可这一点，所以荀子反对“非乐”。荀子也认为靠节约改变不了国家陷入贫困的局面，关键是要隆礼重法，明主养和，开源节流，使国家真正富裕起来，只有这样才能从根本上改变贫穷的困局。荀子对现实社会的认识是十分清醒的。当然，现在来看，主张节约也没有错。

7. 天行有常，不为尧存，不为桀亡。应之以理则吉，应之以乱则凶。——《天论》

注释：天行，天道，指自然界的规律。常，经久不变。应之，顺应天理。

翻译：大自然的客观规律有常道，它不为尧的英明而存在，也不为桀的荒淫而消亡。用有效的办法去应对它，就吉利；用混乱的办法去应对它，就凶险。

精读：《天论》是荀子唯一一篇讨论认识论、自然论观点的文章，在中国哲学史上影响深远，一些名词，如“人定胜天”，“制天命而用之”，经常被人用到。荀子认为天道和人事并没有直接的联系，因此吉凶祸福不可以怨天尤人。这一思想，源于孔子的启发。孔子说，“不怨天，不尤人，下学而上达”，但孔子“畏天命”。荀子抛弃了“畏天命”，主张应该“制天命而用之”，人们要充分认识自然规律，掌握自然规律，让它为人类服务，为人类造一个幸福的世界。荀子的这一思想，有石破天惊的作用，后人对此给予了高度的评价。历史学家吕思勉先生称赞《天论》篇是《荀子》一书中最精彩的论断，梁启超先生认为此篇是荀子哲学中极有力量的一部分。

第四讲

现实主义道学——老子

道学概述

“道学”，就是道家学说，是以老子和庄子为代表的道家思想。道家思想在中国思想史上影响深远，它与儒家思想、佛家思想共同构成中国思想的三大极。道家思想对中国人的生活也有着巨大的影响，现在民间为死者超度亡灵，请道士唱经念功，就是道家思想的反映。

道家思想的核心是“道”。“道”是什么呢？在老子看来，“道”是世界的本体，是世界万物的根本，“道”能化生万物。老子说，“道生一，一生二，二生三，三生万物”，又说，“道”“可以为天下母”，也就是说，由“道”能派生出世界万物。可见，“道”是世界万物的源头。

“道”的本质是自然，“道”的最高追求就是复归自然。一切违反自然的东西，在老庄看来，都是与“道”对立的，比如儒家所奉行倡导的仁爱，墨家所倡导践行的兼爱。老子主张“道法自然”，庄子主张“天地有大美”，都是强调自然的巨大作用，他们都强调人要回归大自然。

“道”无形无物，恍兮惚兮，不可琢磨，那么，怎样才能认识“道”呢？道家主张“静观”“玄览”“心斋”，也就是摒弃外界的一切干扰，以纯真的内心直观世界和生命，最后达到“玄同”，达到与外在世界合二为一，就像庄子梦中化蝶一样，物我不分。

道家思想不断被人吸收、借鉴和发挥，终于成为中国传统思想中的重镇。比如魏晋时期，道家思想就被“谈玄”的哲学家拥立为精神源泉。东晋著名的炼丹家、医学家葛洪写了一本书，叫《抱朴子》，将老子“道”的思想发扬光大。葛洪认为，“道”是实有而非物，本无而不空，这是“道”的第一个特点；第二，“道”不能用概念来称谓，不能用语言符号来界定；第三，“道”是宇宙万物的本体。“道”是需要修炼的，修炼的最高境界就是得道成仙，从此，修道成仙就成为道家的普遍追求。葛洪的最大贡献就是从本体论的角度，将修道与成仙结合了起来，从而使仙道具有了哲学基础。

道家思想不仅对普通人有吸引力，对帝王之家也有着巨大的吸引作用。中国唐代，是道家思想走向巅峰的一个时代。唐代开国皇帝李渊，因为老子姓李，所以就把老子奉为始祖，自称为其后裔。到了唐玄宗时代，道家思想更是被举到了至高无上的地位。李唐王室中，不仅有大量的人信奉道教，进观修行，比如太平公主，太平公主是皇家进观修行的第一人，而且一些道家人物纷纷被封号，老子被封为“大圣祖玄元皇帝”，庄子被封为“南华真人”，列子被封为“冲虚真人”，文子被封为

"通玄真人"，庚桑子被封为"洞虚真人"。李唐王朝还大兴土木，建造道观，光是长安城的道观就有三十处之多。唐玄宗更是亲力亲为，亲自为道教歌舞谱曲，这就是后来在音乐史上赫赫有名的《霓裳羽衣曲》。大诗人李白更是一个忠实的道教徒，不仅在思想上皈依道家，而且在修行形式上也十分虔诚，他 44 岁时，在山东紫极宫接受道箓，正式成为一名道士。

道家思想对中国传统文化也有着极大的渗透作用。道家追求长生不老，涌现了许多炼丹师和医学家，对中国的中医学和养生学影响深远。道家在修行的过程中，还发明了武术和气功，并且自成一家，发展到明代，更是登峰造极。明代开国皇帝朱元璋，信奉道教，未夺取政权前，就自封为"奉天承运"的"真命天子"，夺取政权后，更是力倡道教，甚至亲自为《道德经》作注。在这种氛围影响下，道教武术和气功得到了极大的发展，武当道和武当派就是这时走出山外，走向世界的，武当派的创始人张三丰因为影视剧的推广，更是家喻户晓，甚至成为妇孺皆知的人物。中国茶道也深受道家思想影响。中国茶道讲究乐生、养生、延生、长生和贵生，讲究自然静寂，与道合一，讲究清茗即我，我即清茗，讲究喝茶时物我两忘，这些都是道家思想在茶道中的反映。

道家思想原本是一种世界观，是一种哲学思想，发展到后来，成为了一种宗教——道教，老子被尊为"太上老君"，坐上了道教的第一把交椅。道家思想是一种东方智慧，是一种以生命关怀为终极目标的人本主义哲学观，它指向生命的现实快乐，追求个体解放，强调生命的自然发展，主张清静无为地对待世界万物，与世无争，虽然消极了一点，但它客观上抚慰了无数痛苦的生命和找不到精神家园的灵魂，体现了生命的温暖情调。许多伟大的灵魂在这里找到了精神归宿，如陶渊明、李白、苏东坡等。最后，我们用张三丰创作的一首供道士演唱的“道情”来结束这篇介绍——《无根树道情二十四首》“其一”：

无根树，花正幽，贪恋红尘谁肯修？
浮生事，苦海舟，荡去飘来不自由。
无边无岸难泊系，长在鱼龙险出游。
肯回首，是岸头，莫待风波坏了舟。

老子其人

老子是先秦诸子中最扑朔迷离的一个人，他神龙见首不见尾，其出身、身份、行踪都飘忽不定，难有定论，甚至他写的《道德经》一书，也争论不休，他与孔子的关系，是先老后孔，还是先孔后老，也是几多争论。

老子到底是怎样一个人？我们不妨从老子的出身和身份、老子与孔子的交往、老子的归宿等三个方面来看看他。

从汉代以后，人们引用得比较多的就是司马迁的《史记·老子韩非列传》，觉得这段文字比较可信。司马迁是这样说的：

老子者，楚苦县厉乡曲仁里人也，姓李氏，名耳，字聃，周守藏室之史也。

孔子适周，将问礼于老子。老子曰："子所言者，其人与骨皆已朽矣，独其言在耳。且君子得其时则驾，不得其时则蓬累而行。吾闻之，良贾深藏若虚，君子盛德，容貌若愚。去子之骄气与多欲，态色与淫志，是皆无益于子之身。吾所以告子，若是而已。”孔子去，谓弟子曰：“鸟，吾知其能飞；鱼，吾知其能游；兽，吾知其能走。走者可以为罔，游者可以为纶，飞者可以为矰。至于龙吾不能知，其乘风云而上天。吾今日见老子，其犹龙邪！”

老子修道德，其学以自隐无名为务。居周久之，见周之衰，乃遂去。至关，关令尹喜曰：“子将隐矣，强为我著书。”于是老子乃著书上下篇，言道德之意五千余言而去，莫知其所终。或曰：老莱子亦楚人也，著书十五篇，言道家之用，与孔子同时云。盖老子百有六十余岁，或言二百余岁，以其修道而养寿也。

自孔子死之后百二十九年，而史记周太史儋见秦献公曰：“始秦与周合，合五百岁而离，离七十岁而霸王者出焉。”或曰儋即老子，或曰非也，世莫知其然否。老子，隐君子也。

老子之子名宗，宗为魏将，封于段干。宗子注，注子宫，宫玄孙假，假仕于汉孝文帝。而假之子解为胶西王卬太傅，因家于齐焉。世之学老子者则绌儒学，儒学亦绌老子。“道不同不相为谋”，岂谓是邪？李耳无为自化，清静自正。

这几段话大致有这样几个意思：

第一，交代了老子的出身和身份。司马迁说老子姓李，名耳，字聃，是楚国人，生于楚国苦县厉乡曲仁里。按照这个说法，老子应该是河南人。北京大学教授李零说，苦县就是现在河南鹿邑县，厉乡就是赖乡，古时属于古赖国，原属于陈，后属于楚。在这个地方，东汉时有个老子祠，唐宋时期叫太清宫，是一个用来纪念老子的建筑。李零据此认为老子是河南鹿邑人。其说基本可信。

李零又说，老子不姓李，说司马迁搞错了老子的姓氏，按照先秦称呼姓名的习惯，李应该是氏，而不是姓。李零说，老子应该叫“老李子”，“老”是老寿之意，意思是老子活了很大岁数，所以被称为“老子”。这一说法有辨析的空间。按照先秦称呼姓名的习惯，老子恰恰应该姓“老”。先秦称呼诸子时，为了表示尊敬，都称为“孔子、孟子、墨子、庄子、韩非子”，第一个字都是表现姓氏，怎么到了老子这儿，“老”字就不是表示姓氏呢？

东晋时期葛洪写了一本书《神仙传》，传中说，“或云其母无夫，老子是母家之姓”。葛洪认为老子随母亲姓，姓老。老子是不是随母亲姓，不好说，但从这句话来看，老子姓老这种说法可能已经流传很久了。另外，在先秦，“老”也确实已经是一个姓氏了，人们传说的老莱子、老阳子，可能都是姓老。《左传·成公十五年》中，记载有“老佐为司马”的句子，很显然，“老”已经是一个姓氏了。在郑樵的《通志》中也说先秦已有“老”这个姓氏了。郑樵说，“颛顼帝老童之后”，意思是老童是颛顼帝的后代，老童就是卷章，是颛顼帝的儿子，老童就姓老。看来，老子姓老比较可靠。

司马迁说老子是“周守藏室之史”，意思就是周朝国家图书馆馆长，按照这个说法，老子一定是一个饱学之人，这个位置便于老子读书思考。从这个官职来看，老子应该出身于贵族，否则，他可能读不了那么多书，也做不了那么大的官。湖南大学岳麓书院张松辉教授甚至认为，老子的父亲曾经担任过周朝御史大夫。这就更说明了，老子的出身不可能是平民。

第二，关于孔子拜见老子。孔子拜见老子，几乎所有描写都来自庄子。司马迁恐怕也是本于《庄子》。庄子尊崇老子，所以在书中贬低孔子，抬高老子，这是可能的。从司马迁的描写来看，孔子见老子，简直就像是学生拜见老师一样。老师趾高气扬，说话一点都不客气，还有点故意为难学生，说学生“骄气与多欲”“态色与淫志”，话说得很难听。但是孔子听了以后，不仅没有生气，相反还心悦诚服，还对自己的弟子说，老子是人中之龙，藏头露尾，隐匿云端，我难以见其真面目，对老子佩服得五体投地。这极像是故意为之。

从记述来看，老子应该先于孔子，老子是春秋时期的人。有些学者认为老子晚于孔子，比如梁启超、冯友兰、杨国荣等等，他们的理由是，《论语》中不见孔子批评老子的话，而在《老子》中能见到老子批评孔子的话。其实这一条理由是站不住脚的。孔子没有批评老子，只能说是不见于《论语》，在先秦其他典籍中，都记载有孔子批评老子的话。另外，李零说，应该把人和书分开来说，老子早于孔子，但很可能《老子》成书晚于《论语》，这一说法也有些道理。

第三，老子的归宿是彻底做了一个隐者。司马迁说：“老子，隐君子也。”老子很可能是中国隐者第一人。看到周朝日渐衰微的老子，最终选择西出函谷关，隐匿于西方世界了。传说老子入胡，感化佛徒众生，很可能就来自于这里。张松辉先生认为，老子最后可能隐居故里，收徒讲学，传播道家学说，或许有这个可能。

函谷关关令尹喜很可能是老子最后一个知情人，也算是老子的最后一个弟子。是他，强要老子著书，这才有今天我们读到的《老子》——五千言的《道德经》。尹喜对中国文化贡献大矣！

老子的主要思想

在先秦诸子中，老子是一个较纯粹的哲学家，他的哲学是形而上的；尽管他也有用世的一面，但他更喜欢抽象地沉思。在这一点上，他接近于西方的苏格拉底和柏拉图。老子喜欢用格言表达思考，三言两语，羚羊挂角。在这一点上，西方的尼采与他极像。

孔子、孟子、荀子，这儒家的三大巨头，其思想都是积极用世的，所以他们不做纯粹的哲学家；他们也没那工夫。墨子反儒，但用意也在于拯救世界，不仅在理论上自创一家，而且更注重社会实践。韩非子，更是要做帝王师，他的一切理论都是要帮助帝王成其大，威霸天下，他才不做哲学思考呢！庄子有点接近哲学的意思，他也沉思，但是庄子更在意自己的天才的想象力和无尽的思辨智慧，所以庄子更接近于诗，而不是哲学。名家的两位大师惠施和公孙龙有点接近哲学，他们好思辨，好讲逻辑，但是他们更在意语言的组织形式，他们不关心人心，不关心人的生活，这又有点远离哲学了。

只有老子是哲学家，而且是中国古代第一个较纯粹的哲学家。他关心世界本体，关心宇宙本体，关心人心，关心人的认识，关心生命的内在世界。他几乎是一个形而上的哲学家，但他没有康德、黑格尔做得彻底，所以易中天说老子是一个“假无为”的思想家，说只有庄子是“真无为”。此话真说得透彻。

《老子》一书，共81章，分道经和德经两部分，所以合起来叫《道德经》。全书没有事实，没有故事，甚至没有一个人物，全部都是抽象地讲道理，所以每一章都很短小，句子也都不长。可能感到有些地方不好讲，或者为了把道理讲得更透彻，老子喜欢打比方，因此《老子》一书中，比喻比比皆是。而且老子特别喜欢拿水、小孩和女性作比喻，因此有些学者称老子是一种弱者哲学，柔者哲学，因为这三者都是柔弱的。北京大学教授李零先生写老子的一本书就叫《人往低处走——老子天下第一》。

具体说来，老子的哲学思想主要体现在以下几个方面：

1. 客观的宇宙认识论。

认识宇宙世界，当然不应该有感情色彩，宇宙和大千世界不因为你喜欢就改变，也不因为你不喜欢就不改变，它们是一个独立自在的世界。

老子说，“道生一，一生二，二生三，三生万物”，老子是想探索宇宙世界的生成奥秘。在老子看来，世界万物背后一定有一个主宰，这个主宰控制着整个宇宙苍生，控制着天地万物的变化。这个主宰就是“道”。“道”生万物，“道”是世界的总根源。老子又说，“天下万物生于有，有生于无”，“无”就是“道”，就是“一”，“二”和“三”就是“有”，所以“有生于无”，“万物生于有”，“无”是世界的本体和源泉，“万物”就是“有”和“无”的汇总，一切变化都在有和无的变化过程中。

台湾著名哲学家韦政通先生把宇宙分为有情的宇宙观和无情的宇宙观两种，他认为老子就属于无情的宇宙观。所谓“无情的宇宙观”，就是客观的宇宙认识论，对客观世界的认识，不带有个人的感情色彩。老子对宇宙世界的认识，是一种朴素的观念，他或许很简陋，又或许有矛盾的地方，但他采取的是冷静观照的方式和客观的构想，因此这种精神比较接近科学探索的品质。老子的客观认识论，很可能是中国古代科学的萌芽。

2. 形而上的哲学思辨。

老子好用简短的格言表达自己的思想。这种格言句式，多半是抽象的思辨；有时实在是不好说，就用比喻。抽象的思辨和比喻说理，都是一种形而上的沉思，都不指向具体的事实，前者通过沉思可得，后者通过想象可悟。比如老子说，“古之善为道者，微妙玄达，深不可识。夫唯不可识，故强为之。曰：豫兮其若冬涉水……”什么意思呢？老子是说，古代善于为道的人，细致精妙，深刻通达，深不可测。正因为他们深不可测，所以就要用比喻来强行说明，比如犹犹豫豫怎么说呢？就可以用冬天涉水来形容。冬天涉水，当然要小心谨慎，迟疑不前，这就是犹犹豫豫的意思。为道也应该这样。老子这是告诉我们为道的方法。前面几句话就是沉思的格言，后面就是打比方。这样的沉思和比喻，构成了《老子》一书中独特的风景。

3. 逆向的思维方式。

老子是一个有反骨的人，所以，他的思维方式总是逆向的。易中天先生说老子是一个喜欢唱反调的人。韦政通先生甚至认为老子是“反社会”的，因为他整个思想都是逆社会潮流而动。你正说，他反敲；你要高，他向低；你尚刚，他要柔；你有为，他无为；你想一统天下，他要“小国寡民”，整个都是反着来。

为什么会这样？因为在老子看来，正反和好坏都是你中有我，我中有你的，正反和好坏也不总是绝对不变的，它们在一定条件下，可以互相转化。正反和好坏是彼此相依的，它们互为存在，没有正，就没有反，反之亦是；没有好也就没有坏，反之亦是。在这里，老子既讲了认识问题，事物总是相反相成的，我们既要善待自己，也要善待他人；又讲了心灵问题，事物常常是物极必反的，幸福过了头，可能就走向了反面。正因为这样，所以我们有时候思考问题就要全面一些，不可顾此失彼。老子说，“祸兮福之所倚，福兮祸之所伏”，祸中隐藏着福，福中隐藏着祸，所以幸福的人不要高兴太早，不幸的人也不要过于悲伤。老子的思想可以指导我们幸福地生活。

4. 功成身退的处世智慧。

老子是一个智慧型的老人，他的处世智慧尤其值得今人学习。老子的处世智慧概括起来，就是四个字：功成身退。老子说："功遂身退，天之道。"在老子看来，功成身退不仅是一种做人原则、处世智慧，更是大自然的一种总法则，是"天之道"。如果功遂身不退的话，就会失败。老子说："为者败之，执者失之。"强力为之的，就一定会失败；过于坚执的，就一定会失去，凡事不能太过，太过反而得不到。生活中常常这样。

在"功成身退"的总原则下，老子强调要避免争论，要欲进故退，欲擒故纵，要大智若愚，大巧若朴。老子说："圣人之道，为而不争""唯不争，故天下莫能与之争"。不争，所以赢天下。老子又说，"明道若昧，进道若退"，明白的道好像暧昧，进取的道好像退却，这就是欲进故退。"大智若愚""大巧若拙"，更是成为两个成语，广被人知，其中的道理早就被人们深刻认识到。

5. 哀兵必胜的军事思想。

客观上，老子是反战的，尽管他也知道，在当时的条件下，完全做到干戈止息是困难的，但他想强调的是，实在要打仗，也应该做到三点：一曰慈，二曰俭，三曰不敢为天下先。老子认为这三点是带兵打仗的法宝。所谓"慈"，就是有爱心，有爱心，你就不会轻易发动战争；所谓"俭"，就是节约，打仗还要节约，就是告诉你不要穷兵黩武，搞军事扩张；所谓"不敢为天下先"，实质上就是不主动挑战，不打第一枪。实在要打仗，也必定是哀兵必胜。老子说："故抗兵相若，则哀者胜矣。"老子虽然讲的是军事，实质上却是人道主义关怀。

作为政治家的老子

老子的思想表现为两面，一面是清静无为，与世无争，后继者是庄子；一面是助帝称霸，有利必争，后继者是韩非子。前者是道家的集大成者，贵在养生；后者是法家的集大成者，意在强世。前者激活了文学想象力，成为诗学；后者着力于安邦定国，成为了政治学。这里重点介绍一下老子的政治思想。

老子的政治思想包括愚民政策、取信于民、敬待天下、不折腾和阴柔的法术等五个方面。

先说“愚民政策”。

作为人，肯定有欲望，有欲望才会有动力，才会去拼搏，去进取，社会才会有进步。老子不这样想，老子“反者道之动”，他要反着来。老子认为治理国家，管理人民，最好是愚民政策。让老百姓傻傻的，脑袋空空的，不争名夺利，不思进取，无知无欲，什么也不敢干，什么也不能干，吃饱了喝足了，天下就达到大治了。老子说：“是以圣人之治也，虚其心，实其腹，弱其志，强其骨。恒使民无知无欲也，……则无不治矣。”这就是老子的愚民政策。

老子又说：“为道者，非以明民也，将以愚之也。民之难治也，以其智也。故以智治邦，邦之贼也；以不智治邦，国之德也。”在老子看来，以道治国，就是要让老百姓糊涂，而不是让老百姓明白；明白了，国家就不好管理了，老百姓有头脑了，国家就难治了，很显然，老子是主张以愚民政策统治老百姓的。这是要批判的。

在提倡愚民政策时，老子有一点值得肯定，这就是要让老百姓吃饱饭。老子说：“是以圣人之治也，为腹不为目，故去彼取此。”什么意思呢？圣人治理国家，就是要让老百姓吃饱饭，不去追逐声色的快乐，要放弃物欲的追求，保持自足的安静。老子认为，吃饱喝足就好了，何必要去追求娱乐。看上去，老子好像是反对奢靡浪费的，他主张朴素的生活。这一思想客观上反映了老子对老百姓基本生活的关心，因为解决老百姓吃饭的问题，在当时是第一等大事。应该说，老子这种思想是朴素的，可取的，有现实主义情怀的。

再说“取信于民”。

一面，老子主张愚民，另一面，为了管理有效，治理有方，老子还主张“取信于民”。老子说：“信不足，焉有不信，犹兮其贵言也。成功遂事，而百姓谓我自然。”如果老百姓信任统治者，就会主动去亲近他们；如果老百姓恐惧、害怕，就不会配合他们，甚至会去戏弄他们，作为统治者，就要取信于民。老子实际上是讲统治者要有统治的艺术，要做到统治不露痕迹。

把国家管理得井井有条的，老百姓治理得服服帖帖的，老百姓不仅不感到厌恶，相反，他们会说，事实本来就应该是这个样子的。这是高超的政治艺术。所以，最好的统治者，就是不让老百姓感到统治者的存在，也不轻易发号施令。

当然，老子也有一点狡猾，他说，如果为政者做不到，或者不足以值得老百姓信任的话，就要少说话，谨言慎言，“犹兮其贵言也”，这样也可以避免造成不取信于民的印象。

第三，说说“敬待天下”。

天下本不为个人所有，是公共资源，是属于全体人民的财产。老子说：“夫天下神器也，非可为者也。”天下是一种神器，不可以据为己有。但天下偏就有好事者、野心家，想夺取天下，据为己有。老子说：“将欲取天下而为之，吾见其不得也。”在老子看来，那些想夺取天下的，没有一个人会成功。老子这实际上是讲为政者不要太贪心，不要过分追求不属于自己的东西，否则，就是走向失败。所以，老子告诫为政者，要“去甚，去泰，去奢”，总而言之，是要去掉一切过分的东西。

为什么会这样呢？老子也分析了原因。老子说，凡事，有走在前面的，就有在后面跟的；有吹热气的，就有吹冷风的；有往上垒土搭台的，就有拆台破坏的。也就是说，事物总是有两面性，有好的，就有坏的；有建设者，就有破坏者。作为统治者，一定要注意到这些问题。怎么注意呢？就是“去甚，去泰，去奢”，去掉一切过分的追求，他人就不惦记了，为政也就没有这样的后顾之忧了。

第四，不折腾。

老子认为，无论是管理国家，还是治理人民，都要懂得爱惜。老子说：“治人事天莫若啬。”“啬”就是吝惜、爱惜，也就是治理人民、祭祀天道，不能随便浪费，不暴殄天物，只有这样，国家才会积累财富。在此基础上，老子进而提出不折腾的思想，他说：“治大国若烹小鲜。”“小鲜”，就是小生鱼，烹是一种方式，小生鱼很容易熟，不需要大火，时间也不要太久，更不许来回翻动。老子说，治大国就像烹小鱼一样，火不要太猛，也不要来回折腾。否则，小鱼就烂掉了。治大国如此，治理小国家岂不更是如此？老子这是要告诫统治者，要注意让老百姓休养生息，安居乐业，这样国家才能积累财富，达到长治久安的目的。“不折腾”的政治思想非常了不起，它具有深远的历史意义，直到今天，仍有借鉴作用。

第五，阴柔的治国之术。

老子这个人似乎总是拧着来，而且在他看来：“将欲翕之，必固张之；将欲弱之，必固强之；将欲废之，必固兴之；将欲夺之，必固予之。”这是多么奇怪啊，总是跟常识拧着来。老子这是要干什么？原来，老子这也是讲治国之术，而且是一种很阴柔的法术。本来强，装作弱；本来夺，装作给。这是迷惑敌人，掩盖本质，这是一种阴险的兵法，老子认为这是治理国家的“利器”。老子说：“鱼不可脱于渊，邦有利器，不可以示人。”政治家离不开法术，就像鱼儿离不开水；国家治理也必须有不可示人的利器，就像鱼儿藏在深渊一样。这是多么可怕！这一点，后来在韩非子那里“发扬光大”，达到“登峰造极”的地步。

《老子》名句精读

《老子》几乎是一本格言集，珠圆玉润，琳琅满目，名句遍布全书。我们只能择其要略，作一点解读，粗略反映老子的思想。

1. 天地不仁，以万物为刍狗；圣人不仁，以百姓为刍狗。

注释：刍狗，草扎的狗，作祭祀用。

翻译：天地无所偏爱，任凭万物自然生长；圣人无所偏爱，任凭百姓自己发展。

精读：在这里，我采取的是陈鼓应的翻译，意译。关于这句话，翻译很不同，李零将这两句话理解为：天地是无情无义的，他把万物当作草扎的狗，用完就扔了。圣人对百姓也是如此，并不对谁特别好，对谁特别坏。这两种翻译，都接近老子的思想。陈先生的翻译，意在说明老子复归自然；李先生的翻译，意在强调老子对圣人的批判。但怎样知道哪一种翻译更接近原意呢？关键要看这两句话后面跟着什么内容。老子在说完这两句话以后，紧跟着说了这样一番意思：天地之间，岂不像个风箱吗？空虚但不会穷竭，发动起来而生生不息。政令繁多，反而加速灭亡，所以不如持守虚静。看来，还是陈鼓应先生的翻译更接近原意。

2. 谷神不死，是谓玄牝。玄牝之门，是谓天地之根。

注释：谷神，两山之间称为“谷”，不测的变化称为“神”，“谷神”就是指两山之间不可预测的变化，也就是指山谷、河谷的变化，低洼处的变化。玄牝，“玄”就是幽深，“牝”就是生殖器，“玄牝”就是指天地万物幽深的生殖器。

翻译：山谷之间的变化是不可穷竭的，这就叫母性生殖器。母性生殖器的大门，就是天地万物的根源。

精读：老子这里是用比喻言道。“道”是什么呢？就是山谷、河谷等低洼处的无穷无尽的变化，就是虚谷。“道”又是母性生殖器，它派生出天地万物，天地万物就是从这个空洞洞的大门里生出的，“道”就是空空如也。老子喜欢拿溪谷、女性生殖器作比喻，因为这两者都是虚空的，都可以容纳万物，这两者又可以派生一切。所以，老子认为，“虚谷”就是“道”的形状，绵绵不绝就是“道”的特性，而“玄牝之门”就是天地万物的根源。

3. 上善若水。水善利万物而不争，处众人之所恶，故几于道。

注释：恶，厌恶、瞧不起。几，接近。

翻译：最高善的人好像水一样。水善于滋润万物又不与万物争长短，处在众人都瞧不起的地方，所以水最接近于道。

精读：老子不仅喜欢拿溪谷、女性生殖器作比喻，也喜欢拿水作比喻，因为水是最柔弱的，处于最下位的，但在老子看来，最柔弱的最刚强，最下位的最持久，两性做爱是这个道理，“水滴石穿”也蕴藏着这个道理，所以老子说，水最接近于道，最高善的人就像水一样，也是得道之人。曹雪芹说，女儿是水做的，或许就是受老子的启发。

4. 见素抱朴，少私而寡欲，绝学无忧。

注释：素，没有染色的丝。朴，没有修治的木料。“素”和“朴”，此处都是指人心不受污染。绝，就是放弃、抛弃。学，这里是指仁义之学。

翻译：使人心像那不经修染的丝和木料一样，保持内心一片天真，减少欲念，抛弃仁义之学，就能做到无忧无虑。

精读：“朴素”一词来自于这里。老子这是给病态的社会开药方。老子认为，人心之所以混乱不堪，就是因为人有贪念，有私欲；社会之所以糟糕透顶，就是因为有人提倡仁义之学。前者批评人性，后者批评孔丘。在仁义问题上，庄子跟老子一样，也是认为仁义是一切乱之始。庄子说，“圣人不死，大盗不止”，把矛头指向孔子。混乱的人心和堕落的社会，如何才是出路？老子说，就是抛弃一切私欲杂念，抛弃仁义之学，使内心保持一片天真、淳朴，使内心变得像那没有受染的丝一样，未经修治的木料一样，本色而天然。孔子的仁义之学，本意是劝人向善的，似乎也没错，老子强调要保持人的天性，或许也有几分道理，错的可能是社会，是社会扭曲了人心，变味了仁义。作为人，我们要清心寡欲，返璞归真。

5. 人法地，地法天，天法道，道法自然。

注释：法，效法、取法，遵循。自然，自然而然，不矫揉做作。

翻译：人取法于大地，大地取法于上天，上天取法于道，道取法于自然而然。

精读："道"是万事万物的总原则，是一切事物遵循的根本，人、地、天，都必须遵循"道"，"道"是纯任自然的，"道"的本性就是自然。追求自然，回归自然，这是老子哲学的基本精神。这一思想对中国人的心灵影响巨大。

6. 大方无隅，大器晚成，大音希声，大象无形。

注释：方，方正。隅，角，棱角。

翻译：最方正的反而没有棱角，最大的器皿反而最后完成，最强大的声音听起来像是没有声响，最庞大的形象看上去反而没有形迹。

精读：四句话，四个成语，老子真是了得，堪称语言大师。老子往往喜欢"正言反说"，他是唱反调大师。老子在另一处还说，"大巧若拙，大智若愚"，都是这种思想的反映。老子为什么要唱反调呢？原来老子是想说，“道”不可以从外形上去求得，因为“道”是无形无质的，是不可琢磨的，我们常常要从反面、从里面去求得，因为“道”是幽微不显的，是一般人不易察觉的。老子这是讲求道的方法。

7. 为学者日益，为道者日损，损之又损，以至于无为，无为而无不为。

注释：日，一天比一天。益，增加。损，减少。

翻译：求学的人一天比一天增加知识，求道的人一天比一天减少贪念，减少了又减少，最终达到无所作为的地步，无所作为才能做到没有什么做不到了。

精读：老子这是讲无为。怎样才能做到无为呢？就是不断地减少贪念，贪念一天天减少，以致减少到没有，这时就没有妄念了，没有妄念，才能做到无所不为。老子说这番话时，好像是针对孔子说的，孔子强调求知。老子认为求知会引起贪念，特别是仁义知识，仁义知识越多，离“道”也就越远。

8. 甘其食，美其服，乐其俗，安其居，邻邦相望，鸡犬之声相闻，民至老死，不相往来。

注释：“甘、美、乐、安”，用法一样，都是指为有幸福的生活而感到高兴、快乐。

翻译：人民为有甜美的饮食，美丽的服装，快乐的风俗，安定的居所而感到高兴、快乐，邻国与邻国互相看得见，鸡犬之声也听得见，但以至于老死，却互相不来往。

精读：老子这是向往小国寡民的生活。老子的理想是想回到原始结绳记事的时代，因为在这个时代，没有纷争，没有贪欲，人民吃穿朴素，生活简朴，过得快乐而自足，老子向往这个社会。但已经做不到了，社会总是向前走，人民还是希望过上更有质量的生活，所有的人，都已经回不到那个时代了，那个时代也是一个低水平、低生产力的社会，社会财富极不发达，人民的生活也谈不上真正的幸福。老子的“小国寡民”是一个“乌托邦”，一个“世外桃源”。

第五讲

审美主义道学——庄子

审美主义哲学家

在先秦诸子中，庄子是最浪漫的一个，也是最偏于艺术审美的一个哲学家。

为什么这么说呢？

我们先来看看庄子的创作手段。在先秦诸子中，只有庄子的文字是天马行空，无拘无束，自由驰骋的。他大胆地挥洒想象，极尽夸张之能事，自造一个神奇的寓言世界。在整个世界中，上至高天，下至九渊，大至鲲鹏，小至稊米，真实如孔子颜回，虚幻如匠石庖丁，端正如老子惠施，邪怪如支离疏、哀骀它，奇奇怪怪，不能穷举。

但绝对是一个想象和夸张的世界。

本来是鱼卵的东西，可在庄子的笔下却变成了巨鸟，这就是屡被后世引用、用以代指远大志向的“鲲鹏”。“鲲”，《尔雅·说鱼》训为“鱼子”，“鱼子”也就是“鱼卵”。一粒“鱼卵”，却变成了一条大鱼，“北冥有鱼，其名为鲲，鲲之大，不知其几千里也”。又化为鸟，“化而为鸟，其名为鹏，鹏之背，不知其几千里也”，何其庞大的一只神鸟！脊背大到几千里之远，变为鸟，也不知大到几千里，翅膀扇动起来，能遮挡半天的云彩，这是多么奇异的想象！还比如，任公子垂钓。任公子制作了一个巨大的钓钩和粗黑的绳子，钓竿能从会稽山一下子甩到东海里去。任公子用五十头阉割了的牛做鱼饵，一天一天蹲在会稽山上钓鱼。可是鱼没有上钩。一直等到一年以后，游来了一条大鱼。这条大鱼咬上巨大的鱼钩，昂着头迅速地在水里游动，那白色的鳍背，鼓动起来，就像连绵不绝的群山，整个东海都为之振荡，发出的响声好像神鬼出没，骇人的声威震慑千里。还有什么想象能超过庄子的巨大夸张和极度的荒诞？这里面不仅有壮阔的画面，而且言辞飘逸，完全构造了一个非人的世界，令人叹为观止。

庄子不仅能把细微的东西夸大为巨象，而且也能把巨大的东西缩小为微尘，能把庄正的东西想象为卑俗，比如东郭子问“道”。“东郭子问于庄子曰：‘所谓道，恶乎在？’庄子曰：‘无所不在。’东郭子曰：‘期而后可。’庄子曰：‘在蝼蚁。’曰：‘何其下邪？’曰：‘在稊稗。’曰：‘何其愈下邪？’曰：‘在瓦甓。’曰：‘何其愈甚邪？’曰：‘在屎溺。’”你看，被老子和庄子奉为世界本体的“道”，竟然是藏在人的屎尿里，如此下作，这样的想象谁人敢为？

庄子的想象和夸张历来为人称道。司马迁说，庄子“其言洸洋自恣以适己”。这“洸洋自恣”就是说想象无边无际；刘熙载说庄子是“意出尘外，怪生笔端”，这“意出尘外，怪生笔端”就是说虚构常常出人意料，常人难为；鲁迅说，庄子“其文汪洋辟阖，仪态万方，晚周诸子之作，莫能先也”，这“汪洋辟阖，仪态万方”，就是说庄子的想象和夸张不仅浪漫神奇，而且丰富多彩。其实庄子对自己的创作是有认识的，在《庄子·天下》这篇总结性的文章中，庄子说，他是“以谬悠之说，荒唐之言，无端崖之词”虚构了一个寓言世界。可见，庄子用想象和夸张来构造寓言故事，是有意为之的。

庄子为什么要选择这样一种形式来表达自己的思想呢？华东师范大学教授方勇先生认为，庄子与先秦诸子有一个很大的不同，这就是庄子的文章不以说理为目的，他的文章文学性大于哲学性，他是哲学性和文学性的完美统一，文学性超越了哲学性。此说深有道理。我们现在读《庄子》，往往就会忽略庄子的思想，而沉浸在庄子的文学世界中。闻一多先生说，“读《庄子》，本分不出哪是思想的美，哪是文字的美”，的确是这样，庄子的文章，从创作形式上说就是审美的，而且是有意为之的。庄子是一个哲学家，更是一个文学家。郭沫若说，自秦汉以来，中国大半个文学史，都深受庄子的影响。这里说的“影响”，大半也是从文学的角度来肯定的。

庄子不仅在文学形式上偏于审美，在思想上，庄子更是先秦诸子中唯一一个偏于审美的人。他是一个美学家。孔子的文章清朗明润，但孔子一心复周，心思忡忡，哪里顾得上审美？孟子的文章气势犀利，以天下为己任，舍我其谁，又怎能用于审美？荀子和韩非子注重说理，墨子注重用世，他们没有兴趣审美；惠施和公孙龙合同异，离坚白，不会审美；老子按说应该会审美，但他尽管飘然出世，文章却是为统治者服务的，也离美远了……只有庄子活在偏僻处，自说自话，却以一副清醒清瘦的面孔审视着这个战争不断、人性沉沦的世界！

他活在这个世界上，却又脱身于世界之外；他看到了万象之物性，却又高蹈于一切物性之上。于生，他看到了苦难，于死，他看到了解放，因此他超越生死；于名，他看到了危险，于利，他看到了羁绊，因此他抛却名利。他穷而富有，卑而高尚，俗而大雅，形怪而心灵无限之美。他是一个艺术家！

西方哲学家荷尔德林说，人，诗意地栖居在这个世界上。这是西方人终极追求的理想，西方人没有做到。然而，庄子做到了。在庄子这里，一切都可以进入艺术审美的殿堂。

有一次，庄子和惠施散步走到一条小河边，庄子说，你看这条小鱼游得多么快乐，庄子从小鱼身上发现了快乐。他借助鱼的飞翔展开了对现实世界的超越，他翩然飞到了一个极乐世界。一个人，如果既能看到物质世界的本性，又能在物质世界的本性之上看到人性的飞翔，这就是审美。只可惜惠施不懂，惠施是一个逻辑学家，他要证明这个世界什么是真的，什么是假的。惠施完全忽略了人心对这个世界的打量，在这一点上，庄子比惠施站得高，他看到了审美主义的生活。

或许“濠梁之辩”还不是庄子最彻底的审美体现，这个故事中的庄子还是比较客观的、冷静的、清醒的，还没有达到物我两忘的境界，还没做到“无己、无功、无名”；他是一个站在岸上的人。在“庄周梦蝶”中，庄子才彻底地抛弃了那个臭皮囊：

“昔者庄周梦为蝴蝶，栩栩然蝴蝶也，自喻适志与！不知周也。俄然觉，则蘧蘧然周也。不知周之梦为蝴蝶与，蝴蝶之梦为周与？周与蝴蝶，则必有分矣。此之谓‘物化’。”

蝴蝶与人本应有分，如何在梦里却物我不分呢？台湾大学哲学系教授陈鼓应先生说，庄子“梦中化蝶”其实是对苦难时代的一种艺术观照。庄子处在战国中期，这个时代，用同时代的孟子的话说，是“争地以战，杀人盈野。争城以战，杀人盈城”，人们过着水深火热、朝不保夕的生活，危险无处不在。那么，在这样一个世界中，如何才能“适己”，使生命得以升华？庄子选择了艺术审美。在梦里，——也只能是在白日梦里，人们才能暂时忘却物我的区别，抛弃一切烦恼，甚至连肉体都可以瞬间消亡。这是一种艺术观照，是用审美的愉悦超越生活的苦恼。艺术原本就是白日梦，对这一点，东方人和西方人表达了相同的观点。日本文艺家厨川白村说，文学就是“苦闷的象征”；德国哲学家尼采说，艺术就是“酒神精神”。“象征”也好，“酒神”也罢，甚至庄子极富浪漫色彩、穷极想象和夸张的“寓言故事”，都是一种艺术的伟大创造。庄子卓然是一个飘逸的艺术哲学家。

对庄子有了一个基本认识以后，我们该说说庄子的基本情况了。因为史料记载甚少，所以庄子的生平就只能是云山雾罩的了。只知道：

庄子，战国中期人，与孟子、梁惠王、齐宣王同时。庄子的家乡有三种说法，一说河南商丘附近，一说安徽蒙城附近，一说山东曹县附近，这三个地方都曾经被称为“宋国”，庄子就是宋国人。庄子年轻时，曾做过一段时间的漆园吏。战国时候，漆是一种很重要的物资，日用、战争都大量需要，所以估计那一段时间，庄子应该过得不错。但大多数时候，庄子是极为穷困的。庄子曾游历过南方，应该到过楚、吴、越等国。庄子有一个好朋友，逻辑学家惠施，常与之辩论。似乎有过一个比较亲近的学生，名叫蔺且。庄子应该是结过婚，不然“鼓盆而歌”的故事如何编起呢？这就是庄子，生平简略而思想不简单。

庄子的主要思想

继老子之后，庄子成为道家学说的第二座高峰。庄子许多思想根源于老子，比如对“道”的哲学思考，“清静无为”的世界观，“崇尚自然”的美学思想等等。毫无疑问，庄子是一个极富创造性的哲学家，他对世界、对社会、对人生、对生命、对文艺提出了许多深刻而富有个性的看法。庄子的文学创造力和哲学思想也对中国传统文化产生了巨大的影响。

庄子的主要思想到底有哪些呢？我们作个简要的介绍：

第一，天人合一的宇宙观。

哲学家几乎都要对世界做出自己的判断，庄子也不例外。庄子说：“有实而无乎处者，宇也；有长而无本剽者，宙也。”（《庚桑楚》）什么意思呢？就是说，有上下四方，但又不能穷极，这就是宇；有古今长短，但又达到无限，这就是宙。实际上，在庄子看来，宇，就是指空间，宙，就是指时间，空间无边无垠，时间无始无终，它们共同构成宇宙大观。这种对宇宙的看法已经比较接近现代物理学意义上的看法。

如何认识这个宇宙呢？庄子说：“自其异者视之，肝胆楚越也；自其同者视之，万物皆一也。”（《德充符》）就是说，从相异的角度看事物，一物同一物之间差别明显，就好像肝胆楚越那样分明；从相同的角度看待事物，万物又都是统一的，没有差别。庄子既看到了事物之间的共性，又看到了它们之间的差别，共性是绝对的，差别是相对的。庄子又说：“天地与我并生，而万物与我为一。”（《齐物论》）庄子既看到了世界万物的本性，它们同生同死，在时间和空间面前，是平等的，也看到了事物之间的互相影响，在最高程度上，万物一体，大自然和人的生命是合二为一的，没有什么区别。这种“天人合一”的思想，构成了中国古代哲学的基本理念。

第二，“本体贵无”的“道”论。

既然宇宙是这样一个无边无垠、无始无终，既有差别、又有共性的东西，那么，它们统一于什么呢？它们的本体又是什么？庄子提出了“本体贵无”的“道”论，它们统一于“道”，“道”是宇宙的总法则。什么是“道”呢？庄子说：

夫道，有情有信，无为无形；可传而不可受，可得而不可见；自本自根，未有天地，自古以固存；神鬼神帝，生天生地；在太极之先而不为高，在六极之下而不为深，先天地生而不为久，长于上古而不为老。（《大宗师》）

这个“道”，“有情有信”，是客观存在的；“无为无形”，没有形体、没有意志，是虚无飘渺的，无迹可踪；“可传而不可受，可得而不可见”，是超乎感知，又能感知，飘忽不定，无法掌控的；“自本自根”，是自生自灭，没有别的根源的；“生天生地”，是万物生长的唯一本源；是超越了时空限制的，是绝对的，是终极的一种东西。用一个字来概括，就是“无”。“无”的本体论，来源于老子。老子说，“天下之物生于有，有生于无”。可见，在老子那里，“无”也是世界的本体。“贵无”的本体论，对后世哲学有很大的影响，尤其是魏晋玄学。

第三，“乱之始”的知识论。

庄子对知识是保持高度警惕的，他与惠施不同。惠施是一个知识论拥护者，庄子是一个知识论怀疑者。庄子说，“吾生也有涯，而知也无涯，以有涯随无涯，殆矣。”（《养生主》）一个个体的生命，无论寿长寿短，总是有限度的，而知识的海洋呢？则无边无际。用有限的生命去追随无限的知识，就会弄得十分疲惫。所以庄子进一步说，“上诚好知而无道，则天下大乱矣”。居高位的人，好为人师，巧取知识，“好知”而“无道”，这就是大乱的开始。何以如此？庄子举例说，“夫弓弩、毕弋、机变之知多，则鸟乱于上矣”，这就好比捕鸟的网罗多了，鸟儿自然就会迷失方向。所以庄子说：“故天下每每大乱，罪在于好知。”（以上所引均见《胠箧》）当然，我们现在也可以对这个问题有不同的看法。即便生命有限，知识无限，也不能就此停下求知的脚步，或许生命的快乐，正在于求知的过程中。

第四，“以神遇”的方法论。

人，生活在大千世界，总还是要追求生存之道，探索事物的规律，那么，怎样做才好呢？庄子给我们指出了一条光明之径。这就是“以神遇而不以目视”。庄子告诉我们，要以理性的方法去认知世界。

庄子借《庖丁解牛》这个寓言跟我们讲述了这一番道理。庖丁集十九年解牛的经验，告诉我们：第一，认知的过程要谨小慎微，要专心致志；第二，要善待工具，对工具保持敬畏之心；第三，不能骄傲，无论多么有经验，都不能骄傲；第四，也是最主要的，就是要超越具体的方法，由“求技”的感官活动上升到“求道”的精神畅游，这样才能进入一个自由王国。达到这个境界，再去解牛，就不是手工劳动了，而是一种艺术活动，这就是“诗意地栖居”。

第五，“齐同”的生死观。

庄子对生之困厄和死之痛苦，是大彻大悟的。在《大宗师》篇中，庄子说，“死生命也，其有夜旦之常，天也”，既然生死就像白昼黑夜那样变化自然，生和死又有什么好怕的呢？所以庄子说：“不知悦生，不知恶死。”生也不要太高兴，死也没有那么可怕，要做到“死生无变于己”。

在生死问题上，庄子追求做一个至人，借以超脱生死。他说，至人能做到，“大泽焚而不能热，河汉沍而不能寒，疾雷破山、飘风振海而不能惊”，能做到，“乘云气，骑日月，而游乎四海之外”。（《齐物论》）能做到这样，“死生无变于己，而况利害之端乎？”对生和死都大彻大悟了，还不自由、不逍遥吗？

第六，“游世”的处世观。

在生活问题上，庄子奉行“游世”的处世观。所谓“游世”，就是在复杂的社会中，游刃有余地生活，安顺处常，以尽天年。这是一种艺术。

具体来说，就是在“材”与“不材”之间，左右逢源，如鱼得水。比如庄子讲楚国欲请他出任宰相，他对使者说，我宁愿拖着尾巴活在烂泥里，也不愿作为祭品被人供奉在寺庙里。材大为用，当时活得挺滋润，但势必也会带来危险，所谓伴君如伴虎，就是这个道理。无材呢？因其不为社会所用，不为人所用，也会带来危险。比如庄子带着弟子去朋友家做客，主人要杀鹅招待他们，仆人问，杀什么样的鹅，主人回答说，当然杀不会叫的，你看，鹅因其不会叫而被杀。作为乱世中的人，应该在“材”与“不材”之间，寻找生命的空隙，以便得以全身养性。

庄子“游世”的处世观，或许是一种生存智慧，但也有人批评说是圆滑哲学，这也是有道理的，所以，对“游世”的处世观，我们要辩证地看待。

第七，“无为”的政治哲学。

庄子尽管超脱，但他对政治并不是不管不问，全然不知，他对政治还是发表了深刻的见解的。庄子反对圣人，反对仁义，认为大千世界本来各遵其性，挺好的，可是圣人偏要制定许多规则，用“仁义”来教化人民，结果弄得人心大乱，世风日下。庄子说，“圣人不死，大盗不止……彼窃钩者诛，窃国者为诸侯，诸侯之门仁义存焉”，为什么“诸侯之门仁义存焉”？因为制定规则的人，就是他们，他们掌握了话语权，他们说谁有仁义，谁就有仁义，说社会需要推行仁义，于是社会就推行仁义，据此，庄子认为社会之乱完全是因为统治者。应该说，这种观点是颇具批判锋芒的，也很有现实针对性。

那么，社会、国家应该怎样治理才对呢？庄子认为应该“无为而治”。庄子说，“吾意善治天下者不然。彼民有常性，织而衣，耕而食，是谓同德；一而不党，命曰天放。故至德之世，其行填填，其视颠颠。”（《马蹄》）庄子认为，至德之世，就是要让人民做到依其本性生活，自自然然，有耕织就能自足，大家结为一体，而不偏私。庄子说，做到“静而圣，动而王，无为也而尊”，就能做到“天下莫能与之争”。（《天道》）这就是“无为而治”，是治理国家、管理社会的最高境界。

第八，尚“真”的文艺观。

庄子是一个重要的文艺理论家，他对文艺提出了许多重要观点，其中最核心的一点，要算是尚“真”。庄子说，“真者，精诚之至也。不精不诚，不能动人。故强哭者虽悲不哀，强怒者虽严不威，强亲者虽笑不和。真悲无声而哀，真怒未发而威，真亲未笑而和。真在内者，神动于外，是所以贵真也。”（《渔父》）这段话比较集中地反映了庄子的文艺思想，概括起来就是一条，崇尚真情。没有真情，虽然也是痛哭，但不让人觉得悲哀；虽然也是发怒，但不让人觉得威严；虽然也是亲密，但不让人觉得祥和，因为假的就是假的，它只会让人觉得别扭。

作为寓言大师的庄子

先秦诸子非常注意用寓言故事来表达自己的思想，老子和孔子例外。老子是用片言只语写作，许多句子精巧对仗，用不着故事，所以老子多格言；孔子是用谈话体写作，言简意赅，意思明朗，不需要故事。这两个人基本上都没有用到寓言。庄子是先秦文学成就最大的寓言家。孟子也讲寓言，但孟子似乎只是将寓言作为一种论证方法，并没有刻意文学化；韩非子寓言故事较多，而且比较集中，但韩非子寓言故事取材范围比较狭窄，大都为历史故事，不像庄子的寓言故事内容那么丰富，想象那么奇特；墨子也讲寓言，但墨子过于注重逻辑性，因此文学性较弱。只有《庄子》，不仅寓言故事占据了大半篇幅，而且庄子的思想十之八九也都蕴藏在寓言故事里。司马迁说，庄子“著书十余万言，大抵率寓言也”。的确是这样，没有了寓言故事，也就没有了庄子，所以从一定程度上说，读懂《庄子》的寓言，也就读懂了庄子。

庄子的寓言故事对后世文学创作影响巨大，许多作家和作品都深受影响。比如刘义庆的《世说新语》，其题材、思想和创作形式都受到庄子的影响。比如李白的《大鹏赋》，其内容就直接取材于《逍遥游》。还比如柳宗元，他创作的一系列寓言故事，许多小动物几乎都能从庄子的寓言里找到影子。蒲松龄的《聊斋志异》，也能从庄子的寓言里找到借鉴的依据。臧克家说，寓言作为一种文艺形式，是从庄子开始的。复旦大学哲学系教授严北溟先生说，“《庄子》既是哲学书，也是寓言体”。这一些评论都是极为精当的，他们都充分说明了庄子寓言的巨大成就。

庄子的寓言故事在取材上主要有以下几个特点：第一，取材于历史人物，像孔子、颜回、老子、列子、惠施、宋荣子、许由，都成为了庄子寓言故事中的主角，当然，这些人物已经不同于历史上的人物了，而是有着历史影子的全新的文学形象。第二，取材于虚构的人物，比如支离疏、哀骀它、监河侯、曹商、申徒嘉、庖丁，这些人物很显然都是庄子虚构的，历史上并没有其人。第三，取材于动物，有大动物，也有小动物，比如北冥的鲲鹏，东海的白鱼，这些都是极为庞大的动物，人世难以见到；比如猿猴、鸡、鹅、蜩、学鸠、斥鴳、蝴蝶、蝼蚁，这些小动物，不仅有物性，而且许多动物还被庄子赋予人格的特征。第四，取材于植物，比如葫芦、樗、栎树、散木，这些植物或在寓言故事里成为道具，比如葫芦，庄子和惠施就利用它来辩论大用之用，或者成为一个独立的文学形象，比如散木，散木因为长在路边，而享尽天年。先秦诸子中，几乎没有一个人创作的寓言，能像庄子这样取材万类，物物皆通，上天入地，无所不能，甚至人死后变成的骷髅，也能成为文学形象。完全可以说，庄子的寓言就是一个丰富的、自足的大千世界。人间有的，它全有，人间没有的，它也有。由此可见，庄子的创造力是多么强大。

庄子的寓言故事文学性最强。庄子似乎兴趣不在讲道理上，而在讲故事上。庄子讲故事，想象和夸张是最主要的手段，所以，他所写的无论是历史人物，还是虚构的人物，也无论是动物，还是植物，全都是想象和夸张的结果。最离奇也最富挑战性的，就是庄子塑造了许许多多奇奇怪怪的人物，这些人物或者长相奇丑无比，或者缺胳膊少腿，他们不知道所由何来，要去哪里，仿佛都是空降的，又仿佛是天马行空，飘忽而来，飘忽而去。比如支离疏，这个人脸颊隐藏于肚脐下，肩膀高过头顶，发髻指向天空，五官朝上翻涌，两只大腿和两肋并齐。然而，就是这个人，却能自食其力。他磨针替别人缝补衣服，足以养活自己；用簸箕筛谷物，足以养活十口人。朝廷征兵，他大摇大摆地走在街上，不担心被挑中；朝廷有大型徭役，他因为身体残疾，也可以不参加。朝廷赐给老弱病残的粮食，他能够享受三钟米和十捆柴。因为残疾，这个人自由自在，活得潇洒得很，而那些形体健全的人，或者被征徭役，或者被拉去当兵，反而不自由。庄子在这里，似乎借支离疏表达了他对生命的无为的看法，无为、无用，生命反而能够颐享天年。你看，庄子的想象力是多么丰富！

庄子还十分注意用夸张的手段来构造寓言故事，比如“蜗角之争”。蜗牛的角上到底有多大一点地方，然而庄子能让一场惨烈的战争打得不可开交。在左角上，驻扎着一个叫触氏的国家，在右角上，驻扎着一个叫蛮氏的国家，两个国家经常发动战争，光死在战场上的尸首就有几万具之多，他们追赶逃兵，要十五天才能够返回来。这是什么样的一种夸张？既至大，又至小，既至久，又至短，最不可思议，又最合情合理，这种夸张只有庄子能做，凡人谁人能为？

庄子喜欢把自己塑造的文学形象，放在一种对比的环境中加以打量，又辅以细节对形象进行加工，使描写十分生动，形象栩栩如生。比如庖丁解牛。庖丁十九年前解牛，只见全牛，无从下手，因为技术生疏、手段僵硬，十九年后，却目无全牛，因为解牛的水平大进，完全超乎“技”，是用精神活动进行解牛，达到了一种化境。又比如，庄子把良庖、族庖和庖丁进行对比，说明只要解牛时谨小慎微，寻找到牛身骨节分离的地方，就能做到刀刃十九年“若新发于硎”，而良庖、族庖恰恰不能做到这一点，所以他们只有频繁地更换解牛之刀。

庄子的寓言故事充满了细节的魅力，许多寓言故事细节描写十分精彩，给人以身临其境之感。举其一例说明，比如《逍遥游》：

“斥鴳笑之曰：‘彼且奚适也？我腾跃而上，不过数仞而下，翱翔蓬蒿之间，此亦飞之至也。而彼且奚适也？’”

《逍遥游》一共写了三种小动物，蜩、学鸠、斥鴳，这是它们第二次取笑大鹏了。它们不理解，高天远景，有什么好，翱翔万里又有什么好？像它们这样，腾跃上下，不过数仞，日常之飞，不过榆树和檀树，飞累了，马上落地休息，蓬蒿之间，足以安家，该是多么适意，哪里用得着准备几个月的粮食，远赴千里之行那么辛苦呢？这正是小大之辩的关键。境界低的、眼界浅的，无论如何也没法理解境界高的、眼界远的，正所谓“小知不及大知”也。大鹏具有高远的境界和远大的志向，蜩、学鸠、斥鴳又如何能理解？它们的“笑”才是真正的可笑啊！在这里，斥鴳的讥笑神态、腾跃蓬蒿间的姿势仿佛都跃然纸上，如在面前，这就是庄子寓言故事细节描写的魅力。

《庄子》名句精读

一、《逍遥游》

1. 且举世而誉之而不加劝，举世而非之而不加沮，定乎内外之分，辩乎荣辱之境，斯已矣。

注释：且，连词，表提起。誉，赞扬。劝，努力。非，非议。沮，沮丧。定，确定。分和境，这里都指界限。

翻译：（宋荣子）全世界都赞美他，他也不感到勤勉；全世界都非议他，他也不感到沮丧。他能够分清内我和外物的界限，辨析荣誉和耻辱的区别，也就这样罢了。

精读：这是写宋荣子的一段话。宋荣子，据陈鼓应先生说，是齐威王、齐宣王时代的人，庄子在“天下”篇中还提到他。庄子很肯定他。宋荣子都能做到宠辱不惊，内外分明，这已经很难得了，但庄子认为他还是没有做到逍遥，因为“犹有未树也”，还是有不完善的地方。换一句话说，就是还是有所待。

庄子说宋荣子“也就这样罢了”，表示还有不满。做人真难啊，都做到这样了，还不满足，庄子到底在追求什么呢?

2. 至人无己，神人无功，圣人无名。

注释：己，自我，这里指自我的偏执。功，功用，这里指追求事功。名，名声，这里指追求荣誉。

翻译：道德修养很高的人，没有偏执的自我；超凡脱俗的人，没有功用之心的烦恼；人生境界达到完备的人，没有世俗的名声之累。

精读：儒家讲做人，要求做到“立德、立功、立言”，作为一个人，要为社会服务，要做事；道家刚好相反，他们认为，做人应“无己、无功、无名”，要去掉自我的偏执，去掉功用之心，去掉名声之累，总而言之，要抛却一切世俗的烦恼，要“虚静无为”。庄子认为，如果能做到“乘天地之正，而御六气之辩，以游无穷”，就做到逍遥了，以此观之，大鹏、列子、宋荣子虽然都能摆脱一些局限，但都没有做到逍遥。庄子追求的境界真是高啊!

二、《齐物论》

3. 狙公赋芧，曰：“朝三而暮四。”众狙皆怒。曰：“然则朝四而暮三。”众狙皆悦。名实未亏而喜怒为用，亦因是也。

注释：狙，猕猴。公，这里指养猕猴的人。赋，分发。芧，小栗子，也叫橡子。朝三暮四，早上发三个，晚上发四个。亏，减少。用，利用，这里指利用猕猴的心理。

翻译：养猕猴的人给猕猴分发小栗子，对猕猴说：“我早上发三个，晚上发四个。”众猕猴听了很不乐意。养猕猴的人马上说：“我早上发四个，晚上发三个。”众猕猴听了都高兴起来。这里分发小栗子的名称和数量都没有变化，而猕猴的喜怒哀乐是有变化的，养猕猴的人不过是遵循了猕猴的心理罢了。

精读：这段话很有名，成语“朝三暮四”就是从这儿来的，不过意思有所改变罢了。“名实之辩”是先秦诸子一个很重要的思辨活动，许多思想家都卷进来了，庄子也不例外——庄子的好朋友惠施就是一个有名的辩论家。庄子用这则小寓言，是想说明“名实之辩”实际上是没有任何意义的，因为名和实都是相对的，事物的彼此、人们的是非，都是相对的、可以互相转化的，就像“朝三暮四”和“朝四暮三”一样，其实质是没有任何改变的，也是靠不住的，之所以人们有时候要采取不同的说法，不过是像“狙公”一样，是要照顾人们的心理罢了。因此，庄子主张人们要回归虚无，消弭彼此，无知无觉，回到“齐物”，回到统一的“道”上。

三、《养生主》

4. 指穷于为薪，火传也，不知其尽也。

注释：指，闻一多先生考证应为“脂”，就是脂肪。闻一多先生说：“古无蜡烛，以薪裹动物脂肪而燃之，谓之曰烛，一曰薪。”穷，穷尽，指烛薪燃尽了。

翻译：烛薪的燃烧是有穷尽的，而火的燃烧却可以一直持续下去，是没有穷尽的。

精读：成语“薪尽火传”出自这里。烛薪喻指人的形体，而火喻指人的精神、元气。对于这句话，有多种理解，陈鼓应先生援引陈启天的话说，烛薪燃尽了，转化为另一种东西——火，因此，不必对生命的消失而悲伤，生命不过是转化为另一种形式罢了。这样理解，与“安时处顺”甚为相合，有理。曹础基认为，精神就是一种真君，只要真君在，一切生死都可以置之度外。这样说，也在理。这两种理解尽管有差别，但不妨碍我们理解庄子的养生思想。庄子用这个比喻，实际上是想说明，养生要超脱具体的形式和肉体的存在，养生就是养神，而养神，就是养“道”，因为只有“道”是永远存在的，是永恒的，所以，养生就是修道。这大概也是《养生主》的基本思想。

四、《人间世》

5. 山木，自寇也；膏火，自煎也。桂可食，故伐之；漆可用，故割之。人皆知有用之用，而不知无用之用。

注释：寇，砍伐，这里指自讨砍伐。煎，燃烧，这里指自讨燃烧。

翻译：山木自讨砍伐，膏火自讨燃烧。桂树因为可以吃，遭到砍伐；漆树因为可以用，遭到刀割。世人都知道有用的用处，而不知道无用的用处。

精读：“有用的用处”，是指像山木、膏火、桂树、漆树等实际之用的事物，也就是对人类、社会有实际之用；那么“无用的用处”呢？在《逍遥游》一篇中，庄子对“无用的用处”作了回答。惠施告诉庄子说，有一个大葫芦，简直不知道派什么用，盛水不合适，当瓢不合适。庄子对他说，你为什么不把葫芦系在腰间泛游江湖呢？在惠施眼里，葫芦只是实际之用，而庄子呢？能注意到葫芦的无用之用。庄子不把葫芦当葫芦用，而把葫芦当养性、养生之用，无用之用不在于实用，而在于养性、养心，使生命得以超越世俗之苦。“无用之用”实质上就是“无为”。

五、《大宗师》

6. 古之真人，不知说生，不知恶死。其出不䜣，其入不距；翛然而往，翛然而来而已矣。不忘其所始，不求其所终。受而喜之，忘而复之，是之谓不以心捐道。不以人助天，是之谓真人。

注释：说，同悦，愉悦。䜣，同欣，高兴。距，同拒，抗拒。翛然，自由自在的样子。捐，古“损”字，损害。

翻译：古时候的真人，生不感到愉悦，死不感到厌恶。出生不欣喜，死亡不拒绝。无拘无束、自由自在地来往。不忘记自己的来源，不追求自己的归宿。事情来了欣然接受，生命消失复返自然，这就是不用心智去损害道。不用人的作为去帮助天然，这就是真人。

精读：这是庄子对生死的大彻大悟。生不喜，死不忧，生命无拘无束，来去自由，一切都归于天然，归于自然，归于道，不以人为损害道。后来庄子妻子去世，庄子再一次表达了他对生死的看法，庄子说，生命就像天地之间的一种东西，最开始可能是一种气，气变而为形体，形体变而为生命，生命又变而为形体，形体又变而为气，就像自然四季一样，不断轮回，既然这样，我们对生死又有什么好顾虑的呢？真是一种大超脱。

7. 仲尼蹴然曰："何谓坐忘？"颜回曰："堕肢体，黜聪明，离形去知，同于大通，此谓坐忘。"

注释：蹴然，神情突然警觉、有变化的样子。堕，通"隳"，毁坏。黜，废除。离形，离开形体。去，除去。知，通"智"，智慧。大通，大道。

翻译：孔子惊奇地问："什么叫坐忘？"颜回说："毁坏生命肢体，废除耳聪目明，离开形体，除去智慧，同大道融于一体，这就是坐忘。"

精读：关于坐忘，有两种思考路径，有人说既是一种练习气功的方法，也是人们为人处世的基本态度，比如曹础基；有人说既是一种养性的方法，也是一种深刻的哲学思想，比如徐复观、陈鼓应等。都有道理。在前者看来，庄子说的"坐忘""心斋"等概念，后来都成为很重要的气功学术语。所谓"坐忘"，就是虚静无为，性命双修。在后者看来，庄子并没有从根本上否定人的本能，而是说不能让知识、智慧去为人的本能推波助澜，从而使人性泛滥，损害天然。所谓"坐忘"，就是忘掉概念性的一切知识活动。

第六讲

墨学——墨子

墨学概述

如果中国古代思想按“极”来划分的话，毫无疑问，墨家学说应该算一极。著名哲学史家、原国家图书馆馆长任继愈先生说：“没有纳入墨学的文化，不是完整的中华文化。”对墨学评价极高。维新革命家谭嗣同更是将墨学推崇到无以复加的地步，他对墨子也是崇仰之极，他说，“吾自少壮……深念高望，私怀墨子摩顶放踵之志矣”，后来维新变法失败，谭嗣同放弃逃生，决心以死报国，慷慨就义，“我自横刀向天笑，去留肝胆两昆仑”，就是深受墨子的影响，也是践行墨家“摩顶放踵以利天下”精神的具体表现。墨家思想深深地影响着中国人民。

那么，墨家学说究竟是怎样一种学说，墨家团体又是怎样一个组织，墨学兴起于何时，后学又有哪些变化？我们一一来回答这些问题。

春秋战国之交，中国政治、经济和文化处于极度的变革时期，政治上，周天子日益失去天下共主的地位和影响力，小国被吞并，大国被瓜分，新旧势力斗争激烈。司马迁在《史记·太史公自序》中说："春秋之中，弑君三十六，亡国五十二，诸侯奔走不得保其社稷者不可胜数。"诸侯争战不断，真正是一个乱世。这个乱世，客观上也为人才的喷涌而出创造了条件。墨子就是这个时候横空出世的。

墨子在求学、游历的过程中，发现儒家有许多问题，比如儒家讲究礼乐森严的等级制度，讲究繁文缛节的孝道，讲究铺张浪费的厚葬、久丧。这一些在墨子看来，都是不利于生产的，不利于社会再发展的。繁琐的等级制度，厚葬、久丧的极度奢靡，使得占绝对大多数的下层人民处于水深火热之中。墨子认为这无疑造成了新的社会不公，墨子决意宣传自己的学说，他召集门徒，聚众讲学，于是墨家诞生了。

墨家是一个有严明组织纪律的团体，有精神领袖——巨子，这就是墨子。他们有统一的纲领，有严格的规章制度，所有成员都必须严格遵守。墨家的纪律称之为"墨者之法"。墨家过着极其简单的朴素的生活，他们自称墨者，互相关爱，主张任用贤人，反对战争，在一段时间里，墨学影响巨大。许多儒家子弟，受到墨家精神的感召，纷纷弃儒从墨，改投到墨家门下。如孔子的高足子夏的弟子禽滑厘，就放弃了儒家的教育，投奔了墨家，这在当时引起了极大的反响。

墨家严格执行"杀人者死，伤人者刑"的墨家法律，任何人都不得例外，就是巨子也不能例外。相传墨家成员腹䵍做巨子时，他的儿子犯了死罪，按照秦国的法律，必须处死。秦国国君念在腹䵍年岁已经很大了，有心想网开一面，留住腹䵍的儿子。可腹䵍知道了，亲自跑到秦王面前，请求处死他儿子。由此可见，墨者之法是非常严酷的。

墨家积极鼓励成员外出从政，宣传自己的学说和主张，但外出做官时，必须把一部分薪水交给墨家团体作为活动经费。墨子的一些高足，如耕柱子、高石子、胜绰、公尚过等，曾被分别派到楚、卫、齐、越等国从政。相传高石子被墨子派到卫国从政，高石子做了卿，享受着非常丰厚的俸禄。可是当高石子宣扬墨家学说时，卫国君主根本不理睬。高石子见墨家道义不行，学说不被采纳，于是毅然辞官不做了，回到墨子身边。《淮南子·泰族》说："墨子弟子服役者百八十人，皆可使赴汤蹈火，死不旋踵，化之致也。"这是对墨家子弟品行的极高评价。

墨家正是凭借着这种精神感召力，赢得了人们的尊重，所以他们在战国时期成为与儒家分庭抗议的显学，盛极一时。孟子说："天下不归杨则归墨。"荀子也感叹说："礼乐灭息，圣人隐伏，墨术行。"但显赫的墨家学说，也遭到了人们猛烈的抨击。孟子说："杨氏为我，是无君也；墨氏兼爱，是无父也。无父无君，是禽兽也。"荀子批评墨子说，墨子"蔽于用而不知文"。似乎只有庄子对墨子寄寓了一点同情，"墨子虽独能任，奈天下何？离于天下，其去王也远矣"。庄子对墨子的人格更是作了充分肯定，他说："墨子真天下之好也，将求之不得也，虽枯槁不舍也，才士也夫！"

墨子死后，墨学仍然力挺。继墨子之后，墨家出现了孟胜、田襄子、腹䵍等几个重要的巨子。这几个人，分别在楚国、齐国和秦国任职，影响深远。后来，墨家学说分流为三派，三派都是真墨者。墨学以“任侠”　“论辩”和“格致”不仅闻名于当时，也影响于后世。

墨学发展到汉武帝时代，因为统治者“罢黜百家，独尊儒术”，墨学被视为异端邪说，遭到封杀，所以秦汉以后，墨学渐趋绝迹。在后来的历史进程中，墨学虽也被人重视，但仅限于一些喜欢墨学的人，他们为其倾注心力，或注，或解，推行墨学。统治者基本上对墨学是封杀的。西晋有个叫鲁胜的人，为《墨子》作注，并且还写了一篇研究文章《墨辩注序》。唐代有个叫乐台的人，也为《墨子》作过注。清代学者中，汪中对墨子作了精深的研究，为墨子平反。近代学者孙诒让，广集百家之长，仔细校释了《墨子》，写了《墨子闲诂》。历史走到今天，我们一方面要学习墨子的科学探索精神，另一方面也要学习墨子移风易俗的勇气。墨子勇于实践的做法，也值得我们效法。墨子主张兼爱非攻，倡导和平，为公民社会建立公共秩序，在今天显得尤为重要。

墨子其人

墨子在临终时，曾感叹地说："即使天下无人，我的学说仍将存在。"墨子对自己的学说是充满自信的。是的，作为一个学者、一个思想家，墨子是值得骄傲的，因为他的兼爱非攻等思想早已深入人心。墨子不仅仅作为一个学者、思想家傲立于中国文化史，他更作为一个科学家，挺立于中国历史的长河之上。墨子发明的许多器械，到今天仍在发挥着作用。英国著名科学史家李约瑟先生在其长篇巨制《中国科学技术史》中，曾对墨子的科学方法、测量光学给予了非常高的评价。墨子是一个具有世界影响的思想家。墨子所倡导的热爱和平的理念，在今天仍然熠熠生辉。

那么，墨子究竟是怎样一个人呢？

墨子，姓墨名翟，鲁国人，约生于春秋末期，是我国历史上重要的思想家和科学家。墨子所在的地方，原为目夷国，本是商王朝建立的一个小国，位于现在山东省滕州市一带。入周以后，目夷国成为鲁国、齐国等附庸国。再后来，目夷族由贵族降为平民，改为墨夷，成为墨姓。所以墨子姓墨。

墨子出生时，已经是一个平民了。据说，墨子出生时，他的母亲做了一个梦，梦中看见赤乌飞入家中。他母亲后来生下墨子时，都不敢正视，以为生了一个赤乌。赤乌即翟，也就是凤凰，赤乌是凤凰的别名。因此，墨子取名叫墨翟。

墨子小时候，十分聪明好学。墨子的父亲是一个能工巧匠，母亲非常贤惠。墨子跟随父亲学一些工艺活。很快，墨子就学会了木、车、皮革、制陶、冶金等技术。后来墨子又跟随儒家学礼乐制度。他的老师是周朝史官史角，史角知识渊博，和蔼可亲，非常喜欢墨子。墨子跟随史角学习周礼，充分熟悉了周朝的典章制度。他遍读儒家典籍，特别是《诗经》、《书经》和《春秋》更是熟读成诵。“修先圣之术，通六艺之论”，为墨子打下了很好的文化基础。墨子很喜欢读书，即便是外出做事，也离不开书。相传他到卫国去，就用车装满了书。弟子弦唐子看见了，觉得奇怪，就问墨子。墨子说：“古时候周公每天早上起来都要读一百篇文章，晚上还要接见七十位贤人，因此周公能辅佐周王治理天下，赢得美名。我墨翟现在对上没有朝廷政事的烦恼，对下没有耕田种地的苦累，我怎么能荒废时日不好好读书呢？”

墨子在求学、实践的过程中，渐渐看清了儒家的弊端，对儒家的森严等级和繁文缛节很反感。他发现了一种在他看来更理想的文明状态——夏代文明。夏代文明是以夏禹作为代表的。墨子很崇仰夏禹。作为一代君王，夏禹衣食住行都很简单朴素，住的是矮小的房屋，穿的是葛衣兽皮，吃饭用的是土碗，生活极其简朴。夏禹与人民生活在一起，完全没有帝王的架子。夏禹为了解决国家的水患，自己亲自带头上工地，曾经三过家门而不入。夏禹甚至累得大腿上没有肌肉，小腿上的汗毛全都脱落了，他是为老百姓的生活奔走到生命的最后一刻。夏禹下葬的时候，更是简单，一口薄棺，三件衣服。夏禹真是天下第一圣人。就在这时，墨子的思想发生了深刻的变化，他决心仿效夏禹，做一个为人民的生活亲自实践的理论家，他要“背周道而用夏政”。

墨子注重在社会生活中教育弟子，启发弟子怎样做人，怎样为官。有一次，墨子和弟子走到一个染坊前，乡民们正在染丝。墨子止住脚步，对弟子说：“用青色料染丝，丝就变成青色；用黄色料染丝，丝就变成金色。放进去五种染料，丝的颜色就变成五种。”墨子看着弟子，没有继续往下说。弟子静静地等着，他们知道老师下面要说的才是重点。墨子叹了一口气说：“染丝的道理也可以用来说明做人、为政。以前，大舜、夏禹、商汤王和周武王等四位君王之所以能够建立卓绝的功勋，是因为他们有像许由、周公等大臣的辅佐。而夏桀、商纣王、周厉王和周幽王等四位君王，却遭受杀身之祸，被天下人耻笑，为什么呢？就是因为他们受到奸臣的蛊惑、怂恿和熏染。染料虽然微不足道，但足以让丝改变颜色啊！所以，我们作人臣的、做学者的要慎重。”

墨子一生，可以说是反对战争、制止战争的一生，他亲自制止了楚国攻打宋国的计划，这就是历史上有名的“公输般攻宋”。有个名匠叫公输般，他为楚王建造了一个攻城的工具——云梯。墨子知道后，急行了十天十夜，赶到了楚国，见到了公输般。他和公输般一起面见楚王。他让公输般利用云梯表演攻城，他来守城，他一一化解了公输般的进攻。公输般眼看不能取胜，准备杀害墨子，墨子说，你不用杀我了，我来时早做了安排，我的弟子禽滑厘带领三百人，正守候在宋国的城头上，等候着公输般呢！公输般无奈，楚王也感到无计可施，只好放弃攻打宋国的计划。一场战争，眼看要打起来，却被墨子高超的守城技术化解了。在先秦时期，有理想的人不少，为了实现自己的理想，亲身付诸实践的人却不多见，墨子在先秦诸子中，在两千多年的知识分子中，仅凭这一点，就足以流芳青史。

墨子不是一个空头理论家，他更是一个实践家，他要为自己的理想推行之、践行之、苦行之。墨子是一个苦行者。他穿粗衣，蹬麻鞋，日夜劳作不休。庄子说他“其生也勤，其死也薄，其道大觳”，简直是要赞美墨子了。就连骂墨子是禽兽的孟子，也对墨子的人格大加赞赏，他说，墨子“摩顶放踵，利天下为之”。墨子用自己高尚的品行和顽强的实践意志，赢得了人们的尊敬。的确，墨子无论遭受了怎样的困难和打击，他也没有放弃理想，他要 “兴天下之利，除天下之害”，以实现建立一个和平平等的组织社会的最高理想。墨子说：“我的主张是可以实施的，放弃我的主张，改变我的学说，就像放弃收获自己的庄稼而去收捡别人遗落的谷穗一样。”墨子同孟子一样，有一种拯救天下“舍我其谁”的勇气和担当精神。墨子正是凭借着这种精神，感召了许许多多的人，自己也成就为一个伟人！

墨子的主要思想

为了救世，墨子主张“兼爱”“非攻”“尚贤”“尚同”“天志”“明鬼”“非命”“节用”“节葬”“非乐”，有人概括为十大救世主张。在这十条中，“兼爱”“非攻”“节用”是最主要的，也是墨子思想最闪光的地方，也基本上能反映墨子思想的主要面貌。

第一，主张“兼爱”。

所谓“兼爱”，就是无差别、无等级的爱，对自己、对他人都抱有同样的爱心。这和儒家的爱大相径庭。儒家主张有等级的爱，孔子说，“君君臣臣父父子子”，君要像君，臣要像臣，做父亲要有做父亲的样，做儿子要尽做儿子的本分，将君臣父子的职责和等级规定得很清楚。

墨子认为儒家的爱是一种自私的爱，是天下大乱的根源。墨子说，如果主张爱是有差别的，那么爱自己肯定胜过爱父母，那又怎么可能孝敬父母呢？爱父母肯定胜过爱君王，那又怎么可能对君王尽忠呢？爱自己的国家肯定胜过爱别的国家，那就一定会争强好胜，所以战火硝烟才会连绵不绝。因此，墨子主张兼爱、至爱、大爱，这种爱不分彼此，没有等级差别，是一种博大的爱。像爱自己一样爱其他兄弟，像爱父母一样爱他人的父母，像爱父母一样爱自己的君王，像爱自己的国家一样爱别的国家，做到兼爱，广爱天下苍生，战争才会平息，社会才会和谐。

墨子的兼爱主张遭到了儒家的抗议。有一个叫巫马子的儒家子弟，找到墨子，要同他辩论。巫马子说："我爱我的邻国邹国胜过爱其他远方的国家，我爱我的鲁国胜过邻国邹国，我爱自己的家乡人胜过鲁国一般人，我爱我的家人胜过家乡其他人，我爱我的父母胜过其他家人，我爱我自己胜过爱父母。我的爱是有亲疏有别的。总之，离我近一点的人，就爱得多一点，离我远一点，就爱得少一点。我以自我为中心。"墨子说："你是打算将你的爱说出来，还是埋在心底？"巫马子说："当然要说出来。"墨子说："那么好了，你要大祸临头了。如果你说出你的爱，一个人信任你，这个人就会为了自己的利益想办法杀掉你，十个人信任你，十个人就会为了自己的利益而杀掉你，一百个人信任你，一百个人就会为了自己的利益而杀掉你。相反，如果一个人不信任你，这个人就会到处散播谣言，试图除掉你，那么十个人呢？百个人呢？也就是说，无论是信任你还是不信任你，人们都会为了保全自己的利益，而除掉你，这样你还能活命吗？我主张兼爱又有什么错呢？"巫马子无言以对。

对墨子的兼爱主张，有的学者评价极高。台湾著名哲学家韦政通先生说，现代社会是一种次级团体社会，在这个社会里，家族团体、亲亲原则显然不适用，人们最主要的关系不是父母和子女，而是个人和团体。那么个人和团体，显然用家族制和亲亲制都不能解释彼此之间的关系，因为正义、公平才是人们遵循的基本原则，而正义、公平是没有亲疏差别的。所以次级团体社会需要提出一种大家都共同遵循的社会标准，那么兼爱就能适应这个标准。墨子在两千多年前，就提出“兼爱”的社会原则，是多么富有远见和洞察力。

第二，主张“非攻”。

墨子向往一个没有战争、强不欺弱的太平社会。墨子说：“强不执若，众不劫寡，富不侮贫，贵不傲贱，诈不欺愚。”这就是一个理想社会。在墨子看来，“兼爱”是前提，“非攻”是目的，人们只有兼相爱，社会才能做到“非攻”。墨子说：“今若国之与国之相攻，家之与家之相篡，人之与人之相贼，君臣不惠忠，父子不慈孝，兄弟不和调，此则天下之害也。”这些都是“攻”，都是社会的大害，都是因为人不兼相爱的原因。

墨子反感儒家对待战争说一套做一套。比如孔子有这样的言论，“君子有三戒：少之时，血气未定，戒之在色；及其壮也，血气方刚，戒之在斗；及其老也，血气既衰，戒之在得。”其实质也是反对战争，反对强力争斗。可是儒家子弟说得好听，做起来又变味了。有一个儒家子弟对墨子的“非攻”进行发难，他诘问墨子："先生，如果按您的标准，君子有争斗吗？"墨子说："君子没有争斗。"儒家子弟说："猪狗尚且有争斗，君子怎么可能没有争斗呢？"墨子见这个儒家子弟如此粗鲁，就没有再理他。等他走掉以后，墨子痛心疾首地说："真是为儒家痛心啊，这些儒士言必称商汤、周王，行动上却用猪狗作比喻，真是粗俗啊！"

墨子对那些为战争歌功颂德的人大加挞伐。墨子有两个观点：一是认为发动战争的人，其实质都是为了自己的私利而疯狂掠取；二是认为对战争中取胜的人歌功颂德，是荒唐透顶的行为。墨子说，有些人粉饰战争，认为发动战争能够带来丰厚的利益，增加财富，真是没有看透战争的本质和危害。墨子说，古代的诸侯国何止千万，可有几个国家因为发动战争而获得利益，最后不都是自取灭亡了吗？发动战争决不是正道。就像医生用药为病人治病一样，一万个人中用了某种药，结果只有四五个人被医好了，你决不能说这种药是好药。作为孝子，是不应该把这种药给患病的父母用的；作为忠臣，也决不能把这种药推荐给君主服用。这种药就是战争。人们都知道，偷窃邻居的桃李，就会招致谴责，偷窃别人的牛羊，也会招致唾骂，无端杀死一个人，更是会招致被处死。可是发动战争，捣毁城邦，践踏庄稼，烧毁树木，掠夺财物，杀死成千上万的人，却不仅没有人责骂，反而会赢得赞扬，这不是太奇怪了吗？小不义受到责骂，大不义反而受到吹捧，真是荒唐透顶的事。墨子对战争的挞伐，后来在庄子那儿进一步得到发挥，庄子说："窃钩者诛，窃国者侯。"言简意赅，对战争本质的揭示已然十分深刻了。

第三，主张“节用”。

“节用”就是勤俭节约，减少浪费，减少不必要的开支。在卫国，墨子有一个好朋友——卫国的执政大夫公良桓子，墨子经常去公良桓子那里访谈。有一次，墨子对公良桓子说：“卫国是一个小国，不可学大国的铺张奢侈，穿绸缎，吃玉食，住豪宅，驾丽车，否则就会自取灭亡。”言辞谆谆，语重心长。

墨子认为富国之路有两条：一是“强本”；二是“节用”。“强本”就是发展生产，促进经济繁荣，使人民丰衣足食。这是根本。其次，还要反对铺张浪费，通过勤俭节约，增加国家的财富。墨子认为君王、贵族应该带头节约，过简朴的生活。他说，古代的圣王都是非常简朴的，吃住都和人民在一起，身体力行，不摆架子，因此他们赢得了人们的拥戴。可是你看看现在的君王，吃的是山珍海味，住的是豪华宫殿，用的是华服珠车，沉迷享乐，张扬于众，生活极度奢靡，完全失去了人性。这样的国家怎么可能长治久安呢？

墨子极力反对儒家的厚葬、久丧的陋俗。他认为儒家的三年之丧、殉葬，不仅耗费人力、财力，而且荒废生产，荒废政事，甚至很不人道。墨子说：“假如实行你们的丧制，那么做官的人怎么有时间处理政事，平民怎么有时间去从事生产呢？”墨子主张管家、治国都应该节俭成本，开源节流，发展生产。

中国工程师第一人

如果说老子朴素的宇宙观里包含着科学的萌芽，那么，墨子就是一个实实在在的科学家了。墨子发明的许多器械，不仅广泛用于生产、军事，而且墨子在光学、力学、几何学等方面更是作出了可贵的探索。墨子是中国古代工程师第一人。

墨子在小时候就开始学习礼、御、射、书等六艺，在父亲的影响下，墨子很小就会做一些器械。比如，利用杠杆原理，墨子制造了桔槔，用来提水，他还制造了辘轳、滑车、云梯等。相传，墨子的手工艺水平能够与能工巧匠公输般媲美。墨子曾用木片制造了一只木鸢，这只木鸢能在天上飞上一整天，人们都啧啧称奇。这只木鸢，很可能是中国第一个航空模型。

墨子制造工艺，不在于表现自己的才华和能力，而在于实用。公输般有一次用木片制造了一只会飞的喜鹊，沾沾自喜地向墨子夸耀。墨子看了后，批评公输般说，你做的东西光是好看，有什么用呢？墨子说："你看，我能制造车辖（就是车轴上的关键部件）。我只用一个三寸长的木头，瞬间就能制作成一个车辖，这个车辖装在车子上，就能够承担六千斤的重量。”后来魏国的宰相惠施对墨子的非凡技艺大加赞赏，他说：“墨子大巧，巧为輗，拙为鸢。”

墨子在数学上多有建树。墨子定义的许多数学概念，跟现代几何学上的概念非常接近。比如，墨子说：“端，体之无厚而最前者也。”“端，是无间也。”意思是“端”是没有厚度、没有间隙、无法间断的点，对“点”的认识与现代几何学上“点”的概念很接近。又比如说直线。直线就是墨子说的“尺”，“尺”“直”相通。墨子说：“直，相参也。” “参”就是三，直线就是三点一线，三点共一线，就是直，这跟现代几何学上的直线概念完全相同。还比如“圆”。墨子说：“圆，一中同长也。”意思是“圆”就是一个中心点上同长度的点的轨迹，这和现代几何学上“圆”的概念“对中心一点等距离的点的轨迹”完全一致。墨子定义的数学概念，后来被广泛应用于科学生产。汉代弩机上的瞄准器“望山”，就是根据点线规律发明的。晋代数学家刘徽写了一本测量学专著《海岛算经》，就是应用三点一线来测量高度和距离的。墨子还对一些数学工具也做出了科学说明，比如矩，一种有直角的尺子；规，一种用来画圆的圆规；悬，木工用的底端悬挂重物的一种垂线；水平，用来测量水平的水平仪器。墨子堪称是一个几何学家、数学家。

墨子对光学很有研究。墨子对光学研究的最大成就，就是描述了小孔成像理论。墨子对光线的传播、光的反射和物影成像进行了反复实验，终于弄清楚了光影成像的原理。一次，墨子在一面墙上挖开了一个小孔，他让一个人站在墙外，在阳光的照射下，屋外直立的人形通过小孔，在屋内的墙上倒影出人像。墨子对这一现象进行了科学描述，他说：光的直线传播原理是，光从上下直射，人的头部与足部成影在下边和上边，构成倒影，这就是小孔成像的原理。墨子的光学传播原理，后来成为现代摄影技术的先声。

墨子还研究了光在凸面镜之前成像的原理。墨子说："景之糗无数，而必过正，故同处其体俱然。"什么意思呢？"糗"，本来是炒熟的米粉，这里比喻极其细小，用来描述物体成像的像点。"景"，通"影"。"正"，就是焦点。墨子是说，物体影子的大小由镜子距离的远近来确定，任何一处都可成影，所以说影无数，但这些影子都必然经过焦点，即通过"正"。就是说，一个人无论距离镜子是远还是近，都可以通过镜子的焦点成像，距离由远而近，成像就由小变大，距离由近及远，成像就由大变小。墨子对凹面镜成像的原理也进行了描述。墨子说："临镜而立，景倒。"就是说，物体通过凹面镜的反射，所成的影像就是倒立的。

墨子对物体和投影的关系进行了科学解释。墨子通过观察飞鸟的移动，发现光被物体遮挡就产生投影，物体的投影并不会跟随物体一起移动。比如小鸟在飞翔的时候，由于光线被遮挡，就产生小鸟的投影，鸟儿在飞动的时候，投影好像也在运动，其实并不是这样的。一瞬间后，飞鸟移动了位置，原来光线照不到的地方，又照到了，旧影消失了，新的投影又产生了。墨子还发现了光作直线运动时，可以被折射和反射，人处在太阳和铜镜之间就会发生这一现象。墨子真不愧为古代伟大的物理学家。

力学是现代物理学的重要分支，力学的研究与实验，同生产、生活密切相关。因为机械运动要用到力，怎样做才省力，是每一个研究力学的人都必须思考的问题。墨子也对力学做出了自己的思考和解释。墨子首先解释了什么是“力”。“力，刑之所以奋也。”“刑”，就是“形”，指人的形体，墨子思考力学是从人的体力引申出来的。“奋”，就是鸟儿张开翅膀努力飞翔。这句话的意思是，力量就是从人的形体里发生移动的一种现象，意思是物体发生运动或者变化，就是“力”的作用。为此，墨子解释了什么是“重力”。墨子说：“重之谓，下。”所谓“重力就是方向向下的力”，把物体由下往上举，就要用“重力”,否则做不到,这种解释是多么符合生活实际啊！

聪明的墨子还发现了浮力原理。墨子说：“刑之大，其沉浅也，说在衡。”意思是，形体大的物体，在水中沉下的部分浅，这是由于物体重量被水的浮力平衡的原因。这说明墨子充分认识到了浮力同重力平衡的关系，这真是了不起的发现。

毛泽东曾说：“墨子是一个劳动者，他不做官，但他是比孔子高明的人。”高明在什么地方？就高明在墨子注重实践，注重生产，注重用发明发现的器械推动人类文明向前走。一部《墨子》几乎就是古代的一部百科全书，而墨子就是一位百科全书式的科学家。

《墨子》名句精读

我们从《墨子》一书中精选了八条经典语句，做初步的解读，力求反映出墨子的精神面貌和思想要旨。

1. 墨子曰："今有人于此，有子十人，一人耕而九人处，则耕者不可以不益急矣。何故？则食者众而耕者寡也。今天下莫为义，则子如劝我者也，何故止我？"——《贵义》

注释：处，闲着，无事干。益，增加。如，应该。

翻译：墨子说："现在有一个人在这里，他有十个儿子，九个都闲着，只有一个人在耕作，那么这个耕作的人就会更加紧张。为什么呢？这是因为吃饭的人多而耕作的人少。现在天下没有人推行义，你应该鼓励我去行义才对，你为什么反过来制止我呢？"

精读：这就是墨子，以拯救天下为己任，大有"舍我其谁"的担当精神，值得称颂。或许规劝他的朋友也是好心，一是感觉推行义之不易，二是感觉墨子这样做，没有实际意义，因此，想规劝他放弃，过几天清闲日子，然而，他还真不了解墨子。墨子岂能眼看社会动荡、仁义不施而不振臂一呼？他要做一个知其不可为而为之的道德英雄。

2. 今天下之王公大人、士君子，中实欲求兴天下之利，除天下之害，当若鬼神之有也，将不可不尊明也，圣王之道也。——《明鬼》

注释：实，确实。尊，探求。明，明白。

翻译：现在天下的王公大臣、贤士君子，如果确实要为天下谋福利，为天下除灾害，那么遇到鬼神这样的问题，就不能不探求明白，这是做君王的准则。

精读：这是墨子说的一段话。“明鬼”，就是探明鬼神是否存在。墨子认为鬼神是存在的，因为民间认为鬼神存在；墨子相信人们的认识。墨子说，要想知道鬼神是否存在，问一问乡间的人们就知道了，人们说有，那就是存在，人们说无，那就是没有。墨子还希望借助鬼神的神秘力量，左右君主和贤士的言行，鬼神能赏罚分明。墨子说：“今若使天下之人，皆若信鬼神之能赏贤而罚暴也，则夫天下岂乱哉！”如果鬼神赏罚分明，天下怎么会乱呢？看来鬼神的力量还真不小呢！

3. 死者既已葬矣，生者必无久哭，而疾而从事，人为其所能，以交相利也。此圣王之法也。——《节葬》

注释：既，已经。疾，马上，迅速。

翻译：死者已经下葬了，生者不必长久哭泣，而应该马上去干活，每个人都应尽所能，以获取利益。这才是圣王的法理。

精读：墨子是主张节葬的。儒家主张厚葬、久丧，在丧葬上搞得过于铺张浪费，比如守孝要守三年，比如下葬王公大臣，不仅要陪葬许多物品，还要殉葬许多人，不仅不节俭，而且很不人道。墨子提倡移风易俗，主张节葬，号召人们发展生产，开源节流，积累社会财富，推进社会的进步，毫无疑问，墨子的做法是对的，是值得肯定的。

4. 圣人为政一国，一国可倍也；大之为政天下，天下可倍也。其倍之，非外取地也，因其国家去其无用之费，足以倍之。——《节用》

注释：倍，倍加，翻倍。取，夺取。费，消费，开支。

翻译：圣人如果在一个国家执政的话，就会使一个国家的财富翻倍；扩大来说，如果圣人执政天下的话，就会使天下的财富翻倍。之所以能做到翻一番，不是因为圣人夺取了别人的土地，而是因为让国家减少了那些不必要的开支，所以就足以使财富翻倍了。

精读："节用"是墨子救世的十大主张之一，"节用"就是节省开支，减少浪费。这无论在当时，还是在现在，都有现实意义。墨子在当时能看到这一点，是非常了不起的。"节用"的目的，一方面能减少浪费，杜绝奢侈，引导人们过简单的朴素的生活，另一方面，也可以遏制战争，达到"非攻"。"节用”是手段，“非攻”是目的。

5. 当察乱何自起？起不相爱。臣子之不孝君父，所谓乱也。——《兼爱》

注释：察，观察，考察。起，引起，起源。

翻译：来考察一下动乱是如何引起的呢？是因为人们互不相爱。臣子不忠于君王，儿子不孝顺父亲，这就是动乱起源的原因。

精读：“兼爱”是墨子思想的灵魂和核心，墨子思考问题都是围绕着“兼爱”来展开的。在墨子看来，社会动乱的根本起因就是人们互不相爱。臣子不忠于君王，儿子不孝顺父亲，兄弟不和亲友爱，国家与国家互相觊觎、侵犯，都是因为不相爱。如果人和人彼此相爱，就不会有这种情况。墨子说：“若使天下兼相爱，爱人若爱其身，犹有不孝者乎？视父兄与君若其身，恶施不孝，犹有不慈者乎？视弟子与臣若其身，恶施不慈，故不孝不慈亡有。”墨子的“兼爱”是孔孟等级制、亲亲制伦理观的一种反动，是一种社会进步的表现。

6. 君必有弗弗之臣，上必有詻詻之下，分议者延延，而支苟者詻詻，焉可以长生保国。——《亲士》

注释：弗弗，拂逆的意思，此处指敢进忠言。詻詻，现为“谔谔”，辩论的意思，此处指直言争辩。分议，议论、意见有分歧。延延，议论延长的样子，指不断地争论。支苟，互相发难。焉，乃。

翻译：君王的身边应该有一些敢进忠言的大臣，有一些直言争辩的贤士，这样有不同意见的人就会不断地争辩，互相发难就会成为常态，于此国家才可以长治久安。

精读：墨子这是对君王提出要求。先秦诸子从不隐讳自己对君王的要求，他们一面对知识分子（“士”）提出要求，要求他们像许由、周公那样，尽心尽力做一个贤臣，辅佐君王成就一番伟业，一面也对君王提出要求。比如在这里，墨子就要求君王作为最高统治者，要善于创造宽容开放的政治环境，允许人们畅其言，尽其责，即便是倾听反面意见，也要有一定的胸怀和雅量。后来，唐代的魏征更是进一步发展了墨子的思想，提出了“兼听则明、偏信则暗”的主张。

7. 故古者圣王之为政，列德而尚贤。虽在农与工肆之人，有能则举之。——《尚贤》

注释：列，按照一定的次序去排列，意思是崇尚品德高尚的人。虽，即使。工肆，手工作坊。举，举荐，任用。

翻译：所以古代的圣王治理国家，一定要崇尚品德高尚和尊重贤能的人。即使是在田间或者小作坊里干活的人，只要有能力就一定要举荐他，任用他。

精读：墨子说这番话时，一定是融进了自己的亲身体会，因为墨子就出生于一个平民之家，他是一个“贱民”。墨子是靠自己的勤奋好学和勇于进取的执着精神，而名满天下的，所以墨子特别能理解那些地位低，但确实有能力、又贤良的人，他大声疾呼，希望给这些人创造机会，让他们大展宏图，一试身手，为国分忧，为民排难。

8. 顺天意者，义政也；反天意者，力政也。——《天志》

注释：力政，就是暴政。

翻译：顺从天意的，推行的是义政；违反天意的，推行的是暴政。

精读："义政"和"力政"，一字之差，性质和境界却天壤之别。墨子希望统治者推行义政，而不是暴政，暴政只会自取灭亡，因为它违反天意。天意是什么呢？是一种来自上天神秘的力量，它无所不知，无所不能，既能监察黎民百姓，也能监管天子君王，作为统治者，推行政策，不能不慎重。墨子把希望寄托于上天，或许在当时的条件下，也没有办法，因此有一定的唯心色彩，但，是可以理解的。

第七讲

法学——韩非子

法学概述

说到法家，自然就会想到韩非子，的确，韩非子是法家最重要、最有影响的一位人物，也是法家思想之集大成者。

“法家”这个名称的来历，主要是因为法家人物都重视“法”，以法治国，以严格的规章制度来治理国家，所以，人们就把那些奉行以法治国的人物称之为“法家”。法家的代表人物主要有以下几位：管仲、慎到、申不害、商鞅、韩非子。慎到和申不害，后面在讲韩非子时要说到，这里重点说一说管仲和商鞅。

如果要追溯渊源的话，法家人物最早可追溯到春秋时期的老子和管仲。老子有些思想就被法家所借鉴。比如老子主张无为而治，韩非子也主张无为而治。韩非子说，君王的统治，应该像“日月所照，四时所行，云布风动”，任其自然，“不以智累心，不以私累己”，君王应该什么都不做，垂拱而治。许多学者也认为韩非子借鉴了老子的思想，司马迁说，韩非子的思想“归本于黄老”。李泽厚先生说：“由韩非承接老子，似乎顺理成章。”管仲也是法家思想的源头之一。司马迁说，“管仲既用，任政于齐，齐桓公以霸，九合诸侯，一匡天下，管仲之谋也”，管仲的政治成就成为法家人物追求的梦想。在政治上，管仲主张加强君权，君主拥有生、杀、富、贵、贫、贱等六项权力，这一思想直接成为韩非子君权至上所借鉴的资源。管仲强调以法治国，说“法立令行，故群臣奉法守职，百官守常”，又说，“法度行则国治，私意行则国乱”，法不仅是君主安邦定国的重要手段，更关系到国家治乱的大问题，韩非子全面继承了这一思想。

先秦诸子对管仲充满了敬仰之情。韩非子说：“（管仲）夫一匡天下，九合诸侯，美之大者也。”对管仲敬仰之情溢于言表。管仲究竟是怎样的一个人呢？齐桓公曾经要任命鲍叔牙为宰相，鲍叔牙推辞了，推辞的理由就是管仲比他强。鲍叔牙说，我在五个方面不如管仲：“宽惠爱民，臣不如也；治国不失秉，臣不如也；忠信可结于诸侯，臣不如也；制礼义可法于四方，臣不如也；介胄执枹，立于军门，使百姓皆加勇，臣不如也。”因此，鲍叔牙推荐管仲为相。就是孔子，对管仲也充满了感激之情。孔子说：“管仲相桓公霸诸侯，一匡天下，民到于今受其赐。微管仲，吾其被发左衽矣！”孔子说，我们都要感谢管仲，如果没有他，我们中国人恐怕都要变成披发与左扣衣襟的野蛮人了！由此可见，管仲是怎样了不得的一个人物。

法家崇拜的对象，基本条件是要能“见用”，就是要能被君主派上用场，要能施展自己的抱负。不被任用，空怀一腔抱负，又有什么用呢？所以，法家是现实主义的，甚至是实用主义的。在这一点上，法家有别于儒家、墨家、道家。儒家奉行仁爱、王道，倡导以礼义治国，但遗憾的是，儒家人物不被重用。孔子在外流浪十四年，几乎饿死，屡被讥笑，均不得重用；孟子四方奔走，言辞急切，情急时甚至大骂君主，然而意见和建议还是被遗弃一旁；荀子性情温和，善于说事拉理，但也不被重用，最多也只让他做个百家讲坛盟主——稷下学宫祭酒；墨子倒是明白自己的一套主张肯定不会被采纳，索性也不求人，自己组织一套人马，提倡兼爱，以自苦为乐，梦想挽狂澜于既倒；道家干脆主张什么也不干，无为而为，任其自然，想着兴许这样，倒反而可以大治了。这三家都有点理想主义的色彩，都有点浪漫的情怀，只有到了法家这儿，才渐渐撕下了社会的温情脉脉的面纱，才不要理想主义的情怀，甚至不要仁爱、礼义那一套了。他们只要实用，只追求成功，因此，法家人物追求“见用”，而且确实做到了被重用。申不害，曾在韩国任宰相十五年；商鞅，在秦国任宰相十年，辅佐秦孝公成就霸业；李斯，是大秦帝国的开国功臣和铁腕宰相，是秦始皇的股肱之臣。只有韩非子惨了点，不仅在自己的祖国韩国不被用，甚至到了秦国，也不被任用——当然，韩非子是遭人陷害，生不逢时。

商鞅是法家一个十分重要的人物，这不仅因为他帮助秦孝公成就了一番霸业，也因为他的思想和做法极具法家特点，还因为他的传奇经历和惨死结局也震惊历史。商鞅本是卫国国君的公子，只可惜不是嫡子，是庶出，是小老婆生的，生下来就受人歧视。年轻时，商鞅就表现出卓越的才华和能力，被推荐到魏惠王（也称梁惠王）那里做事，不受重用。商鞅于是投奔到秦国。与秦孝公谈了几次话以后，秦孝公喜不自胜，马上任命商鞅为相，辅佐他治国。商鞅大胆进行革新，变法图强，使秦国的实力一下子就成为七国最强的。历史上称之为“商鞅变法”。商鞅的变法主张概括为四个字就是“严刑峻法”，用严厉的法治统治人民。重法不重情，唯法不唯人，是商鞅变法治国的特点。就是太子的师傅犯了法，也要治罪。这样做，在短时间里确实取得了巨大的成就，以至于秦国治安出现了“道不拾遗，山无盗贼，家给人足”的可喜局面。商鞅的“在法律面前人人平等”，是历史文明的一个大进步，是一种先进的现代法治观念！

但严刑苛律也带来负面影响，完全可以说，商鞅就是死在“严刑峻法”上。太子的师傅叫公子虔，因为犯法被商鞅割掉了鼻子，公子虔八年没有出门。俗话说，君子报仇，十年不晚。后来秦孝公去世了，太子即位，始称秦惠王。公子虔马上抓住这个机会，捏造罪名，状告商鞅“欲反”。什么叫“欲反”呢？就是想谋反，也就是思想、欲望犯罪，很显然，这是莫须有的罪名，但是，想当初，太子对商鞅也是恨之入骨的，于是就把商鞅抓起来了，往死里整，最后被车裂而死，五马分尸。商鞅的死，是惨绝人寰的。但还有更惨绝人寰的事，这事就是商鞅制造的。一次，商鞅在渭水河畔，一天之内，就处死七百余人，以至于“渭水尽赤，号哭之声动于天地，蓄冤积仇比于丘山”，这样的“严刑峻法”，这样的改革，完全可以想到会有什么后果，既如此，又有什么价值而言？说商鞅死于自己制造的“严刑峻法”怕也是恰当的。

法家思想有两面性，一面体现铁血统治，依靠严厉的刑罚管理人民，短时间内，确实能起到“杀一儆百”的作用，但另一方面，完全重法不重情，不顾及人性的合理诉求，最终使法治统治走向了血腥和残暴。这两面，都值得我们慎思之，明辨之。

韩非子其人

韩非子可能是先秦诸子中争议最多的一个人。肯定他的，认为他为十多年后的秦朝统一准备了思想资源和理论资源，客观上推进了历史的进程，他对“法治”的许多阐释，不仅在当时是石破天惊的，即便是现在，也仍然有借鉴的意义。著名学者韦政通先生甚至把他比作意大利的马基雅维利，认为韩非子的许多思想跟马基雅维利的《君王论》非常相似。否定他的，认为韩非子玩弄权术，两面三刀，只搞阴谋诡计，不要人情冷暖，只顾君王称霸，不顾人民死活，是阴谋家、野心家，是一个冷面无情的政治家。郭沫若甚至说韩非子“完全是一种法西斯式的理论”。无论是肯定他的，还是否定他的，说的都是韩非子，这的确就是真实的韩非子，韩非子就是这么深刻而又复杂。

韩非子，出生在战国末期的韩国（即现在河南的新郑）。战国末期相对于春秋来说，形势更加严酷，已经不单单是礼崩乐坏了，而是人民长期处于水深火热的战乱中，开始渴望统一了，人民盼着战争早一点结束，好过上几天安稳日子。韩国在战国七雄中又是最弱小的一个国家，经常受大国欺负。韩非子一出生，就感受到这种双重特点的时代气息，一面是人民渴望早一点结束战争，一面是作为小国的韩国如何尽早摆脱屈辱的局面。

韩非子天生口吃，不善言辞，因此不受重用。但韩非子非常有思想，有文才。在青年时代，韩非子屡屡上书，劝诫韩王修明法制，任人唯贤，奖励耕织，走富国强兵之路，但可惜的是，韩非子的主张没人听。不仅如此，韩王还听信儒侠，放任商人卖利谋官，以致法度混乱，禁令不行，廉直中正的法术之士不得任用，国运衰微，为此，韩非子痛在心头，急在眉头。在大约四十岁时，韩非子远赴楚国，向荀子求教。荀子是战国中晚期的最重要的思想家之一，是举世瞩目的百家讲坛的精神领袖——稷下学宫祭酒，在当时的学术界和思想界，威望最高。韩非子自然不愿放过这个求学的机会。在韩非子求学于荀子时，李斯正好也在向荀子学习，于是韩非子和李斯成为同学。韩非子的悲剧祸根就此埋下。

韩非子求学期间，写下了《五蠹》《孤愤》《说难》《说林》《内外储》等，约十余万言，大抵就是《韩非子》一书的核心内容。李斯看了以后，深有感触地说，我李斯自愧弗如。韩非子再一次把这些文章献给韩王，这一次总算没有明珠暗投。韩王安任用了韩非子，但是任什么官，不清楚，可能是很一般的官职，不出名。韩非子还是感到自己的满腹才华没有被重用，还是很郁闷。

公元前234年，秦王嬴政发动猛烈的攻势进攻韩国，目的是迫使韩非子来到秦国。说起来真是奇怪，秦王发动一场战争竟然是为了看一看一个人，这个人就是韩非子。原来，韩非子的文章传到秦国，秦王嬴政读了后，夜不能寐，感叹地说，这个写书的人真是奇才啊，我要是能够亲眼看一看作者，就死而无憾了。你看看，一本书弄得秦王嬴政茶饭不思。要知道，秦王嬴政就是后来席卷宇内、并吞天下的秦始皇啊！可见韩非子的文章写得有多好！李斯对秦王说，我知道这个人，我跟他在荀子那儿同学，他就是韩国的韩非子。于是，秦王发动了一场旨在“看一看这个人”的战争。这一下，韩王安急了，病急乱投医，便连忙派韩非子出使秦国，以图缓解战争的紧张局势。就这样，韩非子来到秦国。然而这一来，韩非子就再也没有回去。

韩非子来了，向秦王陈述秦国攻打韩国的危害，劝秦王放弃攻韩。秦王身边的李斯坐不住了，他非常清楚韩非子的才华和能力，心想韩非子如果留在秦国，就没有他出头之日，于是他联合姚贾设计陷害韩非子。理由不难找到——韩非子“终为韩，不为秦”。韩非子本来就是韩国人，又怀着特殊的使命来到秦国，自然就不应该受到信任，这一点你不说，秦王他也清楚。可问题是，秦王正在兴头上，对韩非子的才华佩服得不得了，似乎忘记了韩非子的真实身份，现在经李斯和姚贾这么一说，觉得有道理，觉得韩非子这个人尽管才华横溢，可也不能久留，于是就打算放他回去。李斯和姚贾就又说了，大王不用他，放他回韩国，岂不是放虎归山吗？秦王一听，有道理，不能放，于是就将韩非子下狱，就这样，韩非子莫名其妙地就被打入大牢，成了阶下囚。

可怜的韩非子在监狱里，哭天无路，哭地无门，叫喊秦王，秦王也听不见。李斯还是坐不住，担心韩非子留下来，夜长梦多，决意要早一点解决了他。于是，在公元前 233 年，李斯给韩非子送去毒药，令韩非子自杀。万般无奈，韩非子只好吞下毒药。一代奇才，一个天才的思想家，就这样死于同门的发狂的嫉妒心。韩非子自杀的这个地方，就是现在陕西省的淳化县。

推崇阴谋的思想家最后竟死于玩弄阴谋的同门之手，这岂不是天大的讽刺？然而历史就是这样无情。令人深思的是，聪明的韩非子难道对李斯没有一点防范？要知道韩非子写过《说难》，他是知道政治的阴险和艰难的。韩非子曾经讲过这样一个故事：楚怀王有个宠妃叫郑袖，天生好嫉妒，容不得楚怀王身边有别的女人。后来赶巧，魏王送给楚怀王一个漂亮的小妃子，小妃子乖巧伶俐，深得楚怀王的喜爱。郑袖坐不住了，于是装作是关切小妃子，对小妃子说，我们大王最喜欢看见美女掩着嘴巴，所谓笑不露齿。小妃子不知是计，记住了，以后只要见到楚怀王就用袖子掩着嘴巴，弄得楚怀王很不高兴。郑袖乘机说，小妃子是嫌大王口臭。楚怀王一听，怒不可遏，下令把小妃子的鼻子削去了。韩非子讲这个故事，难道他还不知道李斯的阴谋诡计？当时的情形，极有可能是，为了保住韩国的利益，明知这一趟门出不得，也顾不了啦！说到底，韩非子还是一个爱国主义者。这恰恰说明，韩非子是一个优秀的知识分子，他不仅有爱国情怀，身上更有同孟子、墨子一样的“舍我其谁”的担当精神。

韩非子的主要思想

法家人物多有惨死，比如吴起被肢解，商鞅被车裂，韩非子被鸩毒，因此有人就认为法家思想会害死人。这可能是给法家人物戴错了帽子。法家人物有惨死的，也有善终的，比如宣传“势”的法家人物慎到，就活到了 80 岁，算是高寿了。怎么能因为法家人物有惨死的，就认定法家思想会害死人呢？先秦诸子的思想是十分复杂的，有些人思想本身就是十分矛盾的，这恰恰说明人的思想的复杂性，也说明了人性的复杂性。

韩非子的思想也有其复杂性。在人性问题上，他同老师荀子一样，也认为人性本恶，认为正因为人性本恶，所以人是不值得信任的，尤其是作为最高统治者的君王，更不应该相信任何人。韩非子说，“好利恶害，夫人之所有”，趋利避害，是人所固有的天性，每个人都不例外，因此，“利之所在，民归之；名之所彰，士死之”。天下熙熙，皆为利来，天下攘攘，皆为利往，人都是趋利避害的动物，普通民众和贤良大夫概莫能外。作为人臣，也是这样，“富贵者，人臣之大利也”，那么君王就要善于把握这一点，用“名利”来驾驭权臣。

韩非子打了一个比方来说明人性是趋利避害的。他说，有卖车辆的，有卖棺材的。卖车辆的，希望人们都富贵；卖棺材的，希望天天有死人。但是你不能据此就说，卖车辆的就是仁，卖棺材的就是歹。其实，他们俩在本质上没有区别：卖车辆的想，如果人们不富贵，车辆就卖不出去；卖棺材的想，如果不死人，棺材就要烂在家里，他们都是为了一个利益。能说这两个人谁好谁坏吗？韩非子对人性的洞察的确深刻而尖锐，但是他忽视了一个前提，即追求利益之前，要考虑到人与人之间的关系，要考虑到人的社会属性，而不能仅仅考虑人的自然属性。人作为社会动物，有超越厉害关系的伦理存在和法制存在，这是社会文明的象征，也是社会进步的要求。

韩非子的思想主要有三个来源：一是商鞅的“法”的观念，一是申不害的“术”的思想，一是慎到的“势”的理论。下面分别阐述这三点。

商鞅的“法”的观念。商鞅推行严刑峻法，他增加了肉刑、大辟、凿顶、抽肋、镬烹等极残酷的刑罚，甚至实行连坐之法。尤其是这连坐之法，甚是苛刻。韩非子几乎全面继承了这一观念。韩非子说，法就是官府颁布的法令制度，“宪令著于官府”；法令的内容就在于赏罚，赏罚是执法的主要手段；用法可以烛照奸私，检验群臣是否徇私舞弊；法代表公正，必须严格遵守。韩非子说，即便是人君，在执行法令时，也不能徇私情而损害法的公正性。“先王胜其法，不听其泣”，君王不应该有同情心。韩非子讲了这样一个故事：

楚庄王规定，任何觐见君王者，车子均不得踩踏茆门的滴水处，违禁者一律处以重罚。有一次，太子有急事求见，当时天正好下雨，太子求见心切，就不顾守门官的劝阻，想强行闯进。守门官赶上前来，打太子的马，太子觉得很过分。进宫以后，太子哭着求告，要求父王惩罚守门官。楚庄王说："法是用来敬宗庙，尊社稷的，它能确保法治的推行，遵从法制，尊敬社稷的，是国家的有功之臣，我怎么能惩罚他呢？我还要奖赏他。而你违反禁令，不尊敬社稷，就应该受到处罚。"太子一听，害怕得逃到城外，躲避了三天三夜。这就是严格执行法制的典型例子，韩非子对此是十分肯定的。韩非子要求在法律面前人人平等，具有巨大的历史进步意义。

但遗憾的是，韩非子推行的法制，是单向道的，也就是只针对民众、老百姓的，绝对不对上。这样做，就使得法律变成了一种权势。韩非子这样做，就是要极力维护君权的统治，他认为君权是神圣至上的，任何人都不得侵犯。韩非子说："法者，编著之图籍，设之于官府，而布之于百姓者也。"法，就是君王手上的一种利器和工具，以此来统治人民，管理人民。所谓"按法以治众"，就是这个道理。这是韩非子法制观念的局限性。

韩非子的"法"也流于苛政和酷法。比如，有一年，秦国闹饥荒，有大臣建议说，五处场苑中的蔬菜、枣子、栗子，足以让百姓渡过饥荒，建议开放。秦昭襄王说，我们秦国的禁令就是有功就赏，有罪就罚，现在你们要开放五处场苑的瓜果蔬菜，岂不是扰乱了法纪，而扰乱法纪往往是国家动乱的根源。我宁可让瓜果蔬菜烂掉，也不会让国家陷于动乱。这一方面，是秦昭襄王不善于变通；另一方面，也是追求严刑峻法导致的结果。

申不害“术”的思想。申不害在韩国为相十九年，使韩国国治兵强。申不害反对法制，因为“法”是需要公开的，而他认为君王驾驭群臣是不需要公开的，手段——也就是“术”是隐藏于内心的。韩非子继承了这一思想。韩非子说，任免群臣、监察百官要“循名而责实，操杀生之柄，课群臣之能”，当然这是“阳术”，是公开的手段，驾驭群臣更多是要实行“阴术”，手段不公开。韩非子还认为，不可相信群臣，尤其是左右，“左右太信，此人主之公患”，“信人则制于人”。君王应该什么都不做，虚静守待，自胜至柔，无为而无不为。在这一点上，申子和韩子都接近老子。

任术和尊君是联系在一起的。君王需任术，臣子应尊君，即便这个君是个暴君，也必须遵守。这是韩非子与孔子、孟子、荀子、老庄最大的不同。前几位无论持什么观点，但都对君王提出了要求，要求必须是明君、贤君，否则就可推翻。可韩非子不这样看，他认为，尊君是无条件的，绝对的。为此，韩非子把儒家所推崇的尧、舜、商汤、周武全都否定了，把伯夷、叔齐也全都否定了，认为他们或弃君，或弑君，都是不对的。韩非子或许走得有点过头了。

慎到“势”的理论。“势”，就是权势，慎到主张君王要掌握权势。他说，君王掌握了权势，即便是一个昏君，像桀纣一样，也没有关系，也能够做到令行禁止，这就是权势的作用。慎到说，“国家之政要，在一人心矣”，因此，君王无论如何都不能丢掉了权势。慎到也主张无为而治，他说：“亡国之君非一人之罪也，治国之君非一人之力也。”既然如此，君王就要善于驾驭群臣，学习“君人南面之术”，不作为可能就是最大的作为。君王的财力和精力都有限，不可能事事过问，面面俱到，“君臣之道，臣事事而君无事”。做君王，就是要善于让群臣为自己创造一切。

法与术与势，有着复杂的关系，法针对民众，术针对百官，势针对君王；法要公开，术要深藏，势要牢牢把握。没有术和势，法令不能生效，法的推行，主要依靠赏罚二柄。而作为人主，只要做到无为就可以了，而不是相反。韩非子的思想，有其进步的地方，也有其局限性，我们要善于加以分辨。

作为改革家的韩非子

在先秦思想家中，有两个人最具有改革精神：一个是墨子，一个是韩非子。相比较而言，韩非子走得更远，他几乎把自己“走”成了一个另类（易中天语）。墨子只反儒，不反别的，而且讨论的范围也没有太出格，即便这样，孟子都骂他是禽兽。韩非子却几乎把儒、墨、道诸家都反了个遍，而且思想尖锐，言辞刻薄，不知孟子知道了韩非子的这些言论，会有怎样的反应。的确，韩非子的思想一改前人的眼光，论世事，批前辈，完全不留情面，许多说法都是惊世骇俗的，甚至是石破天惊的。

我们来看一个说法：

尧、舜、汤、武或反君臣之义，乱后世之教者也。尧为人君而君其臣，舜为人臣而臣其君，汤、武为人臣而弑其主、刑其尸，而天下誉之，此天下所以至今不治者也。

什么意思呢？尧、舜、汤、武这四个君主，都有违反君臣之间道德原则并扰乱后代政教言行的事情。尧本是君主却把君主之位推让给他的臣子；舜本是臣子却把他的君主当作臣子；商汤本来是夏桀的臣子，却杀了他的君主；周武王本来是商纣王的臣子，却割下了自己君王的脑袋示众。这都已经很过分了，可天下人却都称赞他们的行为，把他们奉为表率，奇怪吗？这就是天下从古到今不安定的原因。韩非子把天下不安定的原因都归结为尧舜汤武了。这的确够惊世骇俗的，我们大家都知道，尧实行禅让，舜当仁不让，引得了后人多少称赞，可在韩非子这儿，却成了不尽君臣本分的罪证。商汤、周武推翻了夏桀和商纣的黑暗专制统治，客观上推进了历史的进步，极大地解放了社会生产力，使得中华文明的进程大踏步地向前迈进，这几乎是盖棺定论的论断，可在韩非子这儿，也成了罪证。

为什么会这样，韩非子到底想说明什么？他不是一个改革家吗？为什么当社会做出了一些改革的举动之后，他竟然全盘否定了？原来，韩非子也有自己的死穴，他也是一个矛盾的混合体。他这样说的原因，竟然是这样的：

臣之所闻曰：臣事君，子事父，妻事夫，三者顺则天下治，三者逆则天下乱。此天下之常道也，明王贤臣而弗易也。

意思是，我听说，臣子服侍君主，儿子服侍父亲，妻子服侍丈夫，这三种顺序理顺以后，天下就得到治理；如果这三者违逆，那么天下就混乱不堪。这就是天下的正常法则，也是明君、贤臣不得变更的原则。这不是近于孔子的言论吗？莫非在骨子里，韩非子是与孔子相近的？其实不然，韩非子从本质上与孔子具有不同。孔子说这样的话，是强调君臣父子、三纲五常，强调伦理秩序，强调尊卑有序，而韩非子这样说，是强调君主是至高无上的，是任何人都不得动摇的，君就是君，即便他是一个暴君，我们也必须服从，无条件地服从。这就有本质上的区别了。

当然，作为一个思想活跃的思想家，韩非子不仅在相关理论上提出了自己大胆的主张，他更强调，我们不必依循古法，而要日日维新，与时俱进，因为时代在变。他说："是以圣人不期修古，不法常可，论世之事，因为之备。"也就是说，圣人不向往久远的古代，不效法亘古不变的常规，而是要研究当代的社会情况，并据此为它制定相应的政策。韩非子主张顺应时势，开拓新局，改变旧法，创新治国。这一思想有浓厚的现代社会理念，放在今天，也仍然闪烁出智慧的光芒。

韩非子为我们讲述了一个大家都十分熟悉的要改革求新的故事——守株待兔：

宋国有个耕田的人，有一天，他正在田地里耕作，突然跑过来一只兔子，因为田中有一个树桩，兔子撞在树桩上，撞断脖子死了。宋国人喜不自胜，便放下手中的农活，静静地守在树桩旁边，希望能再捡到兔子。可是天下哪有那样好的便宜事？宋国人的作为，于是被天下人所耻笑。韩非子借这个故事是想说，假使还要用先王的政治来治理当代的民众，那就无疑于跟这个宋国人没有什么两样，一样也会被天下人所耻笑。韩非子对改革的愿望、要求是多么迫切。

韩非子还讲述了这样一个故事——郑人买履：

说有个郑国人，打算买一双鞋，于是先在家量好尺寸，然后把尺寸放在座位上，去赶集。到了集市上，才想起来尺寸遗忘在座位上了，于是他又返回家去取尺寸。等到他再赶到集市上，集市已经关门了，郑人空跑两趟。有人问，你为什么不用自己的脚试一试呢？郑人回答说，我宁可相信自己量好的尺寸，而不相信自己的脚。这个故事也是讽刺不知变通、死守旧规的人。

更有这样一个故事，让我们哭笑不得：

宋襄公与楚国在涿谷交战，宋军先摆好了阵势，楚军还没有完全渡过河。这时有人建议，乘楚军渡河时，出其不意，一定可以把楚军打败。宋襄公说："我听君子说过，不能伤害了已经受伤的人，不要俘获年事已高的人，不要在别人危险时推一把，不要在别人困难时去逼他，不要进攻没有摆好阵势的敌军。现在楚军还没有完全过河，这时候攻打他们，是不仁义的。"过了一会儿，楚军渡过河了，也摆好了阵势，做好了准备，这时宋襄公才命令出兵。结果宋军大败，宋襄公大腿受了伤，回去后三天就死了。从此后，宋国一蹶不振。这个故事，既讽刺了因循守旧的祸害，也鞭挞了仁义的虚伪。韩非子从本质上是反对仁义的。

韩非子在变革时也有继承。老子曾说过，"治大国若烹小鲜"，在此基础上，韩非子提出了自己的无为而治的思想。这既是对老子政治思想的继承，也是发展。韩非子说，按照道理来看，驱使民众而屡让他们变动，功效就会很小；收藏贵重器物而屡屡挪动，损毁的可能性就增大；烹煮小鱼而屡加翻动，就会伤害小鱼的皮肤和光泽；治理大国而屡变政令，就会使国力受到伤害。因此，善于治理国家的君主，把安定看得很宝贵，法令确定以后，就不要轻易改变。韩非子是强调法令颁布以后，要有稳定性，这样才利于治国。这显然比老子要进一层。

《韩非子》的确是一部寻求变革之书，近代一些学者对它评价很高。章太炎说："半部《韩非子》治天下。"因为宋代宰相赵普曾说过，"半部《论语》治天下"，所以章太炎就说，半部《韩非子》也可治天下。严复说："在今天要谈救亡图存的学说，我想只有申不害、韩非子的大致可用。"《韩非子》不仅是一部愤世嫉俗的书，更是一部改革之书。寻求变革的人士，常常会从这里找到相关的内容。这就说明了《韩非子》的当代价值。

《韩非子》名句精读

《韩非子》共五十五篇，内容宏富，思想精深，有的篇章全是议论，有的则是一个小寓言故事，但无论是议论，还是故事，都言辞明朗，含意深远，十分耐人咀嚼，是先秦较为成熟的散文文本。我们从中选取九条名句，做解读。

1. 故曰：去好去恶，臣乃见素；去旧去智，臣乃自备。——《主道》

注释：好，爱好。恶，憎恶。见，通“现”，表现，表露。素，同“愫”，真情。自备，约束自己。

翻译：所以说：君主除去爱好，除去憎恶，臣下就表现出真情；君主除去成见，除去智慧，臣下就自行约束自己。

精读：韩非子尊崇老子，学习老子无为而治。在韩非子看来，君主必须做到无为而治，最好是什么事都不干，这样臣子就摸不透君主的意图，就不会花言巧语迷惑君主；所以韩非子才说，做君主的要除去一切爱好、憎恶，甚至一切成见和智慧，做到无知无欲。这句话体现了韩非子“君道无为，臣道有为”的思想。

2. 法不阿贵，绳不挠曲。法之所加，智者弗能辞，勇者弗敢争。刑过不避大臣，赏善不遗匹夫。——《有度》

注释：阿，偏袒，屈从。贵，权贵，地位高的人。绳，墨线。挠，同“桡”，屈服，向弯曲屈服，迁就弯曲。加，制裁。辞，辞说，用言辞辩解。过，罪过。遗，遗漏，漏掉。匹夫，普通民众。

翻译：法令不偏袒权贵，墨线不迁就弯曲。法令该制裁的，智者不能逃避，勇者不敢抗争。惩罚罪过不回避大臣，奖赏功劳不漏掉平民。

精读：这是讲法令的重要性。在法律面前人人平等，这是韩非子最可宝贵的思想。但是，说归说，在现实中却是另一回事。比如，韩非子的法令从来就不针对君主，他的法令是为了统治老百姓和文武百官。所以你看，法令不偏袒权贵，智者不能逃避，勇者不敢抗争，对君上吗？很显然，不！

3. 明主之所导制其臣者，二柄而已矣。二柄者，刑、德也。何谓刑、德？曰：杀戮之谓刑，庆赏之谓德。——《二柄》

注释：导，同“道”，总原则。制，控制，制约。柄，权柄。庆，奖赏。

翻译：圣明的君主用来控制臣子的总原则，不过就是两种权柄而已。这两个权柄，就是刑和德。什么叫刑，什么叫德？刑，就是杀戮；德，就是奖赏。

精读：君主可以什么事都不做，但必须做一件事，就是学会驾驭臣子。怎么驾驭？就是杀戮和奖赏。杀戮和奖赏就好像老虎的铁爪。老虎能制服狗，靠的就是铁爪，如果老虎没有铁爪了，或者是把铁爪给了狗，那么那些动物就都害怕狗而不害怕老虎了，所以作为君主，要牢牢地把赏罚的威严和丰厚的利益掌握在自己手上，只有这样，才能从容地驾驭群臣。

4. 事在四方，要在中央。圣人执要，四方来效。——《扬权》

注释：事，事务，办事。要，枢纽，关键，国家最高权力机关。效，效劳，效力。

翻译：各种事务要交给各地官员去做，君主要身居中央牢牢掌握国家大权。君主抓住纲要，就能使各地的官员都来为国效力。

精读：这是讲君权的重要性。韩非子是一个权力崇拜者，在他看来，作为君主，没有什么比牢牢掌握国家大权更重要的了，一个君主，丧失了中央集权，就丧失了一切。中央集权制的思想，是顺应时代的要求应运而生的，在韩非子被毒死之后的十二年，也就是公元前221年，秦始皇终于统一了列国纷争的局面，建立了中国历史上第一个中央集权制的国家。可以说，韩非子是秦始皇建立统一国家的理论家。

5. 人主欲为事，不通其端末，而以明其欲，有为之者，

其为不得利，必以害反。——《南面》

注释：通，掌握。端末，全部情况。明，表明，表达。利，好处，利益。反，反而。

翻译：君主想做某件事，如果没有掌握全部情况，就贸然地把自己的想法表露出来，这样做的话，就不仅没有利益、好处，反而一定会受害。

精读：这是讲驾驭群臣之术。韩非子语重心长地告诫君主，不要什么话都往外说，不要事情还没想好就往外说，不要轻易地表露自己的想法，最好把所有想法都埋在心底，要让群臣丈二和尚摸不着头脑，高深莫测，神秘莫测。韩非子认为驾驭群臣应使用“阴术”，这一点，可能是韩非子引起争议的话题之一。

6. 故曰：“外举不避仇，内举不避子。”——《外储说左下》

注释：举，举荐。避，回避。

翻译：所以说，举荐外面的人，不回避仇人，举荐身边的人，不回避儿子。

精读：这是讲臣子应尽本分。需要注意的是，韩非子这里不是尚贤，不仅不是，而且是反对尚贤，他甚至认为“尚贤”扰乱了正常的社会秩序，干扰了法令的正常推行。韩非子认为，作为人臣，应公正无私，秉公荐才，尽臣子应尽本分，这样做，才是对君王负责，对国家负责。赵武前荐仇人，后荐儿子，就是因为赵武心中只装着国家和君主，完全抛弃了个人恩怨。当然，这是一种高尚的胸怀和品格。

7. 今缓刑罚，行宽惠，是利奸邪而害善人也，此非所以为治也。——《难二》

注释：缓，减轻。行，实行。利，便利。

翻译：现在减轻刑罚，实行宽容恩惠，其实就是便利奸邪而伤害好人，这不是用来治国的好办法。

精读：韩非子主张严刑峻法，法令达到苛刻，他也认为正常。他不认为宽容恩惠能带来国家利益。晏子曾认为齐景公用刑太多，谏言减少，齐景公听从了，减少了五种刑罚。韩非子认为，晏子这是不懂刑罚之用。刑罚不在于多少，而在于是否恰当，恰当的再多也不怕，所以，晏子的“多刑说”是利奸害善，有损法令。

8. 圣人之治也，审于法禁，法禁明著，则官治；必于赏罚，赏罚不阿，则民用。民用官治则国富，国富则兵强，而霸王之业成矣。——《六反》

注释：审，考察，审查。著，彰明。必，必定。阿，偏袒，偏差。用，听从驱使。

翻译：圣人治理国家，一定要详细地考察法律禁令，法律禁令如果彰明，那么，官府的事务就办得顺利；一定要坚决地执行赏罚，赏罚不出现偏袒，民众就会听从驱使。民众听从驱使，官府的事务办得顺利，国家就会富强，国家富强，兵力就强盛，这样统一天下的霸业就会完成了。

精读：说到底，韩非子的学说是霸王学说，他是为统治者称霸天下准备思想的。也难怪，秦王嬴政读了他的《孤愤》《说难》《说林》《内外储》等篇，会那么渴望见到他，因为称霸天下正是秦王的梦想。也可能秦王嬴政只是朦朦胧胧地有这个意识，现在读了韩非子的书，一下子就点亮了心中的梦想，统一天下的那个梦越来越迫近了。这就是历史的巧合，有偶然性，也有必然性。

9. 故母厚爱处，子多败，推爱也；父薄爱教笞，子多善，用严也。——《六反》

注释：推，推行，实行，与后面的“用”意思一样。笞，用竹板制成的用来施刑的一种体罚。

翻译：所以母亲对子女厚爱，子女多数不成器，这是因为推行溺爱的缘故；父亲不溺爱，并且严加体罚，子女多数有出息，这是因为推行严格家教的原因。

精读：韩非子真是深刻睿智，两千多年前说的话，今天听来竟如此熟悉，如此有现实意义。现在我们不是还经常说，严是爱，宽是害，棍棒底下出孝子吗？尽管韩非子说的是治国的问题，他认为严格执法，就是爱护百姓，道理一边倒，且不管它，把这句话用在教育上，也非常合适。

第八讲

名实学——惠施与公孙龙

名实学概述

名实学就是名家的学问，名家最初可能是出于礼官。《汉书·艺文志》说："名家者流，盖出于礼官。"可见班固也认为名家出自礼官，与"礼官"相联系。"礼"讲尊卑、讲秩序，故要"循名责实"。荀子在《正名篇》中说："故知者为之分别，制名之指实，上以明贵贱，下以辨异同。""制名之指实"就是"循名责实"，就是为"礼"正名责实；"明贵贱"是说上层统治者注重讲礼，"辨异同"是说学者注重辨别异同，都和"礼"有关。后来只是"名贵贱"偏向于礼教，而"辨异同"就走向逻辑学了。

既然名实学与"礼"相关联，那么，先秦诸子就几乎都跟"名实学"有联系。著名学者陈柱说，先秦诸子与名实学有着千丝万缕的联系。他说："孔子重礼，故重名；老子居礼之反，故薄礼而尚无名；墨子虽反古之礼乐，而自有尚同兼爱之法，故亦重名；均可以见名与礼关系之深。"就是说即便是像老子这样反对尊礼、崇尚无名的，也仍然同名、礼脱不了干系，因为无名也是从有名开始的。

在历史上，首开“名实”之辨高潮的是孔子。孔子在《论语·子路》篇中说：“名不正则言不顺，言不顺则事不成，事不成则礼乐不兴，礼乐不兴则刑罚不中，刑罚不中则民无所措手足。”孔子在这里建构了一个治国的链条：名正——言顺——事成——礼乐兴——刑罚中——民知所措，孔子认为正名是治国的开始，是理民的起点。为什么正名这么重要呢？因为，社会发展到春秋后期，已经礼崩乐坏、名实不符了，许多人盗用旧名，干着新实的勾当，君臣不讲名分，父子不讲辈分，王纲解纽，社会失伦，因此为了挽救世风日下的社会，必须从正名开始。

“名实”之辨的第二个高潮是老子。孔子倡正名，老子倡无名，从正名发展到无名，名实之学逐渐从礼学的框架下脱离出来，走向了玄思，走向了逻辑学。老子说：“道可道，非常道。名可名，非常名。”老子认为名实之辨已经乱象丛生，且大多数辩论陷入到具体而微的枝节中，已经无法辨明名实的本来面目了。为了正本清源，必须抛开枝节性的辩论，从源头上寻找名实之学的泉口。他说：“无名，天地之始；有名，万物之母。”在名实之前是什么？是无名，那时候，混沌一片，什么都没有，这就是天地的最初状态，而后呢？开始给万物命名了，所以，有名为万物之母。老子还说，自有名之始，社会便礼崩乐坏了，“大道废，有仁义；智慧出，有大伪”。在老子看来，礼乐、智慧简直就是名实争怨、礼崩乐坏的根源。这个认识，比孔子的名实之辨又进了一层。

但老子也有矛盾的地方。第一，所谓无名，不正是以有名为对立面吗？无名和有名是一个事物对立统一的两面，它们各自以对方为存在的前提，无名不也是一种有名吗？这是第一个矛盾。第二，老子自己说："名亦既有，夫亦将知之；知之可以不殆。"毫无疑问，名称既然已经有了，我们就要尽量去了解它、认识它，以做到不困难、不危险，也就是承认有名了，既承认有名了，还怎么样回到无名的混沌状态？这是第二个矛盾。

继老子之后，庄子也加入到了名实之辨的大军中。庄子与名家的第一号人物惠施多有辩论，并且对惠施的言行的记述比较详尽。《庄子》一书可以说是先秦诸子中记述惠施言行最丰富的一种。后文中因有专篇介绍惠施，所以这里就不展开了，这里只是记述一点庄子对名实学的态度。首先，庄子继承了老子无名的思想。庄子说："泰初有无，无有、无名，一之所起。"庄子也认为大千世界最初是无名的，"一"虽有，却是无名的，还没有开始命名，"一"就是最初。但庄子接着说："有一而未形，物得以生谓之德。"庄子在老子的基础上，又发展了无名说。他认为，尽管"一"最初无名，但一旦命名了，就有物的德了，"德"就是事物最初的性。庄子说："形体保神，各有仪则，谓之性。"作为人，应该"性修反德，德至于同初，……是谓玄德。"通过修身养性，使人返回最初的德性，这就是最高的道德。庄子这是对老子名实说的超越。

庄子还具体论述了名实学的困境。在《天下》篇中，庄子说："桓团、公孙龙，辩者之徒，饰人之心，易人之意，能胜人之口，不能服人之心，辩者之囿也。"庄子认为辩者之徒，注重口辩，不注重实际内容，甚至有时候强人之意，让人不舒服，因此他们的学说只能服人之口，不能服人之心，其超强的辩说口才终究不过是一件华丽的外衣。庄子对辩者之徒的困境看得很透，尽管话说得有点绝对。

把名实之学的辩论推向高潮的是汉代的司马谈，也就是司马迁的父亲。在战国时代，本没有名家的说法，人们把这些好辩之士称之为"辩者""辩士"。真正命之为"名家"，并且把名家与儒、墨、法、道、阴阳五家并称为六家的是司马谈。司马谈在《六家要旨》中说："名家使人俭而失真；然其正名实不可不察也。"名家为了约束于名，竟然使真实丢失，这是得不偿失的，但即便这样，他们正名实的学问，仍然有考查的价值。司马谈第一次给名家命名，并且对名家的思想进行了深入的考查，这使名家开始为人所重视。作为名家的一位卓越继承人，司马谈对名家的贡献功不可没。

其实名家的发展并不是这样单线条的，而是比这复杂得多，不仅流派纷呈，而且人物也较多。我们不妨先从"名"字的含义说起。《说文解字》里说："名，自命也，从口，夕。夕者冥也，冥不相见，故以口自名。"意思是说，"名"这个字的含义，从口而来，与傍晚有关。因为傍晚来了，就看不清东西了，看不清东西而又要说明，就只能口口相传，这就是"名"字的来历。引申一下，天下万物，最开始也是没有名字的，就像人处在幽暗中一样，后来有聪明人想出了一个办法，就是给万物命名，名称定，万物分，万物从此开始有了自己的身份。再后来，名称越来越多，有时候就会出现名实不符的问题，于是就要循名责实，孔子再把它放大，提升到治国安邦的高度，名实之争便开始了。

名家大致上分为三派，都是从墨家而来。（冯友兰坚持分为两派，一派为合同异，代表人物就是惠施；一派为离坚白，代表人物就是公孙龙子。）现代主义思想大师胡适先生依据《庄子·天下》篇对墨家的描述，把墨家分为三派：前两派是庄子的分法，一派是相里勤——五侯之徒；一派是南方墨者，他们是苦获、已齿、邓陵子；还有一派就是被胡适十分推崇的、认为他们实际上就是中国古代最早的科学家的“别墨”，这一派的代表人物是惠施、公孙龙子。冯友兰先生认为惠施、公孙龙子实质上就是名家的真正创建者。

名家的许多人物因为资料失传，现在已很难见到他们的作品了，只有邓陵子我们还能略知一点情况。据说邓陵子就是邓析，他很可能是中国古代最早的一名诉讼师，也就是律师。《吕氏春秋》记有他一个故事。说是洧水发大水，淹死了郑国一个富人，有人把尸首捞走了，要价很高。富人家有点着急，找到邓陵子，邓陵子说，不要着急，他把尸首留着干什么呢？他不找你买找谁呢？看到富人家没动静，捞尸人也有点着急，也找到邓陵子，邓陵子说，不要着急，尸首在你这，你担心什么？他们不找你，找谁呢？不知最后结果怎样，但无论怎样，邓陵子都是有好处的，“吃了被告吃原告”。也难怪司马谈批评名家说：“名家苛察缴绕，使人不得反其意，专决于名而失人情。”

弯弯绕，失人情，像邓陵子这样打官司，能有什么好结果？

据班固考查，名家实际上有七家，有著作共三十六篇，只可惜我们现在能见到的唯有《公孙龙子》一篇了；至于惠施，我们主要是根据庄子的记载，略知一二。其他的人，就基本上无从知晓了。

惠施与公孙龙其人

惠施和公孙龙子是名家真正的创建人，他们各开一派，自成一家。现在讨论名家思想，基本上就是在讨论这二人。惠施是“合同异”派的鼻祖，公孙龙子是“离坚白”派的领袖。

惠施的事迹散见于《庄子》《韩非子》《吕氏春秋》等书，班固的《汉书·艺文志》有《惠子》一篇，但记述事迹最多、最丰富的还是《庄子》。

惠施，也叫惠子、慧子，约生于公元前380年，逝世于公元前310年，大约活了60到70岁，与庄子、孟子并时，与庄子还是同乡，都是宋国蒙人。惠施活动的主要舞台是战国中期的魏国，曾为魏惠王（也就是梁惠王，因为魏国曾都城大梁，故有此称）相国十五年，是魏国位高权重的政治家。惠施天资聪慧，饱读诗书，在外交上主张合纵缔交，在政治上主张亲政爱民，是一个深得魏惠王赏识的重臣。魏惠王曾把惠施比作春秋时期齐国的管仲，而且还一度想把王位传给惠施，可见魏惠王的确很看重惠施，这当然取决于惠施的才干和人品。惠施最成功的一件事就是，在公元前 334 年，力促齐国、魏国两国国君相会于徐州，并且互相称王，从此开创六国互相称王的局面。

后来，张仪出使魏国，主张魏国联合秦国和韩国，攻打齐国和楚国。惠施极力反对。惠施认为应该联合齐楚以抗秦，应该尊齐，最好是偃兵息战。这一次，魏惠王没有听从惠施的主张，左右大臣也乘机起哄，魏惠王情急之下，就把惠施赶出了魏国。惠施辗转于楚，又流落于宋，一直到张仪离开魏国以后，才回到魏国。晚年惠施倍享尊荣，经常作为魏国使节，出访外交，发挥善辩之才。

惠施是一个大学问家，他极有可能是战国时代最重要的科学家之一。传说南方有一个叫黄缭的奇人，他曾千里迢迢跑来向惠施请教，问为什么天那么大却不坠落，地那么广却不陷塌，风雨雷霆又是怎么回事，这些问题都是关于科学的问题了。黄缭之所以向惠施请教，原因可能还是因为惠施学问大，名气大。庄子曾说惠施能“遍为万物说”，常“散见于万物而不厌”，“逐万物而不反”，对天地之间的任何事情都喜欢钻研。由此可见，惠施研究物理的本领是很大的。这的确是一种可贵的科学探索精神，也是中华民族非常稀缺的精神元素。

“濠梁之辩”能充分体现惠施的科学探索精神。这是一个寓言故事，讲的是有一次庄子与惠施一同散步，走到一条小河边——也就是濠梁边，看到一条小鱼。庄子看着水里的小鱼说：“小鱼在水里悠然自得，多么快乐啊。” 惠施说：“你不是鱼，你怎么知道鱼的快乐呢？” 庄子说：“你不是我，你怎么知道我不知道鱼的快乐呢？” 惠施说：“我不是你，固然不知道你；你不是鱼，所以也没法知道鱼是不是快乐。” 庄子说：“请回到我们开头的话题。你说‘你怎么知道鱼快乐’这句话，这就表明你已经肯定了我知道鱼的快乐了。”很显然，庄子有点狡辩，而惠施呢，则正视问题的存在，问题直指事物的核心，什么是真的，什么是假的，一定要分清楚。你不是鱼，你怎么能知道鱼的快乐呢？惠施身上体现了唯物求真的科学探索精神。（前面讲庄子时，也引过这个故事，意在说明庄子是一个审美主义者，此处引用意在说明惠施的科学探索精神，解读的角度不同，不矛盾。）

庄子曾批评惠施说：“弱于德，强于物，其途奥矣。”“奥”就是晦暗、曲折，不明朗、不明白，这是说惠施的学问没有出路。庄子这一次算是错了。著名学者庞朴先生说，一个“弱于德，强于物”的人，极有可能是不去在人情世故方面下功夫，而是把主要精力放在了探求物理的奥妙上，这不仅不应该批评，恰恰相反，我们需要大力提倡。所以，尽管庄子批评惠施“弱于德，强于物”，但事实上，他是把惠施当作唯一的知己的。

“运斤成风”的故事，表达了庄子痛失惠施这个好朋友的遗憾。有一次，庄子路过惠施的墓地，他对跟随的人说：“郢地有一个人把白色黏土涂抹在他的鼻尖上，黏土薄得像苍蝇的翅膀。于是他让一个叫石的匠人砍削掉这一个小白点。匠石听了他的话二话不说，挥动斧子就砍过去，斧子快得像风一样，鼻尖上的白泥削掉了，鼻子丝毫未损。郢地的人站在那里脸色都没有变一下。宋元君知道了这件事，找来匠人石对他说：‘你再给我砍一下试试。’匠人石说：‘我确实曾经能够砍削掉鼻尖上的小白点，那是因为郢地人的配合。现在，我搭配的伙伴已经死去很久了。’终于没有为宋元君砍削鼻子。庄子说，自从惠施离开了人世，我也就再没有能与之争辩的人了。”

公孙龙子，直称公孙龙，“子”是尊称。公孙龙子是战国中期魏国人，大约与荀子、赵武灵王并时。公孙龙子比惠施小五十岁左右，可能是惠施去世后才出生的，两人未见交锋。

公孙龙子一生主要活动在赵国，他长期寄居在赵国平原君家，平原君非常厚待他。平原君，名赵胜，赵武灵王的儿子，赵惠文王的同母弟弟，曾三次担任赵惠文王和赵孝成王的相国，是赵国重要的政治家，与魏国的信陵君魏无忌、楚国的春申君黄歇、齐国的孟尝君田文并称为“战国四公子”。

公孙龙子主要的工作就是代表赵国出访，游说君侯。他曾出访过燕国，游说燕昭王以偃兵。燕昭王答应他说“善”，但是公孙龙子知道，燕昭王这是在敷衍他，燕昭王根本就没有“偃兵”的打算。他又游说魏国，与魏国公子牟一块儿讨论学问。在赵国，赵惠文王向他请教为什么息事偃兵十余年而不成。公孙龙子说：“偃兵之意，兼爱天下之心也；兼爱天下，不可以虚名为也，必有其实。”认为赵惠文王之所以十余年偃兵无成，是因为他没有兼爱天下之心。可见辩者与墨家有着渊源的联系，他们的思想里也有“兼爱”。晚年，齐国的大辩者邹衍访赵，赵王让公孙龙子与之辩，邹衍深得赵王信任，而公孙龙子被废黜，出走赵国，最后不知抛尸何乡！学者们考证，公孙龙子大约活了60到70岁，与惠施寿命长短差不多。

公孙龙子常常替平原君出谋划策。有一次，秦国欲攻打魏国，赵国欲出手相救。秦国派使者对赵国说，我们两国当初约好了，谁有事谁帮之，现在我要攻打魏国，你不仅不帮我，怎么还去帮魏国？怪责赵国不履行约定。赵王无言以对，告之平原君，平原君也无良策，告之公孙龙子。公孙龙子派使者对秦国说，赵国欲救魏国，而秦国不来帮助赵国，秦国也没有履行约定。以子之矛攻子之盾，针尖对麦芒，反应非常快。这就是辩者的智慧。

公孙龙子曾经对魏王说过七件怪事，“有意不心，有指不至，有物不尽，有影不移，发引千钧，白马非马，孤犊未尝有母”，当时的人都不懂，估计现在的人也不太懂。是够奇怪的，但这里面有些思想正是公孙龙子思想的核心，比如“白马非马”，也有些思想，与墨子有着密切的联系，比如“有影不移”。

国学大师钱穆先生曾高度评价公孙龙子，认为他是“乐道慕义之君子”，“言行卓然，可信于后世”。说公孙龙子“笃志于文学，可谓贤士矣”。

令人高兴的是，公孙龙子的思想基本上都保留下来了，这就是现在传世的《公孙龙子》，共六篇，三千二百多字。

惠施与公孙龙主要思想

名家的主要思想就是名实之辩，也就是对名和实的问题做一番辩论，在辩论中体现或反映人对世界万物的看法和认识。最著名的名辩思想就是惠施的“合同异”和公孙龙子的“离坚白”。

惠施对世界万物的看法主要集中在他的名辩思想中，他认为世界万物总是异中有同、同中有异，同也好，异也好，它们都是相对的，也是绝对的。“合同异”是惠施对大千世界的基本判断。惠施最有名的就是庄子说的“历物十意”，也就是十个论题，后人称之为“惠施十事”。这十个论题是：

（1）至大无外，谓之大一；至小无内，谓之小一。

（2）无厚不可积也，其大千里。

（3）天与地卑，山与泽平。

（4）日方中方睨，物方生方死。

（5）大同而与小同异，此之谓小同异；万物毕同毕异，此之谓大同异。

（6）南方无穷而有穷。

（7）今日适越而昔来。

（8）连环可解也。

（9）我知天下之中央，燕之北、越之南是也。

（10）泛爱万物、天地一体也。

庄子说，惠施就是用这十件事“观于天下”，并且快乐地与人辩论的。胡适先生在《中国哲学史大纲》里说，这十条前九条都是辩论，第十条是个总纲、“断案”，是一个“大主义”。此说有道理。

这十个论题，都集中地在说明，世界之同异既是相对的，也是绝对的。惠施把它们概括为“大同异观”和“小同异观”。所谓“大同异观”，就是说万物毕同毕异。毕同是说无物不同，万物没有什么相异，也可以说万物即一物，一物即一物。道家所说的“混沌”“道”和“无名”就是这种“同”。毕异就是说万物都异，无物不异，也可以说每一物自身都有异，每一物都不可能保持住自己，所以就有“异”，“异”就是变化。西方哲学家所说的“世界上没有两片相同的树叶”说的就是这种“异”。所谓“小同异观”，是说某事物如果是大同，那么就必定有小异，小异是前提；如果是小同，那么就必定有大异，大异是前提。小同或者小异都是各自以对方为前提条件而存在的，既承认同，那么异就先于同而存在，反之亦然。这种认识，人们比较容易认识到，所以惠施把它看作是“小同异观”。“大同异观”可能是惠施的独自发现，所以惠施很得意，命之为“大”。

的确，这种认识观，已经超越了相对主义和绝对主义的局限，已经包含着辩证法的因素了，甚至因为一个“合同异”的“合”字，惠施的“同异观”就显得比辩证法还要圆通。

惠施的弟子继承并发展了“合同异”说，他们总结出了“二十一事”，比惠施的“十事”整整多出“十一事”。比如他们说的，“卵有毛”“郢有天下”“火不热”“龟长于蛇”等等，看上去都是反常识的。庄子批评说，好辩之士常以反人胜人为乐，终而至于能服人之口，而不能服人之心，庄子的批评恐怕主要就是指这些弟子们。

惠施的思想不仅仅体现在“合同异”上。惠施还崇尚实用，特别是用于民生。惠施不欣赏那些华而不实的东西，他认为事物贵在实用。他曾经赞同墨子巧于为车轴，拙于为木鸢。他也曾因樗的“其大本臃肿而不中绳墨，其小枝卷曲而不中规矩，立之途，匠者不顾”的大而无用而烦恼。在这一点上，他与庄子绝然相反，庄子主张无用即大用，无用正好可以用来逍遥于江湖。

惠施还反战。在许多书中，都提到惠施“偃兵”。《韩非子》中记载有这样一个故事：张仪来到魏国，说服魏王联合秦、韩以攻齐、楚，魏王和群臣皆说好。惠施反对。惠施进见魏王，还没开口，魏王就说，先生不要说了，这次我主意已定。惠施痛心疾首地说，大王不可不察啊！一国之人都说攻伐齐、楚有利可图，那么何以一国之智者如此多也？大王啊，一国尽以为可，大王您也就离灭亡的道路不远了。但是魏王已经听不进去了，惠施于是被放逐。逐于楚，被赶出了魏国。

惠施还爱民。在《吕氏春秋》里记载有惠施与匡章的一段对话，意思是说，惠施主张尊齐王为王，匡章认为惠施前后不一，自相矛盾，因为惠施是主张“去尊”的。惠施告诉匡章说，他这么做，是想用尊齐王的方式，来保住老百姓的性命。惠施说：“我如今可以帮助齐王称霸，从而可以保全老百姓的生命，这就好比拿石头代替爱子的头颅一样，难道我这样做有什么不妥吗？”由此可见，惠施有爱民的思想。惠施的尚用、反战，都是以爱民为前提的，爱民是惠施思想的总纲。也难怪魏惠王要把惠施看作是春秋的管仲，并比之为“仲父”，原来惠施是当得起这个称谓的。

公孙龙子的思想没有惠施那么复杂，他的思想主要体现在“离坚白”的辩论中。概括起来就是这样五个方面：

（一）名实必须相符。公孙龙子认为，名实相符，才叫“得位”。他说：“出其所位，非位；位其所位焉，正也。”得位方可以为正。名学第一要做的工作就是正名。“正其所实者，正其名也。”

（二）证明白马非马。公孙龙子认为，马，是命马的形；白，是命马的色。命形和命色是两回事，所以说“白马非马”，二者不能混淆。“白马非马”是公孙龙子的核心思想，是其名辩思想的出发点。而且既然“白马非马”，那么“黄马也非马”，“黑马也非马”，如此一来，天下之马，该如何来命名呢？可见命名之难，也可见名实之难。

（三）以大概念代名，以具体概念代物。天下之马皆有颜色，则白马、黄马、黑马皆有，那么马呢？就没有办法命名了。

这就是“马非马”。“马非马”是“白马非马”的结论。这个结论有点不好接受。于是，公孙龙子又想出一招，他以马代“指”，以白马代“物”，于是就得出这样的观点：“指也者，天下之所无也；物也者，天下之所有也。以天下之所有，为天下之所无，不可。”这就是“指非指”，也就是“马非马”。

（四）两物相混，必有间隙。两物相混，表面上看，似乎是一体的，但其实必有间隙，二者不可能完全合二为一。比如，人们以为青和白相混就变成黄，其实不是真黄；白与青相混，就变成碧，其实也不是真碧。两者之间必有间隙。这就像“白马非马”一样，“白马”是两个词，“马”呢，是一个词，“二”不能为“一”。为什么要证明这一点呢？我们来看下一条。

（五）分离坚白。公孙龙子可以说是“分离宗”的哲学家，他正名实的最终目的就是为了“分离”。如果说，“白马非马”还是常识的话，那么分离物质的联络就是幽深的学问了。比如“坚白石”，“坚”是说石头的硬度，“白”是说石头的颜色，两者是两个概念，知坚就不知白，知白就不知坚。既然是两个概念，那么就可以分开了，因为两物之间必有间隙。公孙龙子对事物的分析精神，实质上就是一种科学探索精神。

理解了惠施的“合同异”和公孙龙子的“离坚白”，就基本上理解了名家的主要思想。

作为辩论家的惠施与公孙龙

作为辩论家，惠施和公孙龙子无疑都是先秦时代最杰出的代表。他们二人都有极好的口才，都反应极快，都好用名实学的思想反人胜人。庄子说他们都能做到服人之口。

我们先说一说公孙龙子的辩才。在《公孙龙子·迹府》篇中，记载有公孙龙子与孔穿的论辩，孔穿的问法大致相同，而公孙龙子每次的回答都不一样，这说明公孙龙子有可能为了把问题说清楚、说透彻，后来作了补充。这次论辩交锋，是在平原君赵胜家发生的。孔穿是孔子的第七代孙，也是一个饱学之人。

孔穿说，我一向敬仰先生的道义高尚，早就想做先生的弟子，只是不敢赞同先生的“白马非马”论，先生如果放弃这个说法，我就入门作先生的弟子。

公孙龙子说，先生错了。我的学问就在于“白马非马”论，先生要我放弃它，那我就没有什么可以教给先生的了。我没有什么可以教给先生的，先生却来向我学习，这是没道理的。况且先生要跟我学，说明先生的才学和智慧都不如我，可是现在先生却要我放弃“白马非马”论，这说明是先生先教我，先教我的却反过来拜我为师，这也是没道理的。要公孙龙子放弃“白马非马”论，这无疑是要公孙龙子的命，也难怪公孙龙子在驳斥时丝毫不留情面，而且语气急促。

还没完！公孙龙子接着说，先生用来教我的，使我想起了您的先祖孔丘先生。孔丘先生也是赞成我的“白马非马”论的。我听说楚王张着繁重的大弓，揣上忘归的利箭到云梦泽里去射蛟龙和猛兕。楚王把弓箭弄丢了。随从的人请求去找，楚王说，不用寻找了，楚人丢了弓箭，楚人又捡了去，何必寻找呢？孔丘先生听到后说，楚王是仁义的，但还是有缺点。他应该说，人丢了弓箭，人又捡了去，何必一定要说楚人？照这样说，孔丘先生是把楚人和人分开的。现在您肯定孔丘说的区分楚人和人，却否定我说的区分白马和马，这也是没道理的。这个驳斥是很有力量的。孔穿如果反驳，就等于说孔丘先错了，如果不反驳，就等于自己搬起石头砸了自己的脚。孔穿当然只能无言以对。

在生活中，公孙龙子也常常因为“巧辩”使自己“化险为夷”。有这样一个故事：说是当时赵国的马匹流行烈性传染病，导致马大批死亡。为了严防这种传染病传入秦国，秦国就在函谷关口贴出告示：“凡赵国的马不能入关。”

这一天，公孙龙子骑着白马来到函谷关。守关的关吏说：“你人可入关，但马不能入关。”公孙龙子辩解说：“白马非马，怎么不可以过关呢？”关吏说：“白马是马。”公孙龙子说：

“我公孙龙是龙吗？”关吏愣了愣，觉得不是，但仍坚持说：“按规定不管是白马黑马，只要是赵国的马，都不能入关。”公孙龙子不慌不忙，对关吏继续慢慢地说：“‘马’是指名称而言，‘白’是指颜色而言，名称和颜色不是一个概念。‘白马’这个概念，分开来就是‘白’和‘马’，或‘马’和‘白’，这也是两个不同的概念。譬如说要给马，给黄马、黑马都可以，但是如果要给白马，给黑马、黄马就不可以。这说明，‘白马’和‘马’不是一回事！所以说白马不是马。”

关吏越听越糊涂，完全被公孙龙子搞得晕头转向，如坠五里雾中，不知该如何对答，只好让公孙龙子和白马都过关去了。

公孙龙子的论辩几乎每场必胜，惠施就没有这么幸运了，惠施与庄子的辩论几乎都是庄子占上风。这说明记载公孙龙子的论辩是公孙龙子本人或者弟子，而惠施与庄子论辩的记述都是庄子或庄子的弟子所为。惠施因为文献的丢失，出现在我们面前的，几乎是一个失败的论辩者形象。可即便这样，我们仍能一窥惠施的论辩之才。

比如惠施说：“至大无外，谓之大一；至小无内，谓之小一。”什么意思呢？就是说，最大的事物外面，应该是没有任何东西了，因为是最大的了，最大的东西怎么可能外面还有东西呢？否则就不是最大的。最小的东西里面，应该是再没有东西了，因为是最小的东西了，最小的东西里面怎么可能还有东西呢？否则也不是最小的。这种思想可能无法实证，但很有价值和意义。由此，我们可以思考宇宙的本体论。或许在惠施看来，宇宙本体就是一个，独一无二的一个，因而是“一”。

这个“一”，或者至大，以外再无任何事物；或者至小，以内也再无任何事物。天地万物，古往今来，没有什么东西不包括在内，没有任何变化不发生在其中，这就是宇宙至大；江河湖海，鸟兽虫鱼，花草树木，都是一个单一的个体，都自成一体，在其内也再没有任何事物了，这就是宇宙至小。从至大来看，“一”就是一切，“一”囊括一切，这个“一”不就是宇宙的本体吗？从至小来看，一切就是“一”，一物构成“一”，这个“一”不也是宇宙的本体吗？前者谓之大宇宙，也就是无限的宇宙，后者谓之小宇宙，也就是原子、中子、质子和夸克。再联系道家的学说来看，惠施所说的“一”不就是老子和庄子所说的“道”吗？但有本质的不同，老子之道本源“无”，惠施之道本源“有”。惠施说到底，他是科学家的玄思，对科学有实证的启示作用。

惠施和庄子辩论时，也不总是处在下风，有时候二人辩论时，常常是打个平手。比如二人辩论“人有无情感”时，就是这样。惠施对庄子说：“人原本就没有情感吗？”庄子说：“是的。”惠施说：“一个人假若没有情感，为什么还能称作人呢？”庄子说：“道赋予人的容貌，天赋予人的形体，怎么不能称作人呢？”惠施说：“既然已经称作了人，又怎么能够没有情感呢？”庄子回答说：“这并不是我所说的情感啊。我所说的没有情感，是说人不要因好恶伤害自身的本性，应该经常顺应自然而不随意增添形貌和德性。”惠施说：“不增添形貌和德性，靠什么来保全自身呢？”庄子回答说：“道赋予人的容貌，天赋予人的形体，不要因外在的好恶而伤害了自己的本性。现在你使自己的精神驰骋在外，使自己的精力劳困，倚着树干疲惫地叹息，靠着树干疲惫地假寐。大自然授予了你的形体，你却以‘坚’‘白’的诡辩而争论不休！”对惠施的质问，庄子迂回地回答，看上去好像占了上风，其实也陷入了诡辩，责骂惠施坚白诡辩，正好暴露了自己的诡辩，“天选子之形，子以坚白鸣”，甚至还有点人身攻击。庄子始终也没有回答惠施提的问题：人到底有没有情感，人为什么没有情感。

其实，惠施和庄子是两股道上跑的车。惠施在修身养性的问题上，走的是儒家的道路，希望通过后天的学习和修炼，养成高尚的人格和情操，于此，才可以颐养天年。而庄子呢？主张顺应自然，希望不要让外界的任何事物干扰了本性的自然发展，“自然而不益生”。这就是庄子的追求。二人谁胜谁负呢？只能是个平手。

在生活中，惠施也是能言善辩的。传说魏国的相国去世了，魏王急召惠施回去任相国。惠施风餐露宿，日夜兼程，走到一条小河边，一不小心落水了，幸好这个时候有个船家赶来，才救了惠施一命。船家问，先生何以如此急迫？不会水，为什么不等等船家？惠施说，我着急啊！魏国的相国死了，魏王召我回去做相国。船家一听，笑了，说，就您这个样子也去做相国？惠施说，要论开船划水，我肯定比不上您，但是要说治国管理天下，您可能还是一只没有睁开眼的小狗。划船能与治国相提并论吗？一番话说得船家哑口无言。当然惠施在这里也暴露了一些丑陋，比如瞧不起劳动人民，比如人家好心救了您，您不知恩图报也就罢了，但也不至于恶语相向嘛！

惠施与公孙龙名句精读

惠施的言论依据《庄子·天下》篇选出，本辑选取了四句作解读。公孙龙子的言论依据《公孙龙子》选出，本辑选取五句作解读。

1. 天与地卑，山与泽平。

注释：《荀子·不苟》作“山渊平，天地比”。卑，低下，此处指地势低。泽，水聚集的地方，此处泛指水。平，一样高。

翻译：天与地一样低，山与水一样高。

精读：怎么可能呢？天和地，相隔何止千里万里，竟然一样高！山峰高耸入云，渊水沉入谷底，怎么可能一样平呢？惠施有点反常识吧。对！惠施就是反常识。他要告诉人们，常识往往靠不住。如果换一个角度想一想，天是什么，地是什么，就可能想通了。天不就是地之上的空间吗？地不就是天之下的空间吗？难道两者所指的不是同一个空间吗？既如此，又有什么高低不平呢？这反映了惠施对空间物理的认识。当然，推究起来，这里也反映了惠施“去尊”的民本思想。他是要“去”尊卑贵贱。台湾大学哲学教授陈鼓应说，此处反映了惠施的相对主义，也有道理。

2. 日方中方睨，物方生方死。

注释：中，正中。睨，斜视，此处引申为倾斜。

翻译：太阳刚刚正中，便已向西倾斜；事物刚刚出生，便已走向死亡。

精读：这句话反映了惠施对时间的看法。时间既是绝对的，也是相对的。说绝对，是因为太阳总有一个时间是在正中，也总有一个时间是在落下；事物也总有一个时间是刚刚出生，也总有一个时间是面对死亡。说相对，是因为时间总是流动变化的，事物不可能总在原点不动，太阳刚到正中，便也是走向了西落；事物刚刚出生，便也是走向了死亡。整个意思反过来也一样讲得通。这里有辩证法的思想。

3. 泛爱万物，天地一体也。

注释：一，统一。体，整体。

翻译：普爱万物，天地是个统一的整体。

精读：“泛爱万物”是惠施的伦理观，“天地一体”是惠施的自然观，伦理观和自然观在这里自然打通了。在伦理上，惠施超越了儒家和墨家。儒家讲等差之爱，“亲亲之爱”，墨家讲无差别之爱，“兼爱”，都有一定的局限性，因为背后都是功利驱动。惠施超越了这些，他认为应该普爱天下之物，万物平等，人也是万物之一。我们爱自己，也爱万物，爱万物，也如同爱自己。这有点像西方的博爱思想。

4. 一尺之棰，日取其半，万世不竭。

注释：棰，木棍。竭，尽。

翻译：一尺长短的木棍，每天取其一半，万世都取之不尽。

精读：这句话是讲事物具有无限分割性，也是讲物质不灭性。尽管是一尺长短的一根小木棍，尽管每天都取其一半，但永远也取不完，因为取完一半以后总还会有，所以说，“万世不竭”。这有可能是惠施的思想，也有可能是惠施弟子的思想，很有名家的思辨特点。

5. 马固有色，故有白马。使马无色，有马如已耳，安取白马？故白者非马也。——《白马论》

注释：固，诚然。如，而。安，如何。“白者”二字，此处指白马。

翻译：马诚然都有颜色，因而有白马。如果马都没有颜色，那就是只有马了，哪里会有白马呢？所以说白马不是马。

精读：“白马论”是先秦时期著名的名实学说，对中国古代的逻辑学建设具有非常重要的意义。“白马论”也是公孙龙子名辩思想的出发点和基准点。公孙龙子从多个方面论证了“白马非马”的论题，这是其中一种。公孙龙子从命形和命色的角度论证了“白马非马”的论题，他说，白是命色的，马是命形的，命色和命形是两个概念，既然是两个概念，所以说“白马非马”。现在公孙龙子又从马有无颜色的角度论证“白马非马”，所有的马都有颜色，没有颜色的马有没有？没有。既然没有，也就只有白马、黑马、黄马……，但就是没有马——公孙龙子是假设马都没有颜色，反过来推导的，得出的结论是：“白马非马”。还可以进一步推导，得出“马非马”的结论。“马”这个名称无法指称作为“物”意义上的那个马，那个马是实的，一定有颜色；而这个马是虚的，是一个名称。这个名称的“马”不是那个实的“马”，故“马非马”。

6. 天下无指者，生于物之各有名不为指也。不为指而谓之指，是无不为指。以有不为指之无不为指，未可。——《指物论》

注释：“生于”二字，疑讹误，意不明。“各有名”之“名”，指各个事物之名。“谓之指”，以各有其名之客观事物之名的指称。“以有不为指之无不为指”中“之”，作“为”字讲。

翻译：事物这个名，对天下事物无所指称，是因为事物本身各有其名称。不能把这个名称所指称的，作为事物这个名指称的。把不是事物这个名所指称的，说成是事物这个名称所指称的，也就是说，不存在事物这个名所不指称的。把存在它所不指称的，作为不存在它所不指称的，这不行。

精读：这段话太绕了。什么意思呢？说简单一点，就是公孙龙子说，既然“马非马”，那么事实上那个作为物的“马”如何命名呢？公孙龙子想到了用指称的方式。指称是一个概念，一切事物都可以用指称来概括。但这样一来，还是碰到困难了。事物这个名，已经无法对天下之物进行指称了，因为天下的事物都各有自己的名称了，如此一来，那些已经指称天下之物的名称，就成了不存在事物这个名所不能指称的了。还是拿马来说事。马这个名是一切马的名称，但这个名称不能用来指称天下的马了，为什么呢？因为天下的马都是有颜色的，都各有其名，已经不存在事物这个名所指称的马了。著名哲学家冯友兰先生说，“指”就是共相或要素，也就是概念，是相对于“物”（具体的物）来说的。公孙龙子大概是想说明共相不是具体的事物，不是感觉的对象。

7. 羊合牛非马，牛合羊非鸡。——《通变论》

注释：合，相同之处。

翻译：羊和牛有相同之处，不同于马；牛和羊有相同之处，不同于鸡。

精读：“通变论”是讨论中国古代逻辑学的同、同类和异、异类的区别，是一篇较纯粹的逻辑学论文。所谓“通变”，就是通名实之变，分析名实的变化。这句话有两层含义，其一是说羊、牛、马的同异，羊、牛相同，与马相异；其二是说羊、牛是同一类，羊、牛与马不是同一类。公孙龙子采取一种原始的分类法，对事物的同异进行思辨。这个分类法就是“凡同类者，举相似也”，“举相似”就是同、一。孟子也有相关的思想。

8. 得其白，得其坚，见与不见离一，二不相盈，故离。

离也者，藏也。——《坚白论》

注释：坚，坚硬。离，分离，离弃。盈，充满。藏，不得，不见。

翻译：认识到坚白石的坚，认识到坚白石的白，见得到与见不到都要离弃二者之一，这二者并不互相充满，所以相分离。它们相分离，所以坚白石就藏而不见。

精读：“坚白论”也是公孙龙子著名的学说，与“白马非马”一样出名。司马迁曾多次提到它，并且说先秦诸子多有涉猎者，可见当时是一门“显学”。“坚白论”就是讨论“坚”“白”和“石”三个事物之间的关系。在公孙龙子看来，“坚白石”不能得到三个事物，因为“坚白石”是藏而不见的；你不能通过视得到“坚”，你也不能通过拊得到“白”，故“坚白石”是“藏而不见”的。得到两个事物，可以，因为依据“视”可以得到“白”，依据“拊”可以得到“坚”。要想得到“坚”和“白”，就要用分离的方法，所以就是“离坚白”。

9. 其以当不当也。不当而当，乱也。——《名实论》

注释：当，符合，应对。乱，错乱。

翻译：所谓符合并不符合，以不符合作为符合，这就是错乱。

精读：公孙龙子这是在探寻名实混乱的原因，他指出，名实不符，就是名实之学混乱的根源。更有甚者，以不符合作为符合，这就已经不仅仅是错乱了，而是欺世盗名了。

第九讲

纵横学——鬼谷子

纵横学概述

纵横学，就是有关纵横家的学说和思想。什么是纵横家？就是兴起于春秋战国时代的一批游士、说客，这些人饱读诗书，运筹帷幄，用今天的话说就是满腹韬略，他们实际上就是一批谋略家。他们以游说诸侯各国为职业，靠嘴皮子吃饭，一个舌头可抵百万雄师。他们没有固定的政治信仰，来往穿梭诸侯各国，主要目的就是为了实现自己出人头地的政治理想，一展自己满腹经纶的策士才华。著名的纵横家有张仪、苏秦等，张仪以连横闻名于世，苏秦以合纵留名青史。他们共同的老师是鬼谷子，鬼谷子是纵横家的鼻祖。

所谓“纵”，就是“合纵”，也就是“合众弱以攻一强也”，就是位于秦国以东的齐、楚、燕、韩、赵、魏六个国家联合起来，对付强大的秦国；所谓“横”，就是“连横”，也就是“事一强以攻众弱也”，就是秦国借助自己的强大作为基础，再联合其他国家，逐步瓦解、吞并山东六国。“合纵连横”是战国时代主要的政治生态和外交旋律，“合纵”和“连横”在国际政治、经济、外交和军事等方面始终针锋相对。

司马迁说，战国时代是一个“游说者之秋”。的确如此，战国时期，儒家、墨家和道家都不吃香了，而法家、纵横家、兵家正式走上历史舞台，王道式微，诡道蜂起，君王要的是铁血统治和称霸之道。谁能为他们提供称霸方略，谁就能被委以重任，即便他是一介平民。

纵横家的职责和功能，或者说他们游说的主要内容，用韩非子的话说就是“外事大可以王，小可以安”。主要就是从事外交工作，大可以帮助君主统一天下，小可以帮助国君安邦定国，作用还真不可小视。纵横家主要运用的手段，就是离间计。他们也可以说是中国历史上最早的一批间谍，为此，他们为了达到自己的目的，不惜冒着有性命之忧，也可以不择手段。

我们来借助一个例子说明纵横家是如何“工作的”。

齐相田常曾经率兵攻打鲁国，鲁国是一个小国，怎经得起一打？孔子急了，决定派子贡前去齐国游说。子贡是什么人？他是一个商人，脑瓜聪明，思路灵活，最会见人说人话，见鬼说鬼话了。尽管他是一个儒士，但善于从事外交活动，也是一个纵横家。

子贡见到田常，说：“我听说国有内忧者去攻打强国，国有外患者去攻打弱国，现在您攻打我们弱国鲁国，难道您是有外患吗？”田常说没有。子贡接着说：“我认为您是有内忧，所以您应该去攻打强国吴国。如果打败了，对君主来说，削弱了他的兵力，对国内那些与您作对的大臣来说，加重了他们的罪名，而您呢？一根毫毛都不会受损伤。可是您如果攻打弱国取胜，那么对君主来说，他的国力增强，而那些主张出兵的大臣则会增加功劳，您岂不是更加被动吗？”田常觉得有理，答应了，但要求师出有名。子贡答应田常，游说吴国，让吴王夫差救鲁伐齐。

子贡来到吴国，见到吴王夫差，对夫差说：“大王您不是一直梦想称霸天下吗？现在大好机会来了。齐国准备攻打鲁国，如果取胜，您的竞争对手岂不是更加兵强马壮吗？希望称霸的君主，岂能允许别人做大？您只要出兵救鲁伐齐，一来可以显示您的仁厚，可以扬名，二来沿路可以显示您强大的军威，三来讨伐成功，可以让吴国获得丰厚的利益，这样的好事，大王您不会坐视不做吧？”吴王夫差说，你讲得太好了，我答应出兵，只是我要等到摆平了越国以后才可以。子贡知道，吴王夫差实际上是担心越国起兵反他。子贡说：“大王放心，我这就去游说越国，让他们出兵助您，以免您有后顾之忧。”

做越王勾践的思想工作就轻而易举了，越王勾践多年来厉兵秣马，卧薪尝胆，就是希望有一天，能雪国耻，振国威，报灭国之仇，现在这个机会终于来了。于是勾践让大夫文种带三千人，佯装帮助吴王夫差救鲁伐齐，以打消吴王的顾虑，而自己则整装练兵，只等吴军战败，再一举进攻，灭掉吴国。

吴军挥师北上，与齐军战于艾陵，也就是今天山东莱芜附近，大败齐军。后又挥师西向，与晋国争强，大败，国势削弱。闻听吴军战败，越王勾践乘机起兵，袭击吴军，吴军三战皆败，终被越国所灭。

子贡这一次游说获得巨大成功。司马迁说，子贡一出，作用大矣：一存鲁，二乱齐，三破吴，四强晋，五霸越。看来，司马迁挺佩服子贡的。

透过这一次游说活动，我们大致上也能读懂纵横家的一些特点：

第一，为了保全自己的利益，可以不讲道德原则。他什么样的主意都可以出，什么样的谎话都可以编，什么样的人都可以牺牲。子贡为了阻止田常放弃攻打鲁国，竟然建议他出兵攻打吴国，而且还让越国最后灭掉了吴国，这还像一个儒士所做的事情吗？

第二，投其所好，诱之以利。子贡面对田常、吴王、越王三人，尽管对象不同，但游说照样获得成功，主要原因就是他抓住了他们三人的心理特征，诱之以利，投其所好。可以说，子贡点到了三个人的死穴，这个死穴就是一个“利”字。

第三，见人说人话，见鬼说鬼话。鬼谷子说：“说人主者，必与之言奇；说人臣者，必与之言私。”对田常游说，就要说对他有利的私利，什么是田常的私利？想逐渐做大，取代齐君。对吴王、越王游说，就要说对他感兴趣的事，什么事这两个君王感兴趣，吴王对称霸感兴趣，越王对复国感兴趣。子贡的游说，都正中下怀，岂能不成功？

纵横家正因为有这样一些特点，所以，历来对他们的身份和“工作”评价不高。荀子说，纵横家“巧敏佞说，善取乎宠上，是态臣者也……用态臣者亡”。韩非子把游说者归于五类祸害国家的人之一——“五蠹”之一。有些现代学者也几乎是对纵横家全盘否定，王守谦说，游说者如苏秦，“朝秦暮楚”。赵逵夫说，纵横家朝秦暮楚、出尔反尔的一些做法最让他反感。但也有学者打抱不平，他们给纵横家平反。司马迁说苏秦合纵成功之后，秦兵十五年不敢出函谷关，对苏秦的功劳是肯定的。著名历史学家吕思勉认为纵横家有救世之心。谷振诣认为纵横家之游说，绝不是个别现象。谷先生说，纵横家不忠于一个国家，他们只忠于自己的谋略，忠于自己的政治理想，他们时而相秦，时而相魏，这是时代所决定的。

其实，儒家也有纵横之风。《论语》中就有“士而怀居，不足以为士矣”。饱读诗书，如果不出去做官，有一番作为，就称不上是一个读书人。孔子周游列国，不也是为了实现自己的政治理想吗？子贡存鲁伐齐，是典型的纵横言行。什么国家不国家，仁义不仁义，已经退居其次了。再说，春秋战国，本来就是一个人才大流动的时代，士人择主而从，人主择人而用，原本是很正常的行为，用不着大惊小怪的。

但话虽这么说，纵横家为了达到目的，不择手段的做法，仍需要高度警惕。一个人不管从事什么职业，总要以不损害他人为前提，这是一个基本道德判断。违反了这一条，可能就不行。

鬼谷子其人

在先秦思想家中，有两个人神龙见首不见尾，个人生平和思想经历都由于历史资料的缺乏和不可信，不甚了了。这两个人一个是老子，一个是鬼谷子。最早记载鬼谷子的是司马迁，但司马迁也不是直接记述鬼谷子的，而是在介绍苏秦时顺便提及的，并且只说苏秦和张仪都师事于鬼谷子，是鬼谷子的学生，如此而已。

现在人们熟知的鬼谷子大概是这样一个面貌：鬼谷子，又叫鬼谷先生、鬼谷神生、鬼谷神，擅长神仙术、纵横术和兵术，“鬼谷”可能是他的道号，也可能跟他居住的地方有关。传说他住的地方是个山洞，这个山洞就叫鬼谷洞。鬼谷子大约是春秋战国时候的人，平生主要活动经历都在商朝帝国的都城朝歌一带，也就是现在河南省淇县一带。后来鬼谷子在云梦山聚徒讲学，开办了中国历史上最早的一所军事学校，培养了一大批纵横策士和军事家，传说张仪、苏秦、孙膑、庞涓都是他的学生，前二人是纵横家，后二人是军事家。鬼谷子俗姓王，名栩，一作诩，又作禅，民间尊其为王禅老祖，所以鬼谷子不仅与道家、纵横家、兵家有关系，而且与佛家也有关联。

有人把鬼谷子塑造成了兵家先师：相传鬼谷子与孙武是至交，孙武多年潜修兵法，撰写成兵书十三篇，这就是后来著名的《孙子兵法》。孙武把《孙子兵法》献给齐王，因为他是齐国人，可是齐景公好像不太感兴趣，孙武非常失望，转而，孙武又把兵书献给吴王阖闾，自己只存了一份手稿，阖闾如获至宝。后来吴国和楚国交战，吴王阖闾依据《孙子兵法》的指导，大败楚军。不料楚昭王得知了这一消息，知道阖闾有此宝书，便悬赏重金搜求。吴王阖闾担心《孙子兵法》落入他人之手，便偷偷地将书藏在姑苏台中。再后来，越王勾践灭掉了吴王夫差，吴国战败了，越军攻进姑苏城，火烧城池，兵书也被烧毁了。楚昭王得知兵书被毁，非常气愤，便要挟齐王交出著书人。孙武知道后，感到自己命途多舛，便把《孙子兵法》的手稿交给好朋友鬼谷子保管，要他务必保管好，一定不能落入楚王之手。鬼谷子深感责任重大，得到孙武手稿后，不敢停留，连夜出发，从齐国跑到河南颍川阳城。这里在战国时期属于韩国，临近楚国。鬼谷子住了一段时间后，还是感到不安全，又跋山涉水，跑到陕西扶风池阳。这里毗邻少数民族，仍然不安全，鬼谷子再度迁徙，东渡黄河，来到卫国都城朝歌的云梦山居住，从此，鬼谷子就一直住在这里，并以《孙子兵法》作为课本，招收学徒，讲授兵法。孙膑、庞涓、张仪、苏秦，还有毛遂，可能都是这个时候求学于鬼谷子的。至今云梦山还有庞涓洞、毛遂洞、孙庞下棋处等遗迹。

也有人把鬼谷子塑造成了神仙：东晋郭璞写了《游仙诗》十四首，其中有一首诗完整地记述了鬼谷子的行迹："青溪千馀仞，中有一道士，云生梁栋间，风出窗户里。借问此何谁？云是鬼谷子。"诗中提到的"青溪"，据说就是临沮县，因靠近沮水得名。郭璞曾经当过临沮长，经常游历青溪。青溪旁有一鬼谷洞，传说鬼谷子曾在此收徒讲述神仙术。临沮县就是现在湖北的远安县，离安陆不远。唐代大诗人李白隐居安陆时，曾去游历过青溪，留有《清溪行》一诗："青溪清我心，水色异诸水。借问新安江，见底何如此。人影明镜中，鸟度屏风里……"南朝陶弘景在《录异记》中，直接把鬼谷子说成是一个神仙，他说："鬼谷先生者，古之真仙也。云姓王氏，自轩辕之代，历于商周，随老君西化流沙。周末复还中国，居汉滨鬼谷山。受道弟子百余人。"在陶弘景笔下，鬼谷子不仅活了几百岁，历经几个朝代，而且最后还随老子西化流沙又复还中土，真是神乎其神。

在民间，鬼谷子与佛教也有着千丝万缕的联系：首先，认为鬼谷子可能俗姓王，名禅，"禅"就与佛教有缘，而且民间还把鬼谷子尊称为王禅老祖。据说湖北当阳市（又称古荆州）也有一处称为"青溪"的，如今还留有清溪寺，这个寺当年是一个有名的佛教道场。清朝乾隆年间有记载："青溪之名，著自战国鬼谷子。山色青翠，不染纤尘，溪水清泠，可鉴佳丽，甲荆郡古今，称胜地焉。其时自晋惠禅师开基，继为卧云祖师道场，由晋历隋唐至明，中间千有余年。"依据描述，可以判断，当阳清溪寺是一处享有盛名的佛教道场。就是到现在，人们仍然相信鬼谷子是佛教徒，台湾鬼谷子学术研究会会长混元禅师作偈赞云：“阴阳日月最长生，可惜天理难分明。若有真圣鬼谷子，一出天下定太平。”

当然，还有人把鬼谷子当作算命先生始祖：中国历史上最有名的星命书《命书》，据说就是鬼谷子撰写的。到如今，有些命书上还标明为“周 鬼谷子撰”。在民间，有这样两句民谣：“起课先生真别致，祖师俱敬鬼谷子。”明确地把鬼谷子奉为算命先生的祖师。明代大文学家冯梦龙在《东周列国志》中说，鬼谷子通天彻地，有几家学问，其中第一门学问应算是“星命术”，他说：“数学，日星象纬，在其掌中，占往察来言无不验。”也是把鬼谷子当作一个算命先生。

最靠谱的是把鬼谷子塑造成纵横家之鼻祖，这比较接近现在人们心目中的鬼谷子形象，其中最有名的要算东汉时的王充。王充在《论衡》中说：“佞人自有以诈人，及其说人主，须术以动之。犹人有勇威，及战斗，须以兵法以进众。术则纵横，师则鬼谷。”推举鬼谷子为纵横家之鼻祖。王充还讲了一个故事：“苏秦、张仪纵横习之鬼谷先生，掘地为坑曰，‘下说，令我泣；出则耐分人君之地。’苏秦下说。鬼谷先生泣下沾襟。张仪不若。”这段话是说，苏秦和张仪都向鬼谷子学习纵横术，鬼谷子要考考他们，说，我挖个坑，你们站在下面说，要说得我“泣下沾襟”，才算有本事，才可以出来做人君的股肱之臣。苏秦就下了坑，说得鬼谷子泪流满面，而张仪不如苏秦。这个故事描写生动，情节离奇，颇有传奇色彩，因此流传很广。后来，东晋的王嘉在《拾遗记》中，再一次写到鬼谷子，也把鬼谷子推为纵横家的宗师。王嘉说："张仪、苏秦二人同志好学……尝息于大树之下，假息而寐，有一先生问二子：'何勤苦也？'仪、秦又问之：'子何国人？'答曰：'吾生于归谷，亦云鬼谷子。'……乃请其术，教以干世出俗之辩。即探胸内二卷说书，言辅时之事。"完完全全是把鬼谷子当作了纵横术的祖师爷。

也确确实实应该把鬼谷子当作是纵横家的鼻祖，《鬼谷子》一书的内容也能充分说明这一点。《鬼谷子》全书一共十四篇，再加上《本经阴符七术》《持枢》《中经》三篇，一共十七篇，篇篇谈论的都是"纵横"二字。不用细看内容了，仅看每篇的标题就基本上能知晓全貌，比如《捭阖》《反应》《内楗》《抵巇》《飞钳》《忤合》《揣》《摩》《权》《谋》……全都是讲权谋诈术的，这还不是纵横学？说鬼谷子是纵横家的老祖宗，应该没有什么问题了。

张仪和苏秦

张仪和苏秦是战国时期名副其实的两个最有名的纵横家，一个因连横出名，一个因合纵出名。他们俩是同学，都师从鬼谷子，向鬼谷子学习纵横术。

张仪，魏国人，出生于贵族之家，但遗憾的是，是庶出的，也就是说不是正妻所生的，是妾生的，因此家庭地位很高，个人身份有点微妙。这一点，同商鞅一样。

张仪学成归来，准备寻找主子去展示自己的才华。找谁呢？按说，自己是魏国人，当然应该为魏国做事，可纵横家常常不这样想，他们只忠实于自己的抱负能否实现，不在乎国君姓甚名谁。张仪亦如是想。当时，世界形势是“横者秦帝，纵者楚王”，连横要取得胜利，唯秦帝有这个气魄，合纵要取得胜利，只有楚王才可以做到，所以，张仪准备先去楚国试试。如何游说，最先见谁？这些都要事先想好，纵横家从不做无准备的事。张仪准备先去见见楚国令尹昭阳君。令尹就是国相，掌握一个国家的军政大权，位高权重，昭阳君当时在楚国大权独揽。昭阳君愉快地接纳了张仪。可是张仪的命不好。有一天，昭阳君大宴宾客，向手下人展示自己收藏的和氏璧。当酒宴结束时，众人都帮着收拾东西，却突然发现和氏璧不见了。有人说："仪贫无行，必此盗相君之璧。"张仪家里很贫困，人品又不好，一定是他盗走了和氏璧。昭阳君一想，有道理，于是就让人把张仪抓来审问，"掠笞数百"，张仪也没有承认，于是昭阳君只好把张仪放了。

第一次出去求职，不仅没成功，反而受辱，张仪憋了一肚子气回家。见到张仪的落魄相，妻子也不好说什么，就安慰了几句。张仪说，娘子放心，我会东山再起的。于是张开嘴让妻子看。妻子说，看什么啊？张仪说，你看看我舌头还在不？妻子莫名其妙地望着他说，还在。张仪笑了，舌头在就行。你就等着我飞黄腾达的那一天吧！

正说着，苏秦的使者来找张仪了。原来，苏秦与张仪分别后，先去秦国求职，碰了钉子，转头去燕国求职，成功，被燕国任命为国相。燕国的国相来找他，那肯定是有好事。张仪随着使者来到燕国，求见老同学苏秦。可是一连几天，苏秦避而不见。张仪不知道，苏秦这时正在用鬼谷子那里学来的"纵横术"要"擒住"他，本来要见，却避而不见；要让张仪自动上钩，以实现自己的计谋。几天后，眼看时候已到，苏秦出来接见了张仪，但还是故意摆出一副高高在上的样子。苏秦说，我们两个都从鬼谷老师那儿出来，我已经做了国相了，你还是那么潦倒，真是有辱师门啊！你还是回家去吧，我们没什么好说的。注意，这是激将法。张仪再一次受辱，发下誓愿，我一定要混出个人样来，做给你苏秦看看。于是，毅然决然去往秦国。

一路上，张仪匆匆赶路，竟然没注意到，前前后后，始终有人照顾他，住店有人买单，吃饭有人付钱，还送车送马，张仪百思不得其解。管他呢，到了秦国再说。见到秦王，张仪用他的三寸不烂之舌，说动了秦王。秦王很赏识他，任命他为客卿。客卿是什么官，就是外国人在秦国地位最高的高官。做客卿后，张仪去见了资助他的人，张仪要重谢。那人说，你别谢我，要谢你就谢我们国相吧，是他安排我们这样做的。张仪说，你们国相是谁？那人说，就是你的老同学苏秦啊！张仪沉吟了一会儿，说，为什么呢？那人说，我们国相一是念你们是同窗，有旧情；二是尊重你的才华，说你才华在他之上，将来去秦国一定大有作为；第三，希望你主政秦国后，不要去破坏他精心策划的“合纵联盟”。你请三思吧！

张仪想，苏秦厉害啊！真想不到，他把在鬼谷老师那儿学到的“纵横术”全部用到我身上了，先是激将法，后是谋心法，最后是真情告白法，我竟浑然不知。想到这儿，张仪对那人说，请回去转告你们国相，我在秦国为政期间，一定不去攻打合纵联盟，谢谢他的好意！张仪说话算话，果然，在他主政秦国时，没有出兵去破坏“合纵联盟”。

张仪一生主要做了两件大事：

一、成功连横魏国。张仪对自己的祖国还是有感情的，他去秦国求职，一步步升到相国之位，却始终没有做太对不起魏国的事情。为了避免秦国攻打魏国，他说动秦王派公子繇出使魏国，作人质，而他自己呢？身挎两国相印，穿梭其间，既使得秦国有利可图，也保证了魏国的安全。因为魏国是个小国，经不起一打。当然，张仪的做法可能不那么正大光明。他先是出兵攻打魏国，夺取蒲阳城，然后，又让秦国把蒲阳城还给了魏王，这叫“恩威并施”。一打一抚，搞定了魏国。果然，魏王既害怕，又感动，认同了张仪的“连横”策略。其实，“连横魏国”对秦魏双方都有好处，秦国可以借助魏国为踏板，赢得喘息的机会，以实现图霸天下的野心，魏国因其弱小，也可以暂时避免快速灭亡的危险，双方各有算盘。在纵横家看来，世界上政治、外交原本没有什么是非曲直，成功就是最大的原则。所以，张仪的做法也无可厚非。

二、拆散齐楚联盟。按照张仪对形势的分析，当时最有可能称霸天下的不外乎三个国家，东方的齐国、南方的楚国和西方的秦国，如果齐楚联盟，对秦国就是巨大的威胁，所以拆散齐楚联盟就成为张仪的主要工作，也正是因为这一点，张仪才赢得了秦王对他的信任和倚重。张仪冒着生命的危险，两次出使楚国，不仅成功瓦解了齐楚联盟，而且轻松赢取了楚国商於六百多里的土地，害死了楚王，削弱了楚国的实力，为秦国最终称霸天下扫平了道路。

张仪真不愧为纵横家的杰出代表，最后，在秦国面临新换主子的情况下，他不仅成功脱身，而且还保证了秦国、魏国和平相处的局面。他最后在魏国安然而终，也算是得其所哉了。

再说苏秦。只要是读过《三字经》的人，就都知道其中有这样两句话，“头悬梁，锥刺股”，这“头悬梁”讲的是孙敬读书用功，常至深夜，为了督促自己不打瞌睡，于是在屋梁上系上一根绳子，一头系着头发，要是困了，绳子就拉一拉自己，醒了就又用功读书。而“锥刺股”呢，讲的就是苏秦。苏秦出身苦寒，没有钱供他读书，但苏秦聪明好学，常常借一本书要反反复复地读，有时实在是太疲劳，就拿起锥子刺一刺自己的大腿。就是靠着这样一种吃苦、刻苦的精神，苏秦饱读了百家之书，尤其是后来师从鬼谷子，学问更是大进。于是苏秦决定出山了，他要用自己的一技之长，为自己正名，也为家人改善贫困的环境。

同张仪一样，苏秦第一个投奔的国家是秦国。但是，苏秦不幸。大概是时间不同，苏秦赴秦的时间要早于张仪，那时秦国正是蓄精养锐的时候；也可能跟秦国的局势有关，那时秦国刚刚处死商鞅，秦惠王不喜欢口舌之士，明确地说，就是不喜欢纵横家。苏秦第一次出师不利，转而投奔燕昭王。燕昭王是一个招贤若渴的人，曾高筑黄金台，招揽四方贤士，使苏秦、邹衍、乐毅、屈景分别从周、齐、赵和楚归顺燕国，这就是历史上著名的“四子归燕”。唐代大诗人陈子昂有感于此，写下《燕昭王》一诗，对燕昭王重视人才表示了极大的赞赏：

南登碣石馆，遥望黄金台。丘陵尽乔木，昭王安在哉？霸图今已矣，驱马复归来。

苏秦被燕昭王任命为相国。苏秦没有辜负燕昭王的重托，他为燕昭王做了两件大事：

第一，使齐伐宋。燕国宿与齐国关系紧张，而齐国比燕国强大，因此齐国就成为燕王的心头大患。苏秦决定出使齐国，为燕昭王分忧，也为自己的“合纵联盟”铺路。他两度出使齐国，两次面见齐湣王，最终说动齐湣王准备讨伐宋国。苏秦用的计策就是“对症下药”。宋国是个小国，偏偏又土地肥沃，齐王早已垂涎三尺；另外宋康王不思进取，荒淫无度，残暴之极，齐湣王也早就想除掉他。如果说齐湣王的想法是瞌睡，那么苏秦的“讨伐宋国”的建议就是枕头。苏秦不仅说服齐王出兵伐宋，而且还让齐湣王归还了燕国的十座城池，真是本事大矣！

第二，五国攻秦。为了实现自己“合纵联盟”的大计，也为了减轻齐王的后顾之忧，苏秦决定利用五国之间的关系，说服燕国、齐国、赵国、韩国和魏国联合起来一致对秦。齐国伐宋，从根本上动摇了这五个国家与秦国的关系，因为宋国是投靠秦国的，秦国是宋国的保护伞，攻打宋国，就等于是跟秦国绝交。五个国家为了保全自己的利益，也为了避免陷入被动挨打的局面，于是合纵联盟，一起来对付秦国。苏秦身挎五国相印，往来穿梭于五国之间，纵横捭阖，唇枪舌剑，天才地组织了一次世界弱国联盟。这在中国历史上乃至在世界外交史上，都是一个奇迹！

然而，苏秦却落得一个惨死！公元前 284 年，苏秦被齐王车裂而死，也就是民间说的“五马分尸”。民间有说法，说这是不得好死。商鞅也是这样被秦王处死的。苏秦为什么会被以极刑处死呢？有一种说法是，苏秦因为深得齐王的宠信，因此与齐国的权贵结下了仇怨，有人要刺杀苏秦，然而苏秦没有被刺死，刺客逃跑了。后来苏秦眼看着自己快要病死了，就给齐王出了一个计策，说是大王只要将我在广场上五马分尸处死，并且说“苏秦是燕国的卧底，在齐国谋乱被处死，就一定可以抓到凶手”。齐王依计而行，果然凶手浮出。齐王处死了刺客。莫非苏秦的惨死也是一种壮烈？

战国时代这两个最有名的纵横家，一个善终，一个惨死，但都成就了一番伟业，的确不愧是纵横术的大师。

鬼谷子的主要思想

从本质上来说，鬼谷子的学说就是教人说话，也就是专注于说服艺术，纵横捭阖，制服人，因此兵家常用它，政治家也常借鉴它。

鬼谷子学说在中国历史上影响深远，但褒贬不一。宋朝的高似孙称它为“一代之雄”，说：“战国之事危矣，士有挟隽异豪伟之气，求聘乎用。其应对酬酢、编诈激昂，以自放于文章，见于顿挫、险怪、离合、揣摩者，其辞又极矣”，“其智谋、其数术、其变谲，盖出于战国诸人之表”。在纵横术方面，战国时代没有人能超过鬼谷子，他是应运而生的历史产物。可更多的是对鬼谷子的否定和批评。唐宋八大家之一的文学家柳宗元首先对鬼谷子进行发难。他说，鬼谷子“其言益奇，而道益狭，使人狙狂失守，而易于陷坠”，意思是读《鬼谷子》，容易使人陷于狭隘和失态。明代的大臣宋濂把鬼谷子说得更严重，他说鬼谷子是“小夫蛇鼠之智，用之于家，则亡家；用之于国，则债国；用之于天下，则失天下”。鬼谷子成了亡国败家的祸根。就这样，人们一会儿把鬼谷子奉为神明、人表，一会儿又把他视为洪水猛兽。这一切都只能说明，鬼谷子的思想影响深远，说大一点，已经影响到每一个中国人。鬼谷子称得上是一个奇人，《鬼谷子》一书称得上是一部奇书。

鬼谷子的主要思想可以用三个字来概括，这就是“纵横术”，或者叫“说服术”。其具体表现如下：

一、在谋略上讲究“为谋有道”。鬼谷子认为策划谋略一定要遵循客观事物的规律。张仪和苏秦的策划之所以能够获得成功，其原因就在于他们遵循了事物的客观发展规律，这一点往往容易被人们忽略，人们总是过于看重张仪、苏秦的智慧和胆略。比如苏秦说“齐秦不和，天下无忧”。意思是只要齐国和秦国两个国家闹翻了，夹杂在中间的几个小国家就安全了。苏秦的计策实际上是对当时的政治形势的准确把握，这也是几个弱小国家得以自保的客观考虑。所以，苏秦给燕昭王出计，“使齐伐宋”，燕昭王不仅马上同意了，而且苏秦到齐国后，齐王也马上就答应了，燕、赵、韩、魏几个小国家的联盟很容易就合成了。

在具体计策上，鬼谷子主张，第一，在客观事物的矛盾规律中掌握规律，他说，“天地之化在高与深，圣人之制道在于隐与匿”，“经起秋毫之末，挥之太山之本”，提示我们要注意观察客观事物的矛盾性。第二，认为最高明的谋略都是在暗中进行的，但又必须公开夺取，这样才符合圣人之道，这叫作“阴道而阳取”。他说：“圣人谋之于阴，故曰‘神’；成之于阳，故曰‘明’。”第三，必须崇尚奇计，出奇制胜。谋略虽然要周密，但出奇招才能最奏效，所谓“正不如奇”是也。第四，一定要谋划好了才能决定行动，决不能打草惊蛇，否则，功败垂成。他说，“必先谋虑”。

二、在用人上主张主动出击。鬼谷子认为只要是人，就一定能分出三六九等，因此，要先判断人，再制定策略，而不是相反。鬼谷子说：“夫仁人轻货，不可以诱以利，可使出费；勇士轻难，不可以惧以患，可使居危；智者达于数、明于理，不可欺以诚，可示以道理，可使立功。”仁人君子常常轻视财货，所以不能用金钱来诱惑他们，反而可以让他们捐出资财；勇敢的壮士自然会轻视危难，所以不能用祸患来恐吓他们，反而可以让他们镇守险地；一个有智慧的人，通达礼教，明于事理，不可假装诚信去欺骗他们，反而可以给他们讲清事理，让他们建功立业。总之，要根据人的特点，因人而异地制定策略，制服他。他还说：“愚者易蔽也，不肖者易惧也，贪者易诱也。”愚昧的人是容易蒙蔽的，不肖之徒是容易被吓住的，贪婪的人就容易被引诱。每个人都可能有缺点或弱点，我们就是要善于找到对方的弱点或缺陷，制定说服的策略。

张仪第二次出使楚国，就是用计拿住靳尚和郑袖，哄骗楚王，从而使自己再一次轻易脱身的，这是一个生动的案例。按说，第一次出使楚国后，楚王吃了亏，张仪从楚国骗取了商於六百里土地，楚王正恨不得要扒了他的皮吃他的心，甚至还放出话来说，只要交出张仪，我愿意再献出黔中地区。在这种情况下，张仪还敢第二次来到楚国，真个是有胆量。其原因就是：

张仪摸透了楚王身边的几个关键人物的底细——“可知者可用也”。楚王好色，靳尚贪婪，郑袖嫉妒心强，有了这几点，张仪就心里有底了。他给靳尚送礼，给郑袖送去恭维，谎称要给楚王送美女。所以，他才可以在狱中安然无恙。不仅如此，他怂恿郑袖去为自己说好话，让楚王最终放了自己。张仪第二次出使楚国，有惊无险。他充分实践了老师鬼谷子的纵横思想，要想取胜，必须先要制人，对对方充分了解，而不是被动应对。

三、在外交中要纵横捭阖，揣情有度。纵横术一方面用于君王，讲究谋略有道；一方面用于制人，知者可用；还有一方面，即用于外交。在外交上，鬼谷子主张要“量权”，要“揣情”。他说：“古之善用天下者，必量天下之权，而揣诸侯之情。量权不审，不知强弱轻重之称；揣情不审，不知隐匿变化之动静。”因此，主张对每一个诸侯，都要做到了如指掌，之后，才可以进行游说斗争。鬼谷子甚至还把捭阖术和揣情术用到政治上，主张治国也应该“量权审度”。他说，“计国事者，则当审量权”，“君臣上下之事”，要“合于谋”。

总的来说，鬼谷子研究纵横术讲究实效，不计常规，这是一个基本特点。鬼谷子不像人们想象的那么可怕，那么冷漠无情，他仍然强调仁德之治。他说：“以德养民，犹草木之得时；以仁化人，犹天生草木以雨润泽之。”主张好的德政就像细微无声的雨露一样，使人民得到自然润泽。杜甫说：“好雨知时节，当春乃发生。随风潜入夜，润物细无声。”春雨的特点，或许正好就是德政的特点吧，鬼谷子的纵横思想大有学问，我们应该好好研究对待！

《鬼谷子》名句精读

《鬼谷子》一共十七篇，我们从其中八篇中各选一句，作解读，以豹窥鬼谷先生思想面貌。每句后注明篇目。

1. 捭阖之道，以阴阳试之，故与阳言者依崇高，与阴言者依卑小。——《捭阖第一》

注释：捭，分开，撕裂。阖，本意为门扇，此处引申为关闭。捭阖，指纵横驰骋，大开大合。试，试行，检验。依，依靠。

翻译：开放和封闭的规律都可以从阴阳两方面来试行、检验，因此，给从阳的方面来游说的人以崇高的待遇，给从阴的方面来游说的人以卑下的待遇。

精读："捭阖术"是纵横家独有的一种思想，它也是纵横家论辩、游说的基本方法。这句话体现了鬼谷子的两种思想，一是鬼谷子认为世上万事万物都有矛盾性，比如阴和阳、刚和柔、开和闭、张和弛、上和下、黑和白等，无论事物具有怎样的形态，它们都要经过捭阖表现出来，因此，我们要注意观察事物的阴阳变化；二是鬼谷子主张“阴道阳取”，因为他认为人们给从阴的方面游说的人以卑下的待遇，所以要“阴道阳取”。

2. 古之大化者，乃与无形俱生。反以观往，复以验来；反以知古，复以知今；反以知彼，复以知己。——《反应第二》

注释：化，教化，指导。大化者，此处指圣人。无形，此处指大自然。反，通“返”，返回。复，重复。

翻译：古代能够化育万物的圣人，一定是与大自然一起生长变化的。他们返回来是观察过往，再回首是检验未来；返回来是考察历史，再回首是了解当下；返回来是洞察对方，再回首是认识自我。

精读：“反应术”是鬼谷子刺探情报的一种方法，兵家大事，在于知己知彼，如何才能知道对方的情况呢？其基本要略是以静制动。要多让对方“动”，“动”则暴露信息，而自己，只能静观其变。鬼谷子说：“人言者，动也；己默者，静也。因其言，听其辞。”要善于从对方的言辞中寻找重要信息，也就是情报，这是制人术的法宝。

3. 故曰：“不见其类而为之者见逆，不得其情而说之者见非。得其情，乃制其术。此用出可入，可楗可开。”——《内楗第三》

注释：类，类似，类似的情况。见逆，违逆，与愿望相背。见非，遭到非议。术，方法，手段，方案。

翻译：所以说："没有见到类似的情况，却去游说的人，一定会与愿望相违背，没有得到实际情况而前去游说的人，一定会受到非议。只有了解情况，才可以依据情况制定方法、方案。这样做，才能既可以走出去，又能进得来，既可以进谏君主，坚持己见，又可以放弃主张，随机应变。"

精读：内楗，内，通"纳"，采纳；楗，本意为门闩，此处引申为关键。"内楗术"是游说君王的主要方法。游说君王时，最重要的一条，就是要善于掌握君王的喜好和厌恶，这样沟通起来，才会情投意合，任意开合。鬼谷子说："君臣上下之事，有远而亲，近而疏，就之不用，去之反求。"为什么？就是看游说的内容君王是不是感兴趣，感兴趣，就"远而亲"，不感兴趣，则"近而疏"。

4. 巇始有朕，可抵而塞，可抵而却，可抵而息，可抵而匿，可抵而得，此谓抵巇之理也。——《抵巇第四》

注释：巇，缝隙，漏洞。朕，征兆，迹象。抵，弥补，堵塞。却，退却，停止。息，停止。匿，隐藏，消失。

翻译：缝隙开始有迹象的时候，可以堵塞使其闭塞，可以堵塞使其退却，可以堵塞使其停止，可以堵塞使其消失，可以堵塞使其得到，这就是"抵巇"的道理。

精读：鬼谷子这是讲弥补不足，堵塞缝隙。万事万物都可能有漏洞、有缝隙，所谓"天地之合离终始必有巇隙"是也，作为纵横家，要善于发现缝隙和漏洞，早一点弥补，不能任裂痕越变越大，否则不可收拾。当然，这是对自己一方。若是对方，就要想办法，促其缝隙和裂痕越变越大，最后达到不可收拾的地步，对方就不攻自破、自行瓦解了。所以，“巇”要察，“抵”要掌握时候，分清敌我。

5. 引钩钳之辞，飞而钳之。钩钳之语，其说辞也，乍同乍异。——《飞钳第五》

注释：引，借用，借助。钩，本意是弯曲金属所做的钩针，此处引申为引诱。钳，挟持，挟住。飞，飞扬，褒奖。

翻译：借助引诱对方说话的言辞，然后通过恭维来挟持住对方。引诱挟持的言辞，是一种游说辞令，其特点是忽而相同，忽而变异。

精读：“飞钳术”是一种制人的法术。其特点是，先引诱、恭维对方尽量多说话，暴露出自己的情志，然后制定策略挟持住对方，使其不得退却。这就是我们常说的引蛇出洞，或者叫诱敌深入、引君入彀。它实质上是一种心理战。当然，鬼谷子也强调，用“飞钳术”不可太造次，否则有可能前功尽弃，所以鬼谷子说，用“飞钳术”要“不失其度”。

6. 古之善摩者，如操钩而临深渊，饵而投之，必得鱼焉。——《摩篇第八》

注释：摩，揣摩，切磋。操，拿，持。

翻译：古代善于揣摩的人，就像拿着钓钩面临深渊钓鱼一样，只要把鱼饵投入水中，就一定能够钓到鱼。

精读：《鬼谷子》第七篇讲揣情，第八篇讲摩意。“揣情摩意”是鬼谷子倡导的一种重要纵横术，其特点是要揣摩清楚对方的情意、意图，然后对症下药。“揣情摩意”既可以用于游说人君，也可以用于军事作战，关键是要掌握好火候，鬼谷子说，“摩之在此，符之在彼”，揣摩刚好是在这个时候，而对方的表现刚好也是在这个时候，对上了，因此，“从而应之，事无不可”。

7. 故与智者言，依于博；与博者言，依于辨，与辨者言，依于要；与贵者言，依于势；与富者言，依于豪；与贫者言，依于利；与贱者言，依于谦；与勇者言，依于敢；与愚者言，依于锐。此其术也，而人常反之。——《转丸第十三》

注释：依，依靠。博，博学。辨，通“辩”，辩论，论辩。要，扼要，主要。势，气势。豪，豪放。锐，敏锐。

翻译：所以说，与聪明的人谈话，就要依靠博学的知识；与博学的人谈话，就要依靠雄辩；与雄辩的人谈话，就要依靠简要；与地位高的人谈话，就要依靠宏大的气势；与富有的人谈话，就要依靠豪放；与贫穷的人谈话，就要依靠利益；与低贱的人谈话，就要依靠谦和；与勇敢的人谈话，就要依靠果断；与愚昧的人谈话，就要依靠敏锐。这就是游说的基本方法，然而，现实中的人们做法正好相反。

精读：难怪有人在现实中谈话或辩论，屡屡失败，原来是他们没有掌握好鬼谷子的“转丸术”。所谓“转丸”，就是灵活、机智、变化，就是随机应变，就是看菜下碟，就是量体裁衣，就是见人说人话，见鬼说鬼话。总之，与人说话时，你总要胜人一筹，这样你才能胜出。

8. 真人者，同天而合道，执一而养产万类，怀天下、施德养，无为以包志虑、思意，而行威势者也。——《本经阴符七术》

注释：执一，专一。产，养育。包，包容。行，显示。

翻译：所谓真人，就是同大自然融为一体、完全符合大道的人，他们性情专一而养育万类，他们心怀天下，广施善德，他们奉行无为，包容思虑和情志，他们是自然显示威势的人。

精读：鬼谷子的思想驳杂富丽，熔道家思想、儒家思想、佛家思想、兵家思想于一炉。从这几句话来看，鬼谷子受老子影响很大，或者他还深受庄子思想影响，《鬼谷子》中就有一篇《胠箧》，内容基本上与庄子的《胠箧》篇相同，不知这二人谁先谁后，恐怕是互相都有影响吧！

第十讲

兵学——孙子

兵学概述

“兵学”也叫“武学”，其实就是军事学。“兵”的本义是武器，后来引申出“士兵”“战争”“军事”等含义，再后来几乎一切跟军事作战有关的学问，都叫“兵学”。

中国古代的“兵学”非常发达，至春秋晚期孙子的出现是第一个高潮，标志就是出现了三部兵书。一部是《孙子兵法》，一部是《吴子兵法》，一部是《孙膑兵法》。

《孙子兵法》就是《孙武兵法》，它是中国古代最早的一部兵书，是中国古代兵书的鼻祖。孙子，也叫孙武、孙武子、武圣、兵圣，他是一个传奇性的人物。《孙子兵法》一共十三篇，全文约6000多字。关于孙子，后面有专章介绍，这里就不赘述了。

《吴子兵法》就是卫国出身，后来却在鲁国、魏国和楚国效力的军事家吴起写的一部兵书，非常有名，历史上曾与孙子的兵书合称为《孙吴兵法》，可惜后来失传了。吴起这个人一心想当将军，有所作为，为此不惜一切代价。小时候，为了出人头地，他竟杀掉了说他坏话的三十多个乡邻。家乡待不住了，就往东投奔鲁国去，与母亲告别时，他说："不为卿相，不复入卫。"可见决心有多大。后来他母亲去世时，他果然没有回家，这在当时是很不可思议的事情。在鲁国，因为军事才能出众，鲁君想重用他，封他为将军，但又担心他对鲁国不忠。因此，当鲁国与齐国作战时，吴起竟杀死了自己的妻子，以表忠心，因为他的妻子是齐国人。由此我们可以看到，"兵学"从一开始，就充满了血腥味。

历史上曾一度怀疑孙子和孙膑不是两个人，而是一个人，《孙子兵法》和《孙膑兵法》也不是两部书，而是一部兵书。直到 1972 年在山东临沂银雀山汉墓出土了两本兵书，一部是《孙子兵法》，一部是《孙膑兵法》，这场旷日持久的争论才告结束。孙膑是战国中期的楚人，是孙子的后代。他是楚国人，却在齐国为齐威王效力。这种现象，在春秋战国时期比较普遍，算不了什么。

传说孙膑与庞涓同在鬼谷子那里学习兵学，与庞涓是同学。鬼谷子尽管是纵横学的祖师爷，但他也是兵家的先师。传说他曾开办了中国古代第一所军事学校，培养了许多军事家，孙膑和庞涓是他最得意的两个门生。历史书上记载，孙膑的才能可能高于庞涓，而庞涓这个人偏偏又心胸狭窄，容不得孙膑比他强，于是就想方设法陷害孙膑。庞涓在魏惠王手下任将军的时候，把孙膑骗到魏国，砍掉了孙膑的膝盖骨，这就是"膑刑"，也叫"刖刑"，是一种酷刑，心想站不起来的孙膑你还能比我强吗？为了自己的一点私欲，竟下如此黑手，也够残忍的了。

孙膑与庞涓注定有一番较量。这就是历史上有名的“围魏救赵”和“庞涓之死”。公元前354年，魏惠王任命庞涓为统帅，率领八万大军浩浩荡荡杀向赵国，顷刻之间就包围了赵国的都城邯郸。赵国告急！邯郸告急！赵王向齐国求援！齐威王任命田忌为统帅，孙膑为将军，统率大军救赵。孙膑因为站不起来，只能在帷帐里指挥作战。孙膑给田忌出主意说，我们应该直接杀向魏国都城大梁，这样庞涓势必回头救取国都。然后我们在桂陵（现在河南长垣县附近）设下埋伏，此处是庞涓回头必经之地，在此我们可以狠狠地教训一下庞涓。这一计真可谓一箭双雕，既解除了赵国都城之困，也几乎是稳赢庞涓回头之兵。庞涓果然中计，魏军大败。孙膑并没有杀掉庞涓，只是教训了一下他，可能是念在同窗之情上吧，放了庞涓一条生路。孙膑果然是才高一筹。这个故事就叫“围魏救赵”，也叫“桂陵之战”，《三十六计》中收有这一计，就叫《围魏救赵》。

桂陵之战大挫魏惠王和庞涓的锐气，魏惠王和庞涓心不甘死，还想与孙膑决一雌雄。公元前341年，魏惠王任命太子申为上将军，庞涓为将领，指挥一队人马杀向齐国。齐国这边呢，还是田忌和孙膑坐阵。孙膑又给田忌出主意说，我们应该做减法。什么叫作减法呢？孙膑说，魏国的军队一向瞧不起我们，我们正好可以利用这一点。首先，我们要装作害怕，打不赢，往后撤退，撤到哪儿呢？撤到马陵（就是现在河南的范县附近）。马陵道路狭窄，地势险要，易守难攻，正好打埋伏。

孙膑说，庞涓不是笨人，光是往后撤，他可能会起疑心，我们还得做减法。他说，我们要减灶。所谓“减灶”，是说古代行军打仗，士兵要吃饭，因此走到哪儿，就在哪儿临时搭建灶台开伙做饭。孙膑说，我们第一天要挖十万人吃饭的灶，第二天要减为五万人，第三天要减为三万人，一天比一天减少，这样庞涓就会信以为真。果然，庞涓又上当了！等他筋疲力尽赶到马陵的时候，孙膑布好的一张天罗地网正等着他呢！孙膑算好了，庞涓到的时候，应该是晚上，而且肯定会钻木取火，只要见到火光，齐国埋伏好的弓箭手就万箭齐发，庞涓必死无葬身之地！为了彻底摧毁庞涓的心理防线，孙膑还找人在一棵树上刻下八个大字——庞涓死于此树之下，让庞涓看到这八个字时，心里彻底崩溃！这一仗，魏军大败，庞涓眼看大势已去，只得自杀，太子申也做了俘虏。这就是“马陵之战”。两次战斗，都是孙膑大获全胜。

《孙膑兵法》一共十六篇，全书一万一千多字，内容比《孙子兵法》多，篇幅比《孙子兵法》长。可以说，孙膑不仅是卓越的军事家，也是孙子的优秀继承人。孙膑特别重视“势”，重视“势”“阵”“变”“权”四个环节的关系。在这一点上，孙膑发展了孙子的军事思想。孙膑强调，在指挥作战时，要善于利用自己和对方的“势”，因势利导，“便势利地”。“桂陵之战”和“马陵之战”都可以说是因势利导的佳作。孙膑看准了自己的优势（庞涓不知道自己怎样排兵布阵），也看准了庞涓的劣势（庞涓自认为其才不如孙膑），利用庞涓性格和思想的弱点，“让威”，“以骄其意”，然后“并卒而击之”，指挥了很漂亮的两个战役，使庞涓完全按照自己设计的路径走。孙膑的军事思想，在政治上也有一定的影响，司马迁说："孙膑以此名显天下，世传其兵法。"这说明，孙膑的兵法思想在战国后期和秦汉之际有着广泛的影响，可能这个影响不仅仅限于军事上。

先秦时期的军事家，不仅仅是孙子、吴起、孙膑，杰出的军事家还大有人在。鲁国的曹刿，成功地帮助鲁庄公打败了齐国的进攻，指挥了"长勺之战"；越国的范蠡，帮助越王勾践兴越国，灭吴国，一雪会稽之耻；吴国的伍子胥帮助吴王攻破自己的祖国楚国，赢得了"柏举之战"的全面胜利。这些人都是当时显赫一时的军事天才。传说孙子还是伍子胥慧眼识才，举荐给了吴王的。这里讲一个伍子胥的故事。

伍子胥本是楚国人，可是楚平王听信谗言，杀死了伍子胥的父亲和哥哥，慌乱之中，伍子胥挟带着楚太子建的儿子胜逃往东边，想投奔吴国而去。走到离昭关六十里地的一座山下，伍子胥再也不敢往前走了，因为从这里出关，便是一条河，顺河而下，就能到吴国了，可是这里盘查森严，一旦发现，性命难保。当时，扁鹊的弟子刚好住在山脚下，他得知伍子胥的遭遇，十分同情他，就想施手相救，于是就请伍子胥二人住到了自己的家里。可一时也无良策。伍子胥一连住了七天。到了第七天晚上，伍子胥实在是熬不住了，对扁鹊的弟子说，你到底有没有良策，我可是有大事要去办的！扁鹊的弟子说，我要等一个人来。这一夜，伍子胥坐卧不安，躺下了爬起来，走一会又躺下，一直挨到天亮。扁鹊的弟子见伍子胥一夜之间，头发全白了，竟笑了，说，我原来是想等一个人来，这个人很像你，想你们乔装打扮，然后蒙混过关，现在看来不用了，因为你头发全白了，守城的关吏也认不出你了。就这样，伍子胥一夜之间急白了头，帮助自己蒙混过了关。后来，伍子胥帮助吴国公子姬光夺取王位，并一举攻破楚国，报了父兄之仇。伍子胥的军事才能是没得说的了，不过他帮助外人攻破自己的祖国，尽管是报父兄之仇，怕也是不可取的。这是必须要说清楚的大是大非问题。

孙子其人

孙子，也叫孙武，春秋时人，可能与孔子同时，也可能略晚于孔子。据考证，孙子是古代齐国乐安人，就是现在山东省广饶县人。古时乐安县城有济水、时水两条河流从旁边穿过，孙子就出生在这里。孙子小时候聪明伶俐，特别喜欢看军事方面的书籍，他爷爷很高兴，又有点担忧，担忧孙子长大后迷恋军事，于是就给孙子取名为“武”，意思是“止息干戈”，希望孙子长大后要热爱和平。

孙子读书很广，《尚书》《管子》《太公兵书》他都有所涉猎，尤其是对这些书中所谈到的军事知识更感兴趣。读《尚书》时，他牢牢记住书中的一句话，“日月之行，则有冬有夏；月之从星，则有风雨”，意思是太阳和月亮的运行，就产生了一年四季的变化；如果月亮从箕宿（一种星宿）那里经过，就会刮风，如果从毕宿那里经过，就会下雨。这是一种天象，天象与军事指挥、作战都有关系，这说明孙子思考兵学时已经注意到与天象的关系了。管子是齐国的政治家和改革家，曾被齐桓公任命为相国，他帮助齐桓公成就了一番霸业，使齐桓公成为“春秋五霸”的第一霸。管子的经济改革和军事改革都非常吸引孙子，管子曾把全国划分为21个乡，6个乡从事工商业，重点发展经济，15个乡实行兵农合一的政策，重点发展农业和练兵，就是农忙时耕种，农闲时练兵，这样发展农业和军事练兵两不耽误。管子的许多改革措施，就连孔子也赞叹不已，孔子说：“如果没有管仲，我恐怕也要穿异族服装了。”《太公兵书》据说是姜太公写的。姜太公就是姜子牙，他曾经是周文王的老师，辅佐周文王、周武王父子俩完成了周王朝的大治。《太公兵书》也叫《六韬》，从书名来看，就知道是一部讲韬略的书，讲韬略的思想后来被孙子写到《虚实》篇中了。

孙子还非常重视游历。他曾经游历过鲁国，仔细考察过曲阜之北部的“长勺之战”，对曹刿的“一鼓作气，再而衰，三而竭”的思想很有体会，这种作战指挥中重视“势”的思想，后来成为孙子思考军事的一个出发点。他还曾到过晋国，考察过“城濮之战”。晋国在春秋时期是个大国，十分强盛。由于晋国采取“伐谋”“伐交”的策略，扬长避短，后发制人，“城濮”一仗，彻底打垮了不可一世的楚国，一举成名。孙子对这次战斗中的“伐谋”“伐交”，也深有体会，军事打仗，不能光靠勇猛，硬拼，得讲究战略战术，要会算经济账，打仗是要算成本的，“不战而屈人之兵”，就是最高明的军事家。

孙子的祖父叫陈书，是陈国厉公之子陈完的后世子孙。陈完，就是田完。陈完在陈国与太子御寇相好，后来太子御寇被杀，陈完怕受株连，便逃奔到齐国。因为才能出众，齐桓公十分欣赏他，想封他为客卿，陈完不敢领受，便屈身为工正，也就是百工之头，并且改姓为“田”，这就是“田完”。田完的子孙后来在齐国世代为官，而且均为重臣，比如田厘子、田成子，均做到了相国，后来还被周天子立为齐侯。成为“侯”以后，田氏采用大斗贷出、小斗收回的办法笼络人心，渐渐地，齐国的政权都归之田氏了，这就是后来的“田齐政权”，姓田的终于掌握了齐国的军政大权。据考证，孙子是田完的五世孙，约与田厘子同辈，田成子是孙子的侄子。孙子就这样成了齐国人。孙子大约活了 70 岁。

后来，估计是因为避乱，孙子正当年的时候，离开齐国来到了吴国，从此孙子就与吴国结下了不解之缘。在吴国，孙子做了两件大事，第一，他结识了伍子胥。第二，他辅佐了吴王阖闾。

伍子胥是一个胸有大志的人，而且慧眼识才。他看出公子光有作为，便把勇士专诸推荐给了公子光。专诸后来替公子光刺杀了吴王僚，光自立为王，这就是吴王阖闾。阖闾三年，伍子胥想报父兄灭杀之仇，劝吴王阖闾攻楚，便又把孙子推荐给了阖闾。阖闾对攻楚和如何用孙子，都有些犹豫，举棋不定。《吴越春秋·阖闾传》写道：“向南风而啸，有顷而叹，群臣莫有晓王意者。（伍）子胥深知王之不定，乃荐孙子于王。”为了成事，伍子胥曾在一个早上七次推荐孙子。这说明，一方面，伍子胥确实看中了孙子的军事才华；另一方面，他想借助阖闾和孙子的力量报父兄之仇，报仇心切。阖闾还在犹豫，他想找个机会试一试孙子的军事才干。在山东临沂银雀山汉墓出土的残简《孙子》里，大意记载了这样一个故事：

吴王阖闾想让孙子训练一支女兵，借机考察一下孙子的军事才能，女兵都带得好，何况男兵？可是孙子正告阖闾说，兵法作战是一件很严肃的事情，不能拿女兵的生命开玩笑，意思是不拿女兵做试验品。阖闾却要坚持。孙子无奈，只好说：君上执意要坚持，我也不好说什么。但我提醒君上的是，妇女操练兵法，多半不严肃，而且不能吃苦，恐怕君上会后悔。阖闾说，君上说话向来是严肃的，我有什么好后悔的。说完，就从宫中挑选了一百八十名美女，交给孙子演兵操练。孙子严格按照操练的要求，跟女兵们约法三章，指出官长讲明法纪，士卒要绝对服从，不能有半点马虎。孙子还指定了司马、司空，让他们负责监督。尽管孙子三令五申，约法三章，但妇女们还是没法严肃起来。她们觉得挺好玩的，觉得新奇，鼓声一响，她们不仅没有马上排好队，听从命令，反而在那里笑得人仰马翻，许多人甚至都捧腹大笑不止。孙子三令五申，严明法纪，可妇女们还是狂笑不止。孙子愤怒了，提出要按法纪申明军威，他要斩队长王姬。王姬是谁呢？就是吴王最宠爱的一个妃子。听此消息，吴王有点急了，急忙阻止。可是孙子说，“将在军，君命有所不受”，坚持要杀掉王姬。直到此时，吴王才意识到孙子说话不是开玩笑，也才明白孙子说的不能拿妇女的生命开玩笑的真实含义。可是君王说出的话也不能反悔啊，吴王只好眼睁睁地看着孙子杀掉了自己最心爱的妃子——王姬。俗话说，杀鸡给猴看，杀掉鸡后，猴子都知道严重性了，更何况这里是杀猴给鸡看，猴都敢杀，何况鸡乎？女人们一下子都意识到练兵的重要性了，再也没有人敢笑场了，整个练兵过程在孙子的指挥下，井然有序，前进后退，卧倒立起，都做得有模有样了。吴王从这件事中，看出了孙子的才干，也看出了孙子的干练，于是任命孙子为吴国带兵打仗的将军。

取得吴王的信任以后，孙子和伍子胥就开始精心谋划和部署，他们确立的军事战略是：向西进攻楚国，向南夺取越国，在南边站稳脚以后，再北进中原，以图实现伟大的霸业。这个计划，对伍子胥来说，是复仇；对孙子来说，是展现天才——天才的军事思想。他们的主要精力是放在楚国身上。他们或扰楚，就是不跟你真打，袭击你，骚扰你，让你坐不住，沉不住气，你慌乱出兵的时候，再去进攻你；或者疲楚，就是拖住你，你进我退，你退我进，也不跟你真打，消耗你的精力，在你筋疲力尽时再出兵袭击你。公元前 506 年，伍子胥和孙子辅佐吴王阖闾联合攻楚，一路挺进，仗越打越顺，大大小小的一共打了五仗，全部都是胜利，最后再顺着汉水，追击到楚国腹地，一举拿下楚国的都城郢都，几乎灭亡了楚国。由此，我们也可以看到孙子的军事才能。

俗话说，“春秋无义战”，春秋时期的战争几乎都是打着周天子的名义，所谓“礼乐征伐自天子出”。但是私下里都是搞扩张，扩大自己的领土，企图称王称霸，所以很难评价这些战争的正义性了。只能是看，打仗的时候是不是比较人道，对那些惨无人道的战争，比如“长平之战”，赵军总共就 45 万人参战，被秦军击败后，光是坑杀就达到 40 万之多，真是惨绝人寰啊！对这样的战争，我们一定要严加辨别，深刻检讨。

孙子的主要思想

考察一种思想，总要先问其渊源，就是先要知道这种思想起源在哪里，谁是它的导师。孙子的军事思想，或许起源于老子。

其思想主要表现在两个方面，一个是“遵道”，一个是“善战”。

孙子既“遵道”，也强“法”，“道”“法”并举。“道”是老子哲学思想的中心和出发点，“道”是万物之始、万物之母，是宇宙的本源，离开了“道”，一切就无从谈起了。孙子也讲“道”。孙子说：“故经之以五事，校之以计，索之以情：一曰道，二曰天，三曰地，四曰将，五曰法。”什么意思呢？就是说，指挥作战，要认真研究这五件事情，并且要核实，要弄清情况，哪五件呢？第一是道义，第二是天时，第三是地利，第四是将领，第五是法规。“道”放在第一，即“道”为一切之始、之母，“道”是思考一切问题的总纲。这个思想与老子一致。但孙子又不同于老子，孙子讲“道”的同时，还讲“法”，

“道”“法”并举，积极有为，而不是老子的无为。这一点又发展了老子的思想。不仅如此，孙子还将“道”与政治联系起来，使“道”成为一个政治概念。孙子说：“道者，令民与上同意，可与之生，可与之死，而不危也。”意思是，“道义”这个东西，可以让老百姓与国君同心同德，上下一心，“道”可以和国君一道生，一道死，绝不违背。这就把“道”上升到国家层面来认识了，当然也与军事相关。

孙子还力推“善战”，需要注意的是，孙子力推“善战”是以“不战”为前提的。孙子说：“不战而屈人之兵，善之善者也。”不战而胜，这一点来自老子。老子也是主张不争的，他多次论述不争，老子说，“不争而善胜”，“夫唯不争，故天下莫能与之争”，“以其不争，故天下莫能与之争”，不争，无为，方能赢取天下，老子这是一种大德。孙子呢，也讲不争，但孙子不是一味地主张不争，而是说不争首先是一种策略，其次不争还应该与“伐兵”“攻城”相结合，做好多手准备。很显然，“不争”在孙子这里，不是关乎道德，而是军事策略。总而言之，在“不争”“不战”的问题上，老子主张无为，而孙子主张有为；“无为”是大德，“有为”是策略，“无为”是任其自然，“有为”是不战而战，是一种上策之战。

孙子的主要思想表现在军事方面，其具体内容如下：

第一，“善战”思想。“善战”的核心是“战”，孙子的军事思想不是和平主义，而是战争经济学。孙子认为打仗要善于算经济账，有的仗，还没有开打，就已经知道谁胜谁负了。孙子说：“多筭胜少筭，而况于无筭乎！吾以此观之，胜负见矣。”“筭”就是“算”，“算”就是筹划。意思是说，筹划多的肯定胜过筹划少的，何况那些没有经过筹划的？我由此观察，就知道谁胜谁负了，完全不用等到开战。孙子还说，“百战百胜，非善之善者也”，打一次就赢一次，孙子却认为这不是最好的军事行动，为什么？因为只要是打仗，就要付出代价，就有可能做出牺牲，那么什么才是最好的军事行动呢？就是不付出代价，或者是付出很小的代价，就能屈人之兵，就能战胜对方，这才是上上策，所以孙子说：“不战而屈人之兵，善之善者也。”

第二，“慎战”思想。军事作战不是儿戏，非同小可，要谨慎从事。孙子说：“兵者，国之大事。死生之地，存亡之道，不可不察也。”孙子把战争上升到人民生死、国家存亡的高度上，因此不能不慎重从事。其次，“慎战”要知己知彼。孙子说：“知彼知己者，百战不殆；不知彼而知己，一胜一负；不知彼不知己，每战必殆。”这几句话后来提炼出一个成语，就是“知彼知己，百战不殆”。另外，“慎战”还强调不要把希望寄托在敌人身上，战不战，如何战，完全取决于自己。孙子说：“无恃其不来，恃吾有以待也；无恃其不攻，恃吾有所不可攻也。”意思是说，不要把希望寄托在敌人不来侵犯上，最可靠的是自己有对付的实力和办法；也不要指望敌人不来进攻，最有效的办法是自己具有敌人不敢贸然侵犯的准备。著名学者易中天先生把孙子的“慎战”思想概括为九个字：“打不起”，打仗的开销是很昂贵的，代价很大；“拖不起”，耗费日久，必然国库空虚；“输不起”，一旦失败，哭天无路。这个概括十分精准。

第三，“先胜”思想。“先胜”有可能耗费的成本最小，也有可能实现战争利益的最大化。孙子说：“胜兵先胜而后求战，败兵先战而后求胜。”什么意思呢？孙子是说，指挥作战，有时候还没有开打，就已经胜券在握了，为什么？因为胜在先“筭”上，也就是作战前先筹划好，筹划好了往往就能取胜。有没有筹划、筹划得是否仔细周到，往往会成为一支军队胜负的分水岭。胜者往往筹划在先，败者往往筹划在后。“先胜”还要求主动进攻，孙子说，“可胜者，攻也”，最好的进攻就是主动进攻。孙子还说，“故善战者，致人而不致于人”，意思是善于作战的人，往往能够主动制服人，而不是被人制服。“先胜”还要求速战速决，不拖得太久，战争一旦拖得太久，一是可能会耗费巨大，二来也可能胜负会发生变化。孙子说，“善攻者，动于九天之上”，就是说，一旦开战，就要以迅雷不及掩耳之势，以雷霆万钧之力，坚决果断地消灭敌人，不给敌人喘息之机。

第四，“全胜”思想。孙子在《谋攻》篇中说：“凡用兵之法：全国为上，破国次之；全军为上，破军次之；全旅为上，破旅次之；全卒为上，破卒次之；全伍为上，破伍次之。”这种“全国”“全军”“全旅”“全卒”“全伍”的思想，就是力争实现战争利益最大化的思想，就是力争全胜的思想。“全胜”的思想与“伐谋”和“伐交”紧密联系。孙子说：“故上兵伐谋，其次伐交，其次伐兵，其下攻城；攻城之法为不得已。”在孙子看来，战争有个三部曲，第一步，“筹算”，也就是“庙算”“筹划”，“筹算”有可能取得全胜；第二步，“野战”，就是把部队开到疆场去打，“野战”很难取得全胜；第三步，“攻城”，“攻城之法为不得已”，攻城是最下下策，一旦攻城，全胜的可能性就很小很小了。这个三部曲刚好对应着《孙子兵法》的前三篇，《计》篇、《作战》篇和《谋攻》篇。孙子认为，“全胜”的最高境界，就是“不战而屈人之兵”。

第五，“辩证法”思想。孙子的军事思想具有鲜明的辩证法特征。孙子提出任何一个问题，几乎都涉及问题的两个方面，并且这两个方面，一正一反，对立统一。比如，“奇”与“正”。孙子说：“奇正相生，如循环之无端，孰能穷之？”又说：“凡战者，以正合，以奇胜。故善出奇者，无穷如天地，不竭如江河。”概括为一句话，就是我们要善于“出奇制胜”，“出奇制胜”是孙子军事策略的重要内容。还比如，“虚”与“实”。“虚”“实”相生，避“实”就“虚”，也是孙子的重要军事策略。孙子说：“兵之形，避实而击虚。”又说：“故形兵之极，至于无形。无形，则深间不能窥，智者不能谋。”意思是说，部署兵力的最高境界就是做到“无形”，“无形”则敌人不能窥探，即便是智者也毫无办法。“无形”就是“虚”。我方要做到“无形”，那么，对对方就要尽量摸清行情，“知己知彼，百战不殆”。

第六，孙子还提出了一些战术原则。比如，“先发制人”“速战速决”“出其不意”“以十攻一”“避实击虚”“势节并重”等，有一些前面已经介绍了，这里再简要介绍一下“以十攻一”和“势节并重”。“以十攻一”就是“以众击寡”，充分掌握主动权，集中优势兵力打歼灭战。孙子说：“十倍于敌，就可以围而歼之。”所谓“势节并重”，就是既要借助战场上瞬息万变的“势”，掌握好时机，又要掌握好节奏、分寸，两者相辅相成，缺一不可。孙子说：“善战者，求之于势。”善于作战的人，要善于借助“势”。又说：“势如彍弩，节如发机。”制造时机要像张满弓弩，蓄势待发，掌握节奏要像扣动扳机，一招制胜。

孙子的军事思想，尽管囿于时代的局限，可能还有些问题，但瑕不掩瑜，它仍然是中国传统哲学思想尤其是军事思想的重要组成部分，而且也已经成为世界思想，特别是世界军事思想和商业思想的重要来源。我们需要认真学习，并发扬光大。

《孙子兵法》名句精读

《孙子兵法》名句很多，有些前面已有介绍，本文就不再重复。本文从“十三篇”中选取九句，作解读，以管窥孙子的军事思想。

1. 夫未战而庙筭胜者，得筭多也；未战而庙筭不胜者，得筭少也。——《（始）计第一》

注释：庙，庙堂，指国君议事的地方。筭，通“算”，筹算，这里用来指在庙堂上用“筭”筹划、筹算敌我双方的实力，决定胜负。

翻译：大凡没有出兵交战就已经在庙筭上知道胜利的，是筹算较多的缘故；大凡没有出兵就已经在庙筭上知道失败的，是筹算较少的缘故。

精读：“庙筭”是孙子认为指挥作战的第一步，所以列为第一篇，始为“用计”。在庙筭阶段就屈人之兵的，是最高明的军事行动，因为它付出的代价最少。“庙算”思想对后人影响很大，汉代就有张良“借箸为筹”，替汉高祖刘邦出谋划策，夺取胜利的故事。

2. 故兵贵胜，不贵久。——《作战第二》

注释：贵，重视，注重。久，长久，持久。

翻译：所以军事作战只注重取胜，而不注重持久。

精读：这是讲指挥作战，体现了孙子“贵胜”“速胜”的军事思想。如果“庙算”没有失误，那么，带兵打仗，就要力求全胜、速胜，速战速决，绝不拖泥带水，不打持久战，打持久战，是迫不得已；而且战争一旦失败，后果不堪设想。节约成本、以小代价换取大胜利，是孙子军事思想的一根红线。

3. 故用兵之法，十则围之，五则攻之，倍则分之，敌则能战之，少则能逃之，不若则能避之。——《谋攻第三》

注释：法，法则，原则。攻，本意指攻城，这里泛指进攻。分，分割。战，本意指野战、列阵而战，这里指战胜。

翻译：所以用兵之法，十倍于敌人的时候就围歼它，五倍于敌人的时候就进攻它，一倍于敌人的时候就分割、瓦解它，势均力敌的时候就努力战胜它，实力较弱的时候就有组织地退却，如果力量悬殊就一定要避免正面交锋。

精读：这里体现了孙子“以十围一”和“避实击虚”的思想。“十则围一”就是当我方力量远强于敌人的时候，就应该围而歼之，让敌方无还手之力。所谓打得过就打，打不过就跑，就是“避实击虚”，避免正面冲突，减少战争付出的代价。打仗就应该减少伤亡，这是孙子军事思想的一个基本点。

4. 昔之善战者，先为不可胜，以待敌之可胜。不可胜在己，可胜在敌。——《（军）形第四》

注释：为，创造（条件），造成……。待，等待（时机）。

翻译：古代善于带兵打仗的人，（总是）先为自己创造不可战胜的条件，用来等待可以战胜敌人的时机。不可战胜在于自己，可以战胜在于敌人。

精读：孙子的这一军事思想非常深刻，到今天仍有现实意义。善于带兵打仗的人，总是善于为自己创造条件，一方面，使自己不可战胜，成为铁军；另一方面，也善于使敌人“上当受骗”，按照自己设下的天罗地网走，成为死鱼一条。比如晚于孙子的孙膑，就是这样一位高手。“马陵之战”，孙膑先是撤兵，后是减灶，处处体现“败兵”之象，装孙子，以此麻痹庞涓，引着庞涓一步步钻进自己设下的圈套。所以，孙子说，不可战胜在于自己，这是从守的方面来说的，做好充分准备，就不可战胜；可以战胜在于敌人，要想战胜，就要敌人“帮忙”，引诱敌人上当，这是从攻的一方来说的。无论是守还是攻，都要做到“有准备”。

5. 故善战者，求之于势，不责于人，故能择人而任势。——《（兵）势第五》

注释：势，形势、态势、时机。责，苛求。《说文》：“责，求也。”择，选择。任，任用，驾驭，掌握。

翻译：因此，善于带兵打仗的人，总是想方设法掌握有利的形势，而不对属下苛求，因此，他才能选择人去驾驭有利的形势。

精读：这段话谈到带兵打仗的两个重点，一是要善于“任势”，一是要善于用人，用人的目的也是“任势”，可见“任势”十分重要。“任势”同“军形”一样，都是孙子重要的军事见解。“军形”是显性的，外在的，可以看得见的，比如地形地势、战略部署等；“任势”是隐形的，内在的，是战场上瞬息万变的时机和变化，不容易察觉，也不容易掌握，准确“任势”，有时候只有高手才能做得到。

6. 夫兵形像水，水之形，避高而趋下；兵之形，避实而击虚。——《虚实第六》

注释：兵形，用兵的规律、方法。水之形，水流动的形态。

翻译：用兵的规律有点像水，水的流动规律是避开高处向低处奔流；用兵的规律是避开敌人的强处而攻击敌人的短处。

精读：这是孙子“避实击虚”的思想。孙子这一思想，或许与老子有关。老子思考问题也常常拿水打比方，因为水是最柔弱的东西，但是柔弱胜刚强，这就是辩证法。当然，孙子用水打比方，主要还是用来说明用兵打仗。打仗要善于“避实击虚”，不要硬碰硬。硬碰硬，往往伤亡很大，不经济，这是孙子非常反对的。打仗是要算经济账的。

7. 军争之难者，以迂为直，以患为利。——《军争第七》

注释：军争，指两军争利。迂，迂回，曲折。直，抄近便的直路。患，祸患，指不利。

翻译：两军争利最感困难，难就难在，要以迂回、曲折为近便的直路，要以祸患、不利为有利的因素。

精读：这是什么意思呢？孙子这是说，在两军争利中，要善于化被动为主动，变不利因素为有利因素，这的确是够困难的。但也不是不可能，孙子提出了几种方案，比如“避其锐气，击其惰归”，什么意思呢？就是避开敌人的锋芒，在敌人意志松懈、锐气丧失的时候开始攻击他，这样就能取得胜利。还比如，“以逸待劳”，就是用自己的精力充沛、充分准备，来对付“劳师以袭远”，这样也往往能打胜仗。

8. 故将有五危：必死，可杀也；必生，可虏也；忿速，可侮也；廉洁，可辱也；爱民，可烦也。——《九变第八》

注释：必死，意指死拼。必生，意指贪生。忿速，容易发怒。廉洁，自矜名节，爱惜羽毛。爱民，瞻前顾后，畏首畏尾。

翻译：因此，做将帅的有五种毛病：只知死拼的，就可能被敌人诱杀；贪生怕死的，就可能被敌人俘虏；急躁易怒的，就可能中敌人的圈套；爱好名节的，就容易受到敌人侮辱；瞻前顾后的，就常常被敌人扰得烦恼不宁。

精读：这是讲将帅要注意的事项，总之是要善于变化，不要轻易地让敌人看穿你。所谓“九变”，就是多变，“九”在古代意指极数，极言其多。孙子认为，打仗不可能总是占据主动，碰到不利因素时，怎么办？就是要善于改变，变不利因素为有利因素。这是做将帅最重要的一个内容。

9. 兵非益多也，唯无武进，足以并力、料敌、取人而已。夫唯无虑而易敌者，必擒于人。——《行军第九》

注释：益，增加。武进，恃勇轻进，也就是冒进。并力，集中兵力。料敌，判断敌情。取人，取胜于敌。无虑，没有深谋远虑。易敌，轻视敌人。

翻译：打仗不在于增加兵力，只要不盲目冒进，能够集中兵力，准确判断敌情，取胜于敌就足够了。那种既无深谋远虑而又轻敌的人，一定会被敌人所俘虏。

精读：这是讲行军打仗要注意的事项。孙子始终认为，打仗并不是兵力越多越好，而是要善于掌握主动权，能够有效地打击敌人，能够准确地判断敌情，能够深谋远虑，而且还不能轻敌，只有做到这样，才能“百战百胜”。

第十一讲

玄学——何晏

玄学概述

“玄学”，也叫“清谈”“清议”，通俗地说，就是魏晋人谈玄论理的学问，在思想形式上，它注重清谈；在思想内容上，它追究玄理；在思想风格上，它以怪癖为追求；在思想源头上，它以《周易》《老子》《庄子》（俗称“三玄”）为源泉。

“玄”，本是一个象形字，上端是绞丝的绳扣，下端是染色的绞丝，表示用作染丝的丝结。本义指黑色、黑红色，或者黑中带红。《说文解字》说：“黑而有赤色者为玄。”这就是“玄”字的本义。后来因黑色而引申出黑暗、深厚、深奥的意思，如汉代刘祯的诗句：“遗思在玄夜，相与复翱翔。”“玄夜”就是黑夜。《楚辞》中的诗句：“临沅湘之玄渊兮，遂自忍而沈流。”“玄渊”就是深渊。老子说：“玄之又玄，众妙之门。”这里的“玄”就是深奥难懂的意思。“玄”后来还假借为“原”“远”，这样，“玄”渐渐地就变成了“玄元”“玄远”的意思，又因为天最远，所以“玄”又用来借指“天”，所谓“天以不见为玄”是也。随着“玄”字的意义越来越丰富，“玄”的含义也就离本义越来越远，慢慢地“玄”就代表“玄理”了，一切不太容易讲清楚的道理，都可以称之为“玄理”。什么“玄理”最不容易讲清楚呢？自然是关于世界本体的，关于人的认识、思维的道理，“谈玄论道”慢慢地就变成一个词了。

最早提到“玄”这个概念的是老子。《老子》开宗明义就说：“道可道，非常道；名可名，非常名。无名，天地之始，有名，万物之母。故常无，欲以观其妙；常有，欲以观其微。此两者同出而异名，同谓之玄。玄之又玄，众妙之门。”著名学者康中乾说，“玄”在这里是一个形容词，此说符合这段话的基本意思。但没有说透。“无”也好，“有”也好，它们都出自“道”，因此“道”就是幽深的、不可穷极的，这种幽深就是宇宙的生成。因此老子又说：“道生一，一生二，二生三，三生万物。”“道”也就是“玄”，“玄”也就是“道”，“玄之又玄，众妙之门”。

到了汉代，扬雄进一步论证了“玄”的本体论意义。扬雄在《太玄·玄图》里说：“夫玄也者，天道也，地道也，人道也。兼三道而天名之。”“玄”就是天道、地道、人道，兼其三道，“玄”就是世界万物的本原，这只有老天——我们神秘的宇宙才能为之命名。东汉时期，著名科学家张衡则从“玄”的形态、根本、初元等几个方面，深刻论证了“玄”为世界本原的思想，他说：“玄者，无形之类，自然之根，作与太始，莫之与先。”

但是到了魏晋时期，在何晏和王弼的思想里，对“玄”的理解却发生了“质”的变化。王弼在论述老子的思想时说：“名也者，定彼者也；称也者，从谓者也。名生乎彼，称出乎我。故涉之乎无物而不由，则称之曰道；求之乎无妙而不出，则为之曰玄。妙出乎玄，从由乎道。”意思是，命名是依据客观事物来定，而称谓则是依据主体认识来定，命名必须依据客观事物的性质，称谓必须照顾主体的爱好，前者追求本原，要问一问世界原本是什么，后者追求性情，要问一问认识有什么奇妙，所以，“玄，谓之深者也；道，称之大者也”。这样魏晋思想家从一开始谈玄时，就与两汉之“玄”区别开了。——当然，也有讨论本体学思想的，如何晏，后面专节再来介绍。汉代哲学家追索世界本原，企图穷极物象数理的奥妙，因此他们成为了科学家，如张衡。魏晋哲学家追索人的认识和思维方法的奇妙，因此，魏晋出哲学家，出奇人，如何晏、王弼、嵇康、阮籍等。汤用彤先生有一段话论述汉代哲学和魏晋哲学的区别，极为精到，这里引述一下：“汉代偏重天地运行之物理，魏晋贵谈有无之玄致。二者虽均托于老子，然前者常不免依物象数理之消息盈虚，言天道，合人事；后者建言大道之玄远无朕，而不执著于实物，凡阴阳五行以及象数之谈，遂均废置不用，固乃进于纯玄学之讨论。”

“玄学”何以在魏晋时期兴起？这里有它的历史原因。

原因之一：儒学的腐烂。儒家学说经由西汉大儒董仲舒的推动，抬上了至高无上的地位，成为了皇权统治的最高意识形态。“罢黜百家，独尊儒术”，基本上就是汉代思想的真实概括。汉武帝建元五年，西汉王朝正式设立五经博士科，引导知识分子为儒家著作，皓首穷经，作注作解，这标志着两汉经学的诞生。汉代经学大师层出不穷，几乎可以列出一长串名字，公孙弘、董仲舒、王充、贾逵、马融、郑玄，因为人太多，思想不统一，以致出现了古文经学和今文经学两大派别，争论不休。从定于一尊，到谶纬、迷信流行，曾经孔子创立的儒家学说终于走向了腐烂、空洞和繁琐。班固在《艺文志》里对汉代经学家进行了尖锐的批评，他说："后世经传，既已乖离。博学者又不思多闻阙疑之义，而务碎义逃难，便辞巧说，破坏形体。说五字之文，至于二三万言，后进弥以驰逐，故幼童守一艺，白首而后能言。"解说五个字的含义，却要写上二三万字的文章，一个孩子，要想学懂"六艺"中的一种，一直要学到满头白发后才能开口说话。这太可怕了，这不是繁琐、腐烂，又是什么？一门旧思想腐烂下去，必有一门新思想取而代之，玄学就是在这个时候走向了社会中心。

原因之二：党锢之祸。党锢之祸发生在东汉，一共有两次，一次在汉桓帝，一次在汉灵帝。党锢之祸主要是专权宦官和忠良大臣之间的斗争，汉桓帝和汉灵帝听信谗言，以结党营私为由，施以酷刑，处罚忠良大臣，史称"党锢之祸"。在这两次党锢之祸中，像陈蕃这样的两朝元老，也未能幸免，年过八旬，惨遭杀害。像李膺，正直直言，秉公执法，被诬陷入狱，终被处死。像张俭，因弹劾宦官侯览被下令通缉，四处流浪，凡收留者皆家破人亡，可即便这样，仍然有人冒着生命危险，收留他，后谭嗣同写诗赞曰"望门投止思张俭，忍死须臾待杜根"，表示要像张俭这样投身革命。两次党锢之祸，一共诛杀了九百多人，全部都是正直、善良的知识分子。到了魏晋时期，诛杀知识分子的恶习仍在延续。孔融、杨修、丁仪死于魏，嵇康、吕安、张华、陆机、陆云、潘岳死于晋。统治者仍然向正直的、有个性的知识分子举起了屠刀。在这种情况下，读书人不得不转向，重新寻找生命的活路，很自然，他们找到了老庄，或者寄情山水，或者装疯卖傻，或者纵情酒色，任性放诞，不拘一格。

原因之三：崇尚黄老。作为汉末魏初最重要的政治家和文豪，曹操父子不仅引领了谈玄的风尚，而且以自己的实际行动，推动着玄学的发展。曹操"任性放诞，不治行业"，他根本看不起儒家的那一套。他崇尚真才实学的人，倾慕齐桓公那样的霸业，对姜太公、管仲、苏秦、吴起都非常欣赏。他"唯才是举"，大力提携后进，使得曹魏时期人才辈出，群星灿烂。曹操去世之后，曹丕继位，是为魏文帝。比起曹操来，曹丕可能少了一点霸气，但他更趋向于一个文人性格。他抛弃了父亲崇尚法术的那一套，赞赏轻法息兵的道家精神，崇尚无为而治，为此，他把《典论》和自己的诗赋抄给孙权，表示决不再用兵，而是"广议轻刑，以惠百姓"。他自己也是一个率性而为的人。"建安七子"之一的王粲去世，他以副丞相的身份去参加追悼会，在追悼会上，因为王粲生前喜欢听驴叫，他竟然学起驴叫来，以示送别，言行乖张，我行我素。

原因之四：个体自觉。魏晋时期，知识分子一方面寻求精神价值的转向，崇尚黄老，回归老庄；另一方面也开始思考生命何去何从，思考生命的意义何在。著名哲学家李泽厚说，魏晋时期是中国思想史上人的意识觉醒的时代，因此他们才会对生命的短暂那么敏感和苦恼。“对酒当歌，人生几何”（曹操），“人生处一世，去若朝露晞”（曹植），“人生若尘露，天道邈悠悠”（阮籍），“慷慨惟平生，俯仰独悲伤”（陆机）……像这样的诗句，在魏晋时期是较为普遍的。作为个体的自觉，魏晋人主要表现为真性情，真性情是对儒家思想虚伪性的反动。当时有谚语说，“举秀才，不知书；举孝廉，负别居。寒素清白浊如泥，高第良将怯如鸡”，真是虚伪得到家了。

在真性情里，又有怀疑精神和对论辩的热爱，前者使得魏晋人崇尚智慧，后者使得魏晋人善于清谈。举个例子说明。西晋名士谢鲲，“少知名，通简有高识，不修威仪，好《老》《易》，能歌，善鼓琴”，儿子谢尚，也是个天才，小小年纪，就善于论辩和提出怀疑。有一次，谢鲲带着儿子参加酒会，席间众人都夸他儿子，说谢尚是“一座之颜回”，谢尚马上回答说，今天在座的又没有孔子，哪里来的颜回？众人面面相觑。反应之快真让人佩服，而且充满了怀疑精神。

“玄学”自兴起后，大致上经历了四个时期：第一个时期，以何晏、王弼为代表的正始玄学，代表作是何晏的《论语集解》和王弼的《老子注》。第二个时期，以阮籍、嵇康为代表的“竹林”玄学，代表作有《阮籍集》《嵇康集》。第三个时期，以裴颀、郭象为代表的西晋玄学，代表作有裴颀的《崇有论》和郭象的《庄子注》。第四个时期，以张湛为代表的东晋玄学，代表作是张湛的《列子注》。最后，玄学与佛学合流，佛学兴起，玄学式微，玄学最终走向了“空相”。

玄学宗师何晏

若要问魏晋玄学兴起的标志是什么，那就是何晏的出现。经何晏的提携，魏晋玄学的另一名精神领袖王弼，也登上了历史舞台，所以说何晏是魏晋玄学的宗师，是魏晋清谈的领袖。

王弼，山阳高平人，也就是现在山东邹城人，他是魏晋时期正始玄学的另一个重要代表。经何晏提携后，王弼一举成名，历史上常常以“何王”并称。王弼自小就非常聪明，长于论辩，何晏任吏部尚书的时候，他慕名前往，去拜访何晏。何晏主动请王弼参加清谈，在一座之中，人们都辩不过王弼，可见王弼的辩才非同一般。何晏不仅让王弼参与清谈，而且还推荐王弼做官，可遗憾的是，由于受人排挤，王弼始终没有得到重用，不到 25 岁，便郁郁而终了。

作为老师，何晏一面提携、举荐王弼，另一方面，何晏还宽容大度，时时刻刻注意保护王弼。《世说新语·文学篇》中载有这样一个故事：何晏曾经为《老子》一书作注，后来听说王弼也在为《老子》作注，就看了看王弼的注。看过之后，何晏自认为自己有所短，不如王弼深刻，于是就停下了作注。这是何等的清醒，何等的胸襟与气度，真了不起！其实，关于何晏和王弼论道的思想差别，当时的人已经注意到了，如《三国志·魏书·钟会传》里说："其（指王弼）论道附会文辞不如何晏，自然有所拔，得多晏也。"意思是在论道的问题上，王弼可能比何晏深刻，但王弼在组织文辞上不如何晏，即便在思想性上比何晏深刻，那也是得力于何晏的提携和帮助。何晏与王弼，站在魏晋玄学的入门口，一前一后，成为两座高峰，照耀着魏晋玄坛。

经何晏提携的，不止王弼一个，管辂也是。管辂是曹魏时期的名士，对阴阳学也就是卜卦观相很有研究，尤其对《周易》精通，相传他是卜卦观相的祖师爷。传说管辂跟人算命特准，他说某人在某一天有祸有福，往往会得到应验，因此，人们很喜欢请管辂为自己算一卦。何晏经常请管辂到自己府上做客。有一次，何晏又请管辂到府上清谈，谈的内容就是《周易》，何晏感觉有九个问题不明白，于是就向管辂请教，管辂也毫不客气，就一五一十地跟何晏讲了。何晏很佩服，说："君论阴阳，此世无双。"其实，论地位、论学识、论影响、论年龄，何晏都在管辂之上，当时何晏53岁，管辂40岁，何晏完全算得上是管辂的师字辈了，由此，我们可以见到何晏的风神潇洒。当然管辂的表现也很符合魏晋人的追求，他并没有因为何晏在上，就不敢言语了，相反，他总是表现得咄咄逼人，而何晏呢，总是谦让、随和、大度，一副从容不迫的样子。

何晏的一举一动，在当时都成为一种时尚、一种风气，成为人们清谈的中心，也成为模仿的对象。何晏喜欢傅粉。何晏天生美男子，皮肤白皙，人长得精神，才思敏捷，善于清谈，又喜欢傅粉打扮，于是成为人们崇拜的偶像。《魏略》上说他，“何晏性自喜，动静粉帛不去手，行步顾影”，何晏可能是一个很自恋的人，你看他，一是喜欢自我欣赏，二是无论是行走还是坐定，脂粉和小手绢都不离手，三是还一步一回头，顾影自怜。颜之推说，“梁朝全盛之时，贵游子弟……无不熏衣剃面，傅粉施朱……望若神仙”，又剃胡须又喷洒香水，又擦脂粉又抹口红，吓，原来是想打扮成神仙！

何晏还喜欢穿“妇人之服”。《晋书》上说他“尚书何晏，好服妇人之服”。喜欢穿“妇人之服”，这在当时是惊世骇俗的举动，因为古人对穿着是十分讲究的。当时的文学家、思想家傅玄就说：“夫衣裳之制，所以定上下、殊内外也。……若内外不殊，王制失叙，服妖既作，身随之亡。”什么人穿什么衣服，那都是尊卑有序、内外有别的，岂能乱穿？乱穿衣服就会亡国毁身，祸害无穷，看来服饰里面也有政治学。

另外，何晏还是吃“五石散”的倡导者。何晏喜欢吃药，他吃的药就是“五石散”。所谓“五石散”，就是“钟乳石、紫石英、白石英、硫磺、赤石脂”等五种矿物质合成的药物，因其中都含有“石”的成分，故称之为“五石散”。何晏是看了东汉末年名医张仲景的方子以后，自己亲手调配、加工制作而成的。自何晏吃药以后，吃药、喝酒、散步就成为一种风尚。吃“五石散”需要热酒服下，因此，喝酒流行；又因吃药以后，体内太热，故要吃冷东西，所以冷食流行——称为“寒食散”；吃完药以后，人要不停地行走，以疏散体内热量，故散步流行——称为“行散”；吃药以后，身体燥热，必须穿宽大的衣服，以免擦伤皮肤，于是宽衣博带流行；吃药期间，不能洗澡，以免冷热交加，损毁身体，因此身上就会长虱子，因此魏晋人流行“扪虱而谈”。这一些鲁迅先生统统概括为“魏晋风度”。何晏是“魏晋风度”倡导者和急先锋。后来，嵇康吃药，王羲之吃药，就连和尚也吃药，当时住在庐山上的高僧慧远，就吃药，“晋义熙十二年八月初动散，至六日困笃”，是说慧远和尚吃完药以后，六天人才彻底清醒过来，可见当时吃的药不仅剂量很大，吃得也很入迷。

当然，何晏在魏晋玄学的突出地位和巨大影响绝不是傅傅粉、吃吃药就能奠定的，而是基于何晏的哲学思想。何晏对魏晋玄学的哲学贡献主要表现在这样几个方面。

第一，以无为本的本体论思考。魏晋人绝大多数是抛弃本体论思考的，他们不关心本体问题，他们只关心当下的生命状态，他们希望在有限的生命里，活得潇洒、自爱一些，谈玄论理，虚无缥缈，“昼短苦夜长，何不秉烛游”，“不如饮美酒，被服纨与素”，“何不策高足，先据要路津”，这才是他们追求的生活，而不是蝇营狗苟，委曲求全。但，何晏追求本体论的思考，他要问一问这个世界原本是什么。

何晏的本体论思想概括起来就是八个字——“以无为本，无中生有”。何晏认为这个世界原本就是“无”，“无”是万事万物的起源。他说：“天地万物皆以无为本。无也者，开物成务，无往不存者也。”意思是说，世界的本体就是“无”，

“无”生成世界万物，除此以外，没有其他的源头。而且是“无中生有”。他说：“阴阳恃以化生，万物恃以成形，贤者恃以成德，不肖恃以免身。”何晏认为，阴阳借助“无”而生成变化，万物借助“无”而固定形态，贤者借助“无”而成就高尚的道德，不贤不孝者借助“无”可以免除灾害，“无”不仅无所不包，而且它还生成万事万物。

“无”怎么可以生成万事万物呢？我们举例说明，比如“书”。当我们说“书”这个概念的时候，内涵是很小的，当我们说“新书”时，内涵就扩大了，当我们说“文学新书”时，内涵就越来越大……以此类推，当一个事物内涵越来越大时，外延就越来越小，那么反过来呢？就是内涵越来越小时，外延就会越来越大。假设这个内涵小到一个极点时，外延是不是就会没有任何限定呢？这时，不就是“无”吗？然而这个“无”，不是没有、空虚，而是一种最大的“有”，是一切“有”之“有”。这个“有”也就是“无”，这时的“无”也就是“有”，所以说，“无中生有”。“无”和“有”互为前提，互为因果，相互依存，对立统一，不可分割。何晏的“有无论”可能与时局的动荡有关，也可能与他天生的敏感和幻灭感有关。何晏曾作过一首诗：“转蓬去其根，流飘从风移。茫茫四海涂，悠悠焉可弥？愿为浮萍草，托身寄清池。且以乐今日，其后非所知。”幻灭感是很强的，这种幻灭感，魏晋人士几乎都有。

第二，关于“圣人无情”的论断。“圣人无情”的思想可能来自庄子，庄子与惠施论辩时，就明确地说到圣人无情的话题，不过不同的是，庄子是想借此说明我们不可因为黏滞于自身的感情，而影响了自然的生命，“情多害身”，这是庄子的思想。何晏说“圣人无情”，却是从儒家的角度论述的，他之所以声明“圣人无情”，目的还是要公平合理地对待一切事物。在这一点上，王弼刚好与他相反。王弼认为：“圣人之情，应物而无累于物者也。”意思是说圣人同普通人一样，也有七情六欲，但不同于一般的人，圣人能够超越喜怒哀乐的局限，达到不被万事万物干扰的地步。何晏却认为，“圣人无喜怒哀乐”，这个“无”是不应该有，也不会有，否则，圣人如果“有情”，有七情六欲，他怎样可能公平合理地判断事物呢？概括起来就是，何晏主张“圣人无情”，圣人不应于物，故能超然于物；王弼主张“圣人有情”，尽管应于物，但因为圣人神明，故无累于物。“有情”也好，“无情”也罢，何晏和王弼出发点不同，但结论却是殊途同归，目的都是为了能够公平合理地判断事物的是非，从这一点上来说，二人又没有本质的不同。

第三，以“道”解“儒”，指向本体，走向玄门。何晏今天流传下来的唯一一部著作，就是《论语集解》。这部著作在《论语》研究史上，首创“集解”的形式，领一时风气之先，对后世的《论语》研究很有影响。在这部著作中，何晏鲜明地表达了以“道”解“儒”的思想。比如，《论语·子罕》中有“瞻之在前，忽焉在后”这样的话，颜渊是说事物的道理飘忽不定，难以捉摸。孔子循循善诱，是想启发学生不要停止学习。何晏却解释为“言忽恍不可为形象也”。同样的话，在《老子》一书中也有，“道之为物，惟恍惟惚，忽兮恍兮，其中有象”，这样的解释已经不是孔子所表达的意思了，完全是道家之言。

又比如，《论语·述而》中说："志于道，据于德，依于仁，游于艺。"意思是说君子要立志高远，要从基本的道德做起，要仁人爱人，最后要作用于社会。可是何晏在解释"志"的时候却说，"志，慕也。道不可体，故志之而已"，意思是说，"志"是让人向往的，"道"不可体察，不能接近。这样孔子所说的做人的"道"在何晏这里就巧妙地转换成了本体论的"道"。很显然，何晏是在用道家的智慧切割儒家的思想，其目的就是要趋向本体，走向玄谈。何晏毕竟是玄谈的宗师！

何晏，是东汉末年权臣重臣何进的孙子，曹操的干儿子，他自然是站在曹魏这一边的，因此，当司马懿软禁曹爽，掌握了军政大权后，何晏自然就难逃死罪。公元249年，司马懿掌权，何晏被杀，灭三族，终年53岁。

竹林七贤

在魏晋时期，阮籍、嵇康以及他们领衔的“竹林七贤”无疑是当时最耀眼的文化明星，他们在哲学、文学、绘画、书法、音乐、行为艺术等方面，都是清一色的时代先锋。他们不仅成为当时人们吹捧的对象，独领风骚，而且对中国文学的走向和国人生命意识的觉醒，都起到了积极的启蒙作用。如果没有“竹林七贤”，特别是没有阮籍和嵇康，不仅魏晋时代，即便是我们的文学史、思想史和艺术史，或许都将黯然失色。

“竹林七贤”这个词最先出现于南朝刘义庆撰写的《世说新语》。在《世说新语·任诞》中，刘义庆说：“陈留阮籍、谯国嵇康、河内山涛三人年皆相比，康年少亚之。预此契者，沛国刘伶、陈留阮咸、河内向秀、琅邪王戎。七人长集于竹林之下，肆意酣畅，故世谓‘竹林七贤’。”这段话里有几个重要信息：第一，说明了“竹林七贤”是哪七个人；第二，介绍了这七个人都是哪里人；第三，说明在七个人中，阮籍、嵇康和山涛是中心人物；第四，七个人经常相聚的地方，是一片竹林；第五，七个人的共同特点是，笑傲竹林，肆意酣畅。下面分别介绍这些内容。

一、七个人的名次

在七个人中，真正居于中心位置的是阮籍和嵇康，山涛还算不上中心人物。但因为山涛年龄最大，所以刘义庆把他列为中心人物。山涛生于公元205年，阮籍生于210年，嵇康生于224年，嵇康比山涛整整小了19岁，差不多是两代人了。所以说山涛是“竹林七贤”的核心人物也不为过。

能够成为“竹林七贤”精神领袖的，无疑是嵇康。首先，七人之游是以嵇康为中心的。据《艺文类聚》载，嵇康寓居在河内山阳县，竹林之游就是以此为根据地的，这个河内山阳县，可能就是现在河南辉县市。《艺文类聚》说：“山阳县城东北二十里，魏中散大夫嵇康园宅，今悉为田虚，而父老犹谓嵇公竹林地，以时有遗竹也。”这就表明竹林之游是以嵇康的竹林地为中心的。其次，嵇康的影响力最大，也最能够吸引人，许多人都是以结识他、跟他做朋友感到骄傲。嵇康的兄长嵇喜，吕巽、吕安兄弟俩，钟毓、钟会兄弟俩，这些人都不是竹林中人，但都以认识嵇康为骄傲。

讲一个钟会的故事。钟会很倾慕嵇康的风神和学问，想结交嵇康，于是把自己关在屋子里，冥思苦想写了一篇文章《四本论》。钟会跟他哥哥钟毓说，想以这篇文章去请教嵇康。钟毓说，嵇康跟你不是一路人，劝钟会不要去碰钉子。钟会不死心，就抱着文章去了，到了嵇康院门前，却胆怯不敢进去，怕嵇康瞧不上眼，奚落自己，于是就“户外遥掷，便回急走”，把文章从院墙外丢进去了，自己狼狈逃走。要知道，钟会也是大名士，兄弟俩不仅少小成名，而且才华出众。传说，魏文帝曹丕听说兄弟俩聪明，有一次召见他父亲钟繇，说，叫小哥俩来见见我。兄弟俩见了，哥哥钟毓大汗淋漓，魏文帝说，怎么了？钟毓说，“战战惶惶，汗出如浆”。见弟弟滴汗未出，又问钟会，你怎么样？钟会回答说，“战战栗栗，汗不敢出”，才思敏捷非同一般人。这样的人，都想以从游嵇康为乐，可以想见，嵇康那时在竹林中的地位有多高。嵇康之所以在“七贤”中能成为老大，可能与他的性格也有关。在七个人中，只有嵇康性格最直率、最刚烈，嵇康自己说，他想向阮籍学得圆滑一些，但始终没有做到。或许正因为如此，这种决烈的性格遂成为他吸引人的一个重要原因吧！

七个人中，阮籍也可以称为精神领袖。他与嵇康有许多共同点。两人都是幼年丧父，自幼孤苦，但又不一样，阮籍尝尽艰辛，靠勤奋苦学成名，而嵇康天生奇才，生活较为幸福。两人都长得仪表堂堂，阮籍是容貌俊杰，一表人才；嵇康是“岩岩若孤松之独立”“萧萧肃肃，爽朗清举”，都有玉树临风之风貌。两人都是大诗人和散文家，阮籍一口气写下八十二首《咏怀诗》，成为魏晋时期五言诗的第一人，长篇散文《大人先生传》也是中国散文史上不可多得的佳作，而嵇康的赠兄诗十八首和忧愤诗，是诗中佳作，四言诗更是名篇，《与山巨源绝交书》成为魏晋风度的一张名片，而且被选进中学语文教材，广为传诵。两人性格不同，阮籍喜怒不形于色，因此他才得以自然而终，活到了53岁，即便司马氏掌权，他也能够比较圆通；而嵇康性情刚烈，嫉恶如仇，终不为司马氏所容，诬陷被害，死时年仅39岁。阮籍最为人称道的是他的青白眼。他遇到喜欢的人，便施以青眼；遇到他不喜欢的人，便施以白眼。阮籍的母亲去世，嵇喜前去吊唁，阮籍嫌他骨头不硬，对嵇喜施以白眼，嵇喜很不高兴，回家便告诉了嵇康，嵇康抱着一壶酒带着一张琴去了，阮籍又很高兴，施以青眼。由此可见，阮籍也不完全是喜怒不形于色。

二、七个人的共同特点

特点之一：任性放诞。“任性放诞”是魏晋人的基本特点，大多数人身上都有，“七贤”更盛。比如，钟会有一次去拜访嵇康，到了嵇康家里，却发现嵇康正在那里打铁呢，赤着胳膊，挥汗如雨。拉风箱的竟然是向秀。向秀是谁？他是作过《庄子注》的大学问家。二人见有人来访，也不搭理，照样呼哧呼哧地打得火热。在一个讲究尊卑秩序的年代，读书人却赤膊裸体打铁，真有点匪夷所思，这还不是任性放诞是什么？看了一会儿，钟会有点尴尬，就准备走了，嵇康却突然说，“何所闻而来，何所见而去”，听说什么而来，看见什么而去？钟会也是高人啊，回答道，“闻所闻而来，见所见而去”，一问一答，都有玄机，颇具魏晋特点。阮籍的侄子阮咸也是“竹林七贤”之一，有一年七月七日，按照当时的风俗，要把家里的衣物拿出来晒一晒，可是阮咸的家里穷，拿不出什么，于是他拿出一条“犊鼻裤”来晒。什么是“犊鼻裤”呢？大概就是小孩子穿的破裆裤吧，或者是干粗活穿的小短裤，总而言之，是一件羞于示人的衣物。邻里数落他，你怎么能晒这个东西呢？意思是这个东西不能登大雅之堂。阮咸说，我这也是衣物呀，为什么你们晒得我就晒不得呢？这是对世俗的极端蔑视。

特点之二：饮酒游宴。既然生命朝不保夕，社会危机四伏，读书人惨遭屠戮，便索性饮酒游宴，追求一个逍遥自在。需要注意的是，这里的逍遥自在，不完全是消极对抗，更多的是意识到生命的可贵，是追求生命灿烂地绽放的那一刻辉煌。这是生命意识的觉醒，也是人的主体意识的觉醒。在饮酒方面，刘伶是典型的例子，他写过一篇《酒德颂》。刘伶最喜欢喝酒，他常常坐着一辆鹿车（这就够雅致的）去游玩，车上装着酒，他走到哪儿，就喝到哪儿。并且说，我若喝死了，就地便把我埋了。因此，他外出，总让一个人扛一把铁锹跟着。有一次，他喝醉了，睡在屋子里，一丝不挂——这在当时的社会绝对是离谱的，一个朋友来看他，朋友说，你怎么能一丝不挂呢？成何体统！他说，谁说我没有穿衣服，天地是我的房屋，房屋是我的衣服，你怎么钻进我的衣服里来了？其我行我素的风格可见一斑。在喝酒上，阮籍也不输给刘伶。司马昭为了拉拢阮籍，也为了试探阮籍，看阮籍到底能不能争取到他们的阵营，就要同阮籍作儿女亲家，阮籍既不敢抵抗，又不能答应，竟然喝酒大醉整整六十余天，致使司马昭灰心放弃。

特点之三：追求自由。中国人似乎到了魏晋时期，才真正意识到生命的美丽和灿烂，他们对自然山水和生命本身都投注了审美的眼光。他们使黑暗的时代闪烁出一丝明亮的色彩。兵家的女儿生得才貌无双，可惜还没出嫁就死了，阮籍感叹生命的短促，遗憾美丽的凋零，尽管他不认识该女子，竟然也前去哭丧，这不是对生命的尊重吗？王戎与妻子相敬如宾，两人恩恩我我，情深意笃。王戎的妻子总喜欢用“卿”来称呼王戎，妻子说“亲卿爱卿，是以卿卿。我不卿卿，谁当卿卿”，王戎索性以后就用“卿卿我我”来称呼妻子了，这不是爱情的觉醒吗，爱情的觉醒不正是人的觉醒吗？嵇康写给山涛的绝交信，竟连用了七个“不堪”和两个“甚不可”，拒绝与官场合作，力求保持自己独立的人格尊严，就是在死前，也要先弹一曲《广陵散》为自己送终，这不是人格尊严的觉醒又是什么？一曲《广陵散》，千古知音绝！生命在嵇康的琴声里，是多么短暂，又是多么惊心动魄！

特点之四：矛盾人格。“竹林七贤”几乎都是矛盾性格，一面生性放达，一面人前隐忍，一面畅游竹林，一面为官受爵。阮籍任过步兵校尉，嵇康任过中散大夫，向秀任过黄门侍郎，刘伶任过建威参军，阮咸任过魏都太守，王戎任过司徒，山涛最高职位做到了尚书吏部郎，所以，七个人的后辈都有个不错的命运和安排。阮籍的儿子羡慕竹林的风雅，阮籍对他说，阮咸已经卷进来了，我是没有办法，你就不要再卷进来了，劝儿子不要像自己一样，放浪形骸。嵇康临死时把儿子托付给山涛，对山涛说，把孩子托付给你，我放心。山涛不负重托，果然推荐嵇康的儿子做了晋朝的官员。或许“竹林七贤”骨子里都还是儒家的东西吧，只是没有渠道激荡成浪花，于是他们才转而上岸，不想在水里挣扎了，而是力求在岸上做一个逍遥自在的“行乐派”。

三、七个人的籍贯

阮籍，陈留尉氏人，现在河南省尉氏县人；嵇康，谯国郅人，现在安徽省宿县人；山涛，字巨源，河内怀县人，现在河南省武陟县人；向秀，与山涛同乡；刘伶，沛国人，实际上与嵇康同乡，都是安徽省宿县人；阮咸，是阮籍的侄子；王戎，琅邪临沂人，现在山东省临沂人。

阮籍与嵇康名句精读

阮籍和嵇康都不是以哲学著作名世，他们是以诗、以文独树旗帜，辉映古今的，但这些诗文里，又自有其高洁的志向、不同流合污的坚决和忧世伤生的悲叹，当然也有对生命的审美和哲学思考。我们从二人的诗文中各选取四句作一个解读，以窥探二人深奥的思想和心曲。

1. 夜中不能寐，起坐弹鸣琴。薄帷鉴明月，清风吹我襟。——《咏怀诗·其一》

注释：帷，帷帐，帐幔。鉴，本义是盛水用的大铜盆，因可照人，故作镜子用，所以本义也指镜子，这里是“照”的意思。

翻译：都半夜了，我依然无法入睡，翻身坐起，又拨响了清脆的琴弦。明月照着薄薄的帷帐，清风一阵阵吹来，吹动着我的衣襟。

精读：这是阮籍《咏怀诗》中流传最广的一首，阮籍是魏晋时期有意识写作五言诗的第一人，也因其五言诗而在中国文学史上占据一席之地。南朝诗评家钟嵘把阮籍的诗列入上品，使阮籍成为“竹林七贤”中唯一进入上品的诗人。钟嵘说：“《咏怀》之作，可以陶性情，发幽思。言在耳目之内，情寄八荒之外。”诗人不知忧从何来，且无从排遣，即使是到了夜半，依然无法入睡，便起坐弹琴，这正是魏晋人追求雅调的表现。那是怎样的一个夜晚啊，清风吹拂，明月朗照，帷帐飘动，主人公却彻夜不能安眠。

2. 驱马舍之去，去上西山趾；一身不自保，何况恋妻子！——《咏怀诗·其三》

注释：去，离开。西山，即首阳山，传说伯夷、叔齐两位贤士曾隐居于此，现在河北省迁安市南，叫岚山。趾，脚趾，这里指山脚。

翻译：驱马舍去一切，离开家人，前往首阳山隐居。我自己都不能自保，又何必留恋妻子和儿子呢？

精读：《咏怀诗·其三》是诗人“忧世伤生”的代表作，诗人有一大部分诗是抒发这种感情的。在魏晋时期，政治动荡，生命微贱，特别是正直的知识分子，动辄遭到杀戮，所以阮籍才发出这样的感叹。诗人表达了一种彻底的幻灭感，完全可以说是血泪之作，而这也正是“正始之音”的一个侧面写照。诗人不隐居，不放浪形骸，又能干什么呢？

3. 西方有佳人，皎若白日光。被服纤罗衣，左右佩双璜。——

《咏怀诗·其十九》

注释：皎，明亮，洁白。纤罗，细薄精美的丝织品。双璜，璜，一种半璧形的玉，左右各佩戴一块，所以叫双璜。

翻译：西方有位面容洁白、容貌姣好的女子，她身穿精美细薄的丝织衣服，身上佩戴着昂贵的双璜玉石。

精读：以香草美人比喻高洁的政治理想，或代指君王，是《诗经》和《离骚》开创的传统，本诗就是化用某些诗句而来。《诗经·邶风》中有这样的诗句："云谁之思，西方美人。彼美人兮，西方之人兮。"很显然，这里的西方，特有所指，汉代大儒郑玄说，指"思周室之贤者"，或许讲得通。阮籍是想借香草美人，说明他自己心中仍然存有高洁的政治理想，只不过生不逢时而已。

4. 大人先生被发飞鬓，衣方离之衣，绕绂阳之带，含奇芝，嚼甘华，翕浮雾，飧霄霞，兴朝云，飏春风，奋乎太极之东，游乎昆仑之西，遗辔襛策，流盼乎唐虞之都。——《大人先生传》

注释：方离，朦胧纷乱的样子。绂，古代用来系印章或玉石的丝带，这里用来系太阳。翕，同"吸"。飧，本义指晚饭，这里用作动词，吃。辔，驾驭牲口的嚼子和缰绳。襛，丝带或绳子打结。策，马鞭。唐虞，前者指唐尧，后者指虞舜。

翻译：大人先生披头散发，两鬓飘飞，穿着朦胧纷乱的衣服，系着拴太阳的丝带，口里含着奇异的灵芝仙草，咀嚼着甘美的仙果，呼吸着云雾，吞吐着朝霞，让朝云飘动，使春风荡漾，奋起于太极的东方，游走在昆仑山的西边，遗落了马缰马鞭，流连于唐尧虞舜的都城。

精读：这哪里是大人先生，这完全是一个神仙，这就是庄子所描绘的藐姑射之山上的神人，这神人“吸风饮露，不食五谷”。阮籍通过刻画一个大人先生，表达了自己归隐的志向，也流露了自己深刻的道家情结。说到底，阮籍是以儒家为心，以道家为形，儒道合于一身的。

5. 凌厉中原，顾盼生姿。——《赠兄秀才入军》（其九）

目送归鸿，手挥五弦。——《赠兄秀才入军》（其十四）

注释：凌厉，奋勇先前的样子。顾，回头看。盼，抬头看。五弦，乐器名，又说古琴的一种。

翻译：志气昂扬、奋勇先前的样子，享誉中原，回头看、抬头看，都眉目传神，美妙无穷。目光送别归去的鸿雁，手里挥动五弦琴，兄弟俩依依惜别。

精读：这两句都成为写送别的名句。前一句写哥哥嵇喜驰骋的眼神，这眼神能传情，能表达高远的志向；后一句写嵇康送别的眼神，这眼神能送归鸿，能律动着琴声摇曳。这该是怎样的眼神啊，这眼神绝无俗物，它如同蓝天白云，自由自在，飘逸缥缈。其实，哥哥嵇喜的眼神也正是嵇康的眼神，这也是一种互文。这眼神是魏晋时期最高贵、最风流的姿态，这就是“魏晋风度”。曾有人说，“手挥五弦”易，“目送归鸿”难，真说到点子上了，然而难在哪儿？正难在一颗心是那么高洁，恬淡自适，绝无挂碍。鲁迅先生最喜欢嵇康，或许也有最喜欢嵇康眼神的缘故吧！

6. 斥鷃擅蒿林，仰笑神凤飞。坎井蝤蛙宅，神龟安所归。——《述志诗》

注释：斥鷃，小麻雀。擅，据有。蒿林，蒿草，矮树林。神凤，凤凰鸟。坎井，浅井，废置不用的井。蝤，蜉蝣，生命非常短促的一种昆虫。

翻译：小麻雀占据了蒿草和矮树林，却仰面嘲笑凤凰的高飞。浅井里有蜉蝣和青蛙居住，神龟又到哪里去安居呢？

精读：这两句都是在借庄子的寓言故事表达志向。“斥鷃”的故事，见于《逍遥游》。在《逍遥游》里，大鹏奋起一飞，就能直上九万里高空，斥鷃不理解，因此嘲笑大鹏说，你飞得那么高干什么呢？像我这样奋力地跳起来，不过几丈高，盘旋于蓬蒿之间，不也是极限吗？你飞得那么高，打算到哪里去呢？“坎井”的故事见于《秋水》，讲述的道理基本上一致。不同的是，“斥鷃”的故事，是想说明卑小者不理解高远者的崇高志向，可他们却还在那里自鸣得意；而“坎井”呢，则把矛头对准了现实生活，意思是现实社会中，小人当道，贤者自无去处，像嵇康这样的高洁之士，已经无法在这个俗人充斥的社会里安身立命，有所作为，可见这是个什么世道？

7. 又每非汤武而薄周孔，在人间不止，此事会显，世教所不容，此甚不可一也。——《与山巨源绝交书》

注释：非，非难，指责。汤武，前者指商汤王，后者指周武王。薄，鄙薄，轻视。周孔，前者指周公，后者指孔子。不止，无法阻止。会显，总会显示出来。世教，即名教，也就是儒教，儒家的正统礼教。

翻译：我又常常指责商汤和周武王，鄙薄周公和孔夫子，这种事在人间总会显示出来，为人所知，偏又为正统礼教所不容，这是非常不可做的事情之一。

精读：《与山巨源绝交书》是中国文学史上的名篇，也是魏晋时期不可多得的思想巨作，它比较集中地反映了魏晋人的思想痛苦。在这篇文章中，嵇康列举了七个“不堪”和两个“甚不可”，详细描述了官场的黑暗和自己的“不堪”，表明了自己高洁的志向和纯正的情操。尤其是“非汤武而薄周孔”这七个字，简直有如雷鸣之音，电闪之火，照亮了黑暗的魏晋时代。因为这封绝交信，两年后，嵇康被司马昭所杀，那么这封信就等于是向司马氏集团所下的挑战书了。用血写的文字，总是壮怀激烈的，屈原的《离骚》是，嵇康的《与山巨源绝交书》也是。一千多年后，这篇文章仍然闪耀着逼人的思想光芒。

8. 所居长吏，但宜敬之而已矣，不当极亲密，不宜数往，往当有时。其有众人，又不当独在后，又不当宿留。——《家诫》

注释：但，只，只要。数，多次，经常。有时，合适的时机。宿留，就是留宿，留下来住。

翻译：至于跟上级长官相处，只要尊重他就可以了，不应当过分亲密，也不要经常去拜访他，拜访他要寻找合适的时机。如果与许多人一起去拜访，又不应当独自走在后面，也不能留下来住宿。

精读：《家诫》是嵇康写给儿子嵇绍的遗书。对这封遗书，有两种意见：一种意见认为，嵇康这是圆滑世故，教儿子明哲保身；一种意见认为嵇康这篇文字是泣血之作，是从沉痛的生命里流出来的哭声。两种意见都有道理。嵇康何以如此谨小慎微呢？原先“刚肠嫉恶、轻肆直言、遇事便发”的嵇康到哪里去了？恐怕还是要多一点理解，在具体的时代，嵇康这样做怕也是迫不得已。自己眼看着保不住了，可总归要保住儿子吧！在这几句话之后，嵇康还说，之所以要这样，是因为有人会检举揭发，有人会告密，那么最好的办法，就是保持沉默。这样来看，这文字是有几分沉痛感的。

第十二讲

禅学——神秀与慧能

中国佛学概述

佛教与基督教、伊斯兰教并称于世，被誉为世界三大宗教。佛教起源于印度，盛行于亚洲，约在公元前三世纪印度阿育王时代，开始走向世界，遂发展成世界性的宗教。佛教向中国、朝鲜、日本、越南等国传播，以“大乘佛教”教义为主，认为人人皆可成佛，佛法既要度己，更要普度众生，世界一切本相都为虚无，这一支被称为“汉传佛教”，也叫“北传佛教”。向斯里兰卡、缅甸、泰国、柬埔寨、老挝以及中国云南西双版纳等地区传播的佛教，以“小乘佛教”教义为主，认为佛法只能度己，真佛只有一个，就是释迦牟尼，客观世界是真实的存在，但人的主观世界是虚无缥缈的，这一支被称为“南传佛教”。传入中国西藏、内蒙古以及蒙古国、俄罗斯西伯利亚等地区的佛教，被称为“藏传佛教”。这是世界佛教流布的基本面貌。

佛教是如何创立的呢？佛教的创始人是释迦牟尼。释迦牟尼俗姓乔达摩，名悉达多，约生于公元前 565 年，公元前 485

年去世，享年80岁。释迦牟尼的时代，正好是中国的春秋时代（公元前770——公元前475），所以，释迦牟尼几乎与孔子处在同一个时代（孔子约生于公元前551年，公元前479年去世）。释迦是族名，释迦牟尼是尊称，意思是“释迦族的圣人”。也有人认为，“释迦牟尼”是佛陀的一个别名，“释迦”是佛，“牟尼”是佛的名称，“释迦牟尼”就是原始佛。

释迦牟尼的父亲是古印度北部迦毗罗卫国的国王，人称净饭王，释迦牟尼是王子。释迦牟尼生得仪表堂堂，又天资聪慧，品行上乘，所以净饭王希望儿子好好学习，将来继承王位，做一个功勋卓著的“转轮王”，统一天下。但生性善良、又好沉思的释迦牟尼，并没有按照父亲的意愿发展，在29岁的这一年，有一天，他走出城门，看到了人的诸多痛苦，他决心要帮助人解除痛苦，而不是做一个“转轮王”。他走出东门时，看到了“生苦”，一个孕妇正在分娩，痛苦得哇哇大叫；他走出南门时，看到了“老苦”，一个老人奄奄一息，痛苦不堪；他走出西门时，看到了“病苦”，一个年轻人，身强力壮，可因为疾病痛苦万分；走出北门时，他看到了“死苦”，一个母亲刚刚去世，她的亲人哭个不停。这就是佛教所说的“四苦”，人类有这“四苦”，又怎么能有幸福感呢？释迦牟尼决意像那些修行者一样，以自己的苦行修正，去帮助人们解除痛苦。于是，他舍弃王位，离开妻儿，出家了！

经过六年苦修，又经过七天七夜的沉思，释迦牟尼终于大彻大悟了。他确信已经完全能够抛开世俗的烦恼了，他觉悟了，成“佛”了。“佛”，又叫“佛陀”。“佛陀”就是觉悟者的意思。这一年释迦牟尼35岁。成佛后，释迦牟尼向跟随他的五位随从宣讲了佛法，佛教史上称这为“初转法轮”。五位随从主动皈依了释迦牟尼。至此，一个教派的创立条件完全具备了，这就是“三宝”——成佛的释迦牟尼佛、释迦牟尼宣讲的佛法和以五位随从为主的广泛的僧众，佛教宣告诞生。在以后的45年内，释迦牟尼佛，辗转于恒河两岸，宣传佛法，弘扬佛教，终于使佛教成为影响世界的宗教。释迦牟尼觉悟的那棵树，被称为“菩提树”，其意思是觉悟、开悟、智慧，释迦牟尼的去世，被称为“圆寂”“涅槃”，其意思是功德圆满。

佛教传入中国大约在公元一世纪。有两种说法，一种来自裴松之所注的《三国志》，一种来自《四十二章经序》和《牟子理惑论》。这三部书，前一部是史书，后两部是汉文佛教著作。前一种说法是，西汉哀帝元寿元年，也就是公元前2年，大月氏王使者就开始向汉朝博士弟子景庐口授《浮屠经》，这说明在这个时候，佛教已经开始通过西域向中原渗透了。约在公元一世纪时，大月氏王已经成为一个强大的国家了，与中原地区广有来往，那么这个时候，佛教的传入就是自然的事情了。但流传最广、影响最大的却是“白马驮经”的故事。

相传在东汉永平年间，汉明帝刘庄梦见一位神人，全身金色，头顶上有日光，在殿前绕行飞翔。汉明帝大惊，第二天问群臣，这是什么预兆。博学的大臣傅毅说，这恐怕就是西方所说的“佛”，佛有无上的法力。于是汉明帝就派人西行求法，抄回四十二章经，收藏在“兰台室”。而后，汉明帝又派遣蔡愔去大月氏国，请见佛僧，功夫不负有心人，蔡愔不负众望，请回来摄摩腾和竺法兰两位大师，他们一行用白马驮回释迦牟尼佛像和许多经卷。汉明帝大喜，专门为之建立佛寺，这就是中国最早的佛寺“白马寺”。

汉魏时期，佛教传入中国，影响有限。但到了魏晋南北朝时期，因为社会动荡，冲突蜂起，佛教客观上使生活在水深火热中的人们，仿佛看见了一线希望，于是纷纷转而投向佛教，佛教得以迅速成长起来。唐朝诗人杜牧有一首诗，客观上描述了南朝佛教的盛况：“南朝四百八十寺，多少楼台烟雨中。”据说，这“四百八十寺”还只是指京城建康及周边，如果要算上全国，那该是一个多么庞大的数字——据说有 2800 多座，繁盛之景可见一斑。

魏晋南北朝时期最有影响的佛教学说，要算“般若学”。“般若学”一词来自于《般若经》，“般若”的意思就是智慧，据说这部经书是由支谶翻译的，书名为《道行般若经》。“般若学”以纯粹的佛教理论，切入魏晋时期的玄学清谈，发展为一门显学。当时的王公贵族几乎没有不谈“般若学”的，谈“般若学”也成为当时的时尚。“般若学”最主要的代表人物是鸠摩罗什和僧肇。二人认为，世界一切全为假象，是“毕竟空”，是“若动而静，似去而留”，变化只是一种假象，人们所看到的全部都是假象，世界的本质是“空”。竺道生也是信奉“般若学”的，在鸠摩罗什和僧肇的基础上，竺道生发展了“般若学”。他认为，“佛无净土”，众生皆有佛性，倡导“顿悟成佛”。竺道生的“顿悟说”思想对中国禅宗的创立准备了理论和思想资源。

这个时期，有一个人值得一说，这就是梁武帝。梁武帝甚笃佛教，不仅大力支持修建寺庙，而且自己带头修行，他曾经四次舍身同泰寺，甘心脱去黄袍，穿起法衣，为一干僧众服务。每一次舍身，就引来一次赎身，赎钱不断增长，最高的一次竟达一亿！可是当他向菩提达摩问功德时，菩提达摩却说，你毫无功德。原来梁武帝求的不是佛，而是福，他是拿钱来买福，这当然就求不到佛了——他到底也没有明白求佛的因由。

佛教的真正中兴是在隋唐，也是在隋唐，印度佛教才彻底中国化，与中国人的生活息息相关，从贵族走向了民间，尤其受到中国知识分子的喜爱。这就是禅宗的诞生。（禅宗有专章介绍，这里就不赘述了）

一种思想的盛行，总是以开宗立派为标志，换一句话说，开宗立派往往是一种思想繁荣的真实面貌。隋唐时期就是如此。隋唐时期，影响较大的宗派有：天台宗、三论宗、三阶教、唯识宗、华严宗、禅宗、律宗、净土宗、密宗等，可以说是宗派林立，一派繁荣景象。这里说一说唯识宗及玄奘。唯识宗承续的是印度瑜伽学派，讲究修行净心，其创立者是唐朝时期的名僧玄奘。玄奘，俗姓陈，洛州缑氏人，也就是现在河南偃师缑氏镇人，历史上通称他为“三藏法师”。玄奘曾西去印度取经，历经磨难，翻译了大量的经书，是我国最有成就的经书翻译家。在印度和我国，玄奘都享有盛名。他最著名的著作是《大唐西域记》。但是有关唯识宗思想的著作是《成唯识论》，由玄奘亲自翻译的。主要思想观点是，“三界唯心”“万法唯识”，主张彻底的唯心主义，认为“外境非有”，即世界万物本无，“内识非无”，精神现象却客观存在，精神、心灵是万事万物的依托和根本，人们要做的工作就是认清这个“心”，识其“识”，净其心，莫使它扰乱视听。

佛教经过唐朝的繁荣后，逐渐走向衰落。宋明时期，尽管理学盛行，但许多知识分子还是非常喜欢禅宗，参禅论道，也成为一个文人富有学识的表现。朱熹身为宋代大儒，但据说他的书箱里，就曾经装有一本大慧宗杲的《语录》。王安石罢相后，曾写过一首诗：“身如泡沫亦如风，刀割香涂共一空。宴坐世间观此理，维摩虽病有神通。”说明他与王摩诘是心有相通的。苏轼也跟佛印大师多有往来，二人唱和不断。明清以后，佛教更趋没落，太平天国运动，清末民初，国民革命爆发，佛教就彻底走向了边缘化。但值得欣喜的是，佛教所创造的佛教文化，却在中国传统文化中，占有一席重要的位置。

中国禅学概述

在中国，谈佛教，就会谈到禅宗，谈禅宗，也等于是谈佛教；换一句话说，禅宗几乎就是中国佛教的代名词。禅宗在中国佛教史上的地位和影响，由此可见一斑。

禅宗何以在中国佛教史上有如此大的影响呢？这源于佛教的中国化。据说，禅在印度比佛教诞生还早，未有佛教之时，就已经有了禅。那么什么是“禅”呢？中国人民大学著名宗教学家方立天教授说：“禅”是梵语的音译“禅那”的略称，汉译是思维修、静虑、摄念，即冥想的意思。张中行先生说：“禅”就是“用深入思索的办法改造思想”。这个说法很中国化。可见，“禅”是一种修行的方式。

古印度气候高热，人们为了寻求清凉，往往会采取静修的方式，以求得安静，于是瑜伽流行，“禅”就起源于瑜伽。“禅”也被称为“坐禅”“参禅”“禅定”“禅思”“禅观”……这些词里都有一个动作性词语，说明“禅”是一种修持方式。与

“禅”的意义相应的还有几个概念，梵语称作“定”“持”“悟”，音译为“三摩地”“三昧”。在中国佛教修持实践中，也有两个概念与“禅”相应，一个是“观”，一个是“止”。以上这些概念基本上都与“禅”同义。

但禅宗不同于“禅”。“禅”是一种修持方式，而“禅宗”是一种宗教派别，禅宗是佛教众多宗派中的一种，只不过在中国，禅宗几乎就等于佛教，这是由禅宗的巨大影响所决定的。历史上，自中唐以后，凡言佛，即谈“曹溪”，“曹溪”即指慧能。中国人谈佛，基本上都是谈参禅悟道，参禅悟道等于是佛教修持。

禅宗祖师爷应该是释迦牟尼。相传释迦牟尼在灵山法会（就是灵鹫山，相传是佛祖开坛说法的地方）给众僧说法，他举起一朵花，什么也没有说，只是“拈花示众”。众僧都不明白佛祖的意思。只有大弟子摩诃迦叶明白，他微笑了一下。于是佛祖说：

吾有正法眼藏，涅槃妙心，实相无相，微妙法门，不立文字，教外别传，付嘱摩诃迦叶。

什么意思呢？就是说，我新发现了一种佛法，这种佛法微妙无比，它心心相印，不著文字，刚才摩诃迦叶微微一笑，就是已经懂得了我的新法，因此，我要将新佛法传给摩诃迦叶。这就是禅宗的诞生。这种传教法被称为“道体心传”，也就是以心传心。因此微笑一下，就能传法。微笑之中，师徒二人自然是心领神会。摩诃迦叶是西土禅宗的初祖。阿难陀是二祖。

这样一直传到二十八祖菩提达摩。

这样传法是不是太简单了点？其实佛祖传法还是有规矩的，这规矩就是除了要以心传心以外，另外还要有一衣一钵，衣就是木棉袈裟，钵就是化缘用的钵盂。“衣钵”这个词就来自于这里。佛教传法，因此也称“衣钵传人”，“继承衣钵”。“以心传心”是智慧，“衣钵传人”是证据，前者传的是精神，后者传的是形式。

菩提达摩相传是在南北朝时期渡海来到中国的，舍舟登岸的第一站就是广州。但那时的广州没有什么佛教气候，于是菩提大师一路北行，来到了南朝梁武帝的都城金陵——也就是现在的南京。在金陵，菩提大师还是很郁闷，尽管梁武帝是一个佛教徒，但这位皇帝大哥没有什么慧根，他只求福，并不真正信佛。没办法，菩提大师只好丢下梁武帝，再北行，来到了嵩山少林寺。在渡过长江时，菩提大师折了一根芦苇，就踏风而行，过江了。这就是“一苇渡江”的典故。在嵩山少林寺，菩提大师面壁九年，小鸟在肩膀上做了窝，双眉落下来变成了茶树，于是乎，引起轰动，全国尽知。这就是“面壁九年”的典故。菩提达摩就这样，成为了中国禅宗的初祖，因此中国禅宗，也叫“达摩禅”。

菩提达摩圆寂后，禅宗心法就传给了二祖慧可。慧可圆寂后，心法传给了三祖僧璨。僧璨圆寂后，传给了四祖道信。道信圆寂后，传给了五祖弘忍。相传四祖道信遇见五祖弘忍时，师徒二人有一番颇藏机锋的对话。弘忍七岁时，有一天在外面玩，遇见道信。道信一眼看上去，就知道这个小孩有慧根。于是就问：你贵姓啊？小孩说：姓倒是有，只是不一般。道信问：怎么个不一般？小孩说：佛性。道信一惊，知道冥冥中，他将要与这个小孩发生点什么，于是就想进一步考考他，问：难道你自己没有姓吗？小孩说：怎么没有，只是也不一般。道信说：怎么不一般？小孩说：姓空。道信心想，这是个肉身菩萨啊！于是就跟小孩的父母讲，小孩是个肉身菩萨，要收小孩为徒，小孩父母就同意了，这个小孩就是后来的五祖弘忍。

中土禅宗发展到四祖和五祖这儿，开始出现转折了。四祖和五祖都在湖北黄梅双峰山东门寺弘法，佛门昌盛时，僧徒达到七百多人，史上把他们二人称为“东山法门”。“东山法门”奉行“一行三昧”，就是主张通过静坐、净心、定性、不取诸相、专念佛名，而获得解脱。他们说：“念佛心是佛，妄念是凡夫。”只要排除一切杂念，一心向佛，就能在自己心中求见真佛。他们说：“修道之本体，须识当身心本来清净，不生不灭，无有分别。自性圆满，清净之心，此是本师，乃胜念十方诸佛。”在自身就能求得真如，获得真知，这比向身外求十方诸佛还管用。这是明心见性的方法，这一方法后来启示了慧能。四祖和五祖还革新了禅法。其主要内容是：第一，定居山林，劳动自给，不再云水漫游了；第二，法门洞开，广授禅法，不再个别传授了；第三，禅戒兼修，念佛成佛，不再拘于一域了。从四祖和五祖开始，禅宗佛门大开，不仅信徒众多，而且见佛求佛变得比以前容易了。这一些，都为后来慧能禅宗的积极中国化开辟了道路。

禅宗中国化的思想概括起来，就是九个字：儒学化、道学化、简单化。在思想内容上，他们与中国的儒家思想、道家思想相结合；在方法上，他们破字当头；在理念上，他们明心见性，顿悟成佛；在传授上，他们不立文字。教外别传，而所有这一些，都力求简单化，让国人容易接受。只有这样，禅宗才能够彻底征服人心，走向民间，为广大群众所接受。这是禅宗中国化的必由之路，易中天先生称之为“自由之路”。

禅宗首先要与儒家思想相结合，以争取统治者支持，取得官方意识形态的认可。禅宗思想本来与儒家是对立的，儒家讲君君臣臣父父子子，而禅宗讲众生平等，儒家重视向人世间追求幸福和作为，而禅宗讲要向往西方极乐世界，眼前的现实世界都是不真实的。但是发展到慧能这里，这一切都翻过来了，禅宗不再排斥世俗生活了，西方极乐世界在他们眼里根本就不存在，佛祖也是人，与我们一样，都是肉身，求佛也不一定非要出家了，在家也一样可以修行。慧能说：“东方人遭罪，念佛求生西方；西方人遭罪，念佛求生何方？”又说，求佛“恩在孝养父母，义则上下相怜，让则尊卑和睦，忍在众恶无喧”。你看，这哪里是禅宗和佛教，这分明是儒教教义。

禅宗还迅速地与道学思想相结合。在魏晋时期，老庄复活，佛教与玄学打得火热，产生了“般若学”。在唐朝，因为最高统治者李姓，他们把老子奉为自己的老祖宗，所以，道家盛行。禅宗看准了这一点，他们迅速地与道家融合。比如，“道”是道家一个最重要的概念，也是道家思想的总准绳。老子说，“道”是“天地之始”，“万物之母”。庄子说，“夫道，覆载万物者也”。“道”就是一切，既是本体，也是诸相。禅宗对“道”

的看法与道家完全一致。禅宗也是在本体论上使用“道”这个概念的。他们说，“道即法界”（马祖道一），“大道天真平等”（黄檗希运），“道如虚空”（南泉普愿），“道”不仅是平等的，也是虚空的，还是万物之本，是一切法界，很显然，这里的“道”其实就是禅宗所讲的“佛”与“禅”。“道”与“佛”“禅”这三个概念，在禅宗看来，基本上同义。

但是禅宗创造性地发展了道家学说，这反映在他们的破坏性上。“破”字当头，既是禅宗修行的不二法门，也是禅宗明心见性的唯一出路。他们既破实，破色，破相；也破妄，破虚，破无，但他们更破执。可以认为世界是诸相，是色相，但不可执，执就是魔；也可以认为世界是虚无的，是空，但也不可以执，如果执，也同样不能明心见性，求得真佛。所以，“破”是禅宗最具特色的思想武器。“破”的可贵，就在于觉悟，一旦觉悟，就可“苦海无边，回头是岸”，也可以“放下屠刀，立地成佛”。讲一个小故事以明“破”之涵义：四祖道信去向三祖僧璨问禅，僧璨问，你求禅干什么？道信说，求解脱。僧璨说，谁绑住你了？道信说，没谁绑住我。僧璨说，没谁绑住你，求什么禅！这一当头棒喝，让道信一下子就觉悟了。这就是禅宗的“破”法。

神秀与慧能

禅宗在五祖弘忍以后，又生大变，产生了两颗明珠式的人物，这就是神秀与慧能。其中，慧能的光辉更是璀璨夺目，辉耀古今。

神秀，出生于隋朝大业元年，也就是公元605年，陈留尉氏人，即现在开封市人，俗姓李。神秀这个名字，据说是拜见弘忍师以后为五祖所赐，意为“神姿秀慧”，可见弘忍是非常喜欢神秀的。神秀自幼聪慧好学，“少学儒业，博综多闻”。13岁时，亲眼看到饥荒连年，饿殍遍野，百姓苦不堪言，深有感触。一日，遇一得道高僧，于是与佛结缘，出家为僧，并云游四方。足迹曾到过今天的浙江、江西、福建、广东一带，他一面“寻师慕道”，一面苦读儒释道三家经典，成为一名饱读诗书的学问僧。20岁时，在东京洛阳天宫寺受具足戒，正是成为比丘，此时的他已经出落得一表人才。据《宋高僧传·神秀》说，神秀此时是“身长八尺，秀眉大耳，应王伯之象，合圣贤之度”，完全具备了一个宗教领袖的形象和气质。

大约在 50 岁的时候，神秀慕名前往湖北黄梅双峰山东山寺拜师弘忍学法。在东山寺，神秀仍然好学精进，精诚苦修，不敢有半点松懈，一晃六年过去了。弘忍对神秀是越发喜欢，曾多次夸奖神秀说：“我与神秀论《楞伽经》，玄理通快，必多利益。”又说：“吾度人多矣，至于悬解圆照，无先汝者。”对神秀的评价是很高的。唐代宰相张说曾撰写《大通禅师碑铭》说：“东山之法尽在秀矣。”神秀被人们称为“秀上座”“教授师”。可见在当时，人们对神秀是很仰慕的。

然而，历史注定了要在唐高宗龙朔元年，也就是公元 661 年，有一场传奇上演，这就是弘忍付法、六祖诞生。这就要说到慧能了。

慧能，又写作“惠能”。慧能俗姓卢，范阳卢家场人，今河北省涿州市人（又说北京大兴人），生于贞观十二年，也就是公元 638 年，比神秀小 33 岁。其父卢行瑫曾为官，因事遭贬，被流放到岭南新州索卢县，也就是现在广东省新兴县。慧能四岁时，父亲病故，原本衣食无忧的家庭，渐渐陷入困顿。传说“慧能”这个名字，为两位高僧所赐，“慧者，以法慧施与众生；能者，能弘扬佛法也”。慧能饱经生活的磨砺，小小年纪就承担了家庭的经济重担，日日上山砍柴，过上了一个小樵夫的生活。

一直到 24 岁这一年。有一天，慧能仍然像以前一样，挑一担柴送往客栈，就在要走出客栈大门时，突然听见客房里传出诵经的声音，顿时，慧能拔不动脚步，迷住了。“一切有为法，如梦幻泡影，如露亦如电，应作如是观……须菩提，诸微尘，如来说非微尘，是名微尘。如来说，世界，非世界，是名世界……”那诵经声，仿佛是天籁之音，又仿佛是一泓清泉，洗清了慧能所有的劳累和苦痛。慧能问客人，你这念的是什么书？客人说：《金刚经》。慧能又问，从哪里可以得到《金刚经》？客人说，湖北黄梅双峰山东山寺弘忍大师。慧能听明白了，决计前往东山寺拜师学法。主意已定，就回家跟母亲商量，母亲怎舍得儿子离开，但看着慧能坚决的样子，想想以前两位高僧所赐的名号，就同意了。在一个叫安道诚的资助下，慧能安顿好了母亲，只身前往湖北黄梅双峰山。

拜见弘忍祖师时，弘忍问：汝何方人，欲求何物？慧能说：弟子是岭南百姓，远来礼师，唯求作佛，不求余物。弘忍说：你一个岭南獦獠，若为堪作佛？慧能回答道：人虽有南北，佛性本无南北。獦獠身与和尚身不同，但佛性有何差别？弘忍心下已经非常喜欢了，面前这个朴素的小伙子，将来必是一个肉身菩萨。但为了磨砺他的本性，弘忍还是让慧能去碓房舂米了。就这样，过了八个月。

公元661年秋天，已经六十多岁的五祖禅师弘忍决心要选接班人了，为了给众僧一个平等的机会，他改革遴选接班人的办法，让每个人依照般若学的智慧，用一首偈说出佛的本性，谁的佛性高，衣钵就传给谁，谁就是禅宗第六代传人。公告颁布后，神秀很矛盾，依照目前的形式，自己在众弟子中的威望最高，应该传给我，可以不写，可要是不写，会辜负了师傅的一片厚意和教导；写吧，很明显，自己的功力好像还没有达到师傅的要求，不然，师傅也不会用这种办法遴选接班人。思来想去，决定还是写一个，不署名，趁夜晚无人时，贴在院墙上。这就是那首有名的偈颂：

身是菩提树，心如明镜台。时时勤拂拭，莫使惹尘埃。

第二天，人们看到颂偈，心下都明白是谁写的，议论纷纷。五祖也看到了，对众僧说："后世如能依此修行，当不堕三恶道。"神秀听得明白，师傅还是不满意，因此坐立不安。直到傍晚，被师傅叫去。五祖说：那院墙上的颂偈是你写的吧。神秀老实回答说：是的。五祖说：你还是没有参透我佛的本性。你今晚再写一偈，若彻悟，我便把衣钵传授给你。神秀心领神会，可无奈慧根稍浅，仍没能写出新偈。

就在这一两天里，在碓房舂米的慧能也听见了外面的吵吵声，于是就问清了缘由，心想，我何不也作一偈，试试自己的慧根。恰好这一天，有个叫张日用的江州别驾来到东山寺看望师傅，于是慧能就请张日用替自己写偈颂。张日用说：你为何不自己写？慧能说：我不识字。张日用暗自惊讶，心想一个在碓房舂米的人竟然也要写偈，这不是奇闻吗？但看慧能的样子，却是特别专注，不想是随口说的，于是说：好，我帮你写，你要是得道，可要先度我。慧能不紧不慢地说出了第一个偈颂：

菩提本无树，明镜亦非台。本来无一物，何处惹尘埃？

张日用大惊，觉得这个偈颂非同一般，言辞简明，禅理深透，只看得自己心跳不止。就在这当口，慧能又说出一偈：

心是菩提树，身为明镜台。明镜本清净，何处惹尘埃？

慧能的两条偈一经说出，寺院里就炸开了锅，有说神秀的偈得我佛真传，有说慧能的偈更得佛性的透彻，但是更多的人倾向于慧能，认为他应该成为禅宗第六代传人。弘忍最后把佛法传给了谁呢？对这个问题，现在并没有定论，但是在民间，人们更多的是尊称慧能为六祖。

事实上，在禅宗的传播史上，神秀后来主要在北方弘扬佛法，宗《楞伽经》，创立了“北宗禅”，主张渐悟。曾一度被武则天请到西京长安，在长安和东京洛阳之间奔走，使北宗禅盛极一时，被誉为“两京法主，三帝国师”，享尽了尊荣。神秀去世时，长安城十多万人痛哭，唐中宗亲自送葬，而且谥号为“大通禅师”。而慧能呢，则主要在南方弘扬佛法，创立了“南宗禅”，宗《般若经》，主张顿悟，而且随着南宗禅的影响力，渐渐地，慧能的名声响遍全国，逐渐成为覆盖北宗禅的“中国禅宗”，为“中国禅宗”的代名词。神秀与慧能，一北一南，南顿北渐，南能北秀，成为中国禅宗史上的两颗耀眼的明珠。

神秀和慧能一北一南，距离很远，而且二人的禅法思想也有本质的区别。神秀认为“心”或善或恶，皆因有染，因此要渐修渐悟；慧能认为“心”本自净，贵在觉悟，因此可以顿修顿悟。但他们二人都认为，“心”是禅修最主要的领域，人人皆有佛性，这个佛性就在自己心中，只要坚持修行，都可得见真佛。这一思想，从竺道生到道信，到弘忍，都是一脉相承的，因此，可以说他们两个都是弘忍的传人。

神秀的禅法思想主要就是“染净二心说”，这是方立天先生的观点。意思是，神秀认为人人皆有佛性，为什么有的人成佛，有的人没有成佛，原因就在于，“一者净心，一者染心”。

"心"或善或恶，被染后，要通过渐修渐悟，得见真佛。神秀说："心是众善之源，万恶之主。"又说："佛者，觉也，所谓觉察心源，勿令起恶。"神秀还说："一切佛法，自心本有，将心外求，舍父逃走。"向外求佛，无异于南辕北辙。

慧能呢，也主张佛自在心中，不必向外求。他说："心量广大，犹如虚空。……虚空能含日月星辰，大地山河，一切草木，恶人善人，恶法善法，天堂地狱，尽在空中。"又说："三世诸佛，十二部经，亦在人性中，本自具有。"既然佛本自心，又何必向外求？既然佛性本净，又何必苦苦寻求？顿悟就可以了。所以，慧能总结性地说："佛是自性作，莫向身外求。自性迷，佛即众生；自性悟，众生即佛。"如果自性迷误，佛也会跟众人一样，不会觉悟；如果自性开悟了，每一个平凡的人，都会成为佛。方立天先生把慧能的这种禅法思想概括为"性净自悟说"，这是非常准确的。

"性净自悟说"发展到后来，就成了"呵佛骂祖"和"杀佛杀祖"。前者是一派，属于"青原行思"派，青原行思得到慧能六祖真传后，自行发展，自成一派，而后传石头希迁，传天皇道悟，传龙潭崇信，传德山宣鉴，德山宣鉴就公开地"呵佛骂祖"了，说什么"这里无祖无佛，达摩是个老臊胡，释迦老子是个干屎橛，文殊普贤是担屎汉"。后者也是一派，属于"南岳怀让"派，南岳怀让自慧能六祖那儿得到真传后，也自行发展，而后传马祖道一，传百丈怀海，传黄檗希运，传临济义玄，这临济义玄就公开地"杀佛杀祖"了，所谓"逢佛杀佛，逢祖杀祖，逢罗汉杀罗汉"。之所以要这样，主要就是"破执"，人一旦陷入“执”，就不能明心见性，见到真佛。

讲一个小故事说明“破执”。马祖道一开始也是坐禅的，一天，让南岳怀看见了。南岳见此人深有慧根，只是还没有开悟，决心启发一下他。就说：年轻人，你这么坐着干什么？马祖道一说：求佛。南岳马上找来一块砖头，在墙上磨。马祖很好奇，就问：你磨砖干什么？南岳说：求佛啊！马祖说：磨砖岂能求佛！南岳说：磨砖不能求佛，坐禅又岂能求佛？马祖一下子就明白了，这就是“破执”。佛，当然可以求，甚至可以专注，可以入迷，但是不可“执迷不悟”，“执迷不悟”往往就与所求的结果相去甚远。求佛如此，做人、做事亦如此。

《坛经》名句精读

中国人撰写的佛教著作，可谓汗牛充栋，但只有一部书被称为“经”，这就是《坛经》。《坛经》是记录慧能言行的一部著作，由弟子法海整理完成。千百年来，这部佛家经典著作，不仅成为佛家人研读的必读书，而且也成为中国读书人非常喜爱的一部文化著作。

1. 善知识，菩提自性，本来清净，但用此心，直了成佛。——《行由第一》

注释：善知识，佛教用来称呼道德高尚、知识渊博、富有智慧、笃信佛教的人。菩提，觉悟，智慧。自性，慧能用来指认每个人的先天本性。但，只。

翻译：成佛的人，先天具有觉悟的本性，本性就是清净无暇，不受尘俗污染，只要依据清洁的本性，就可以直接成佛。

精读：《行由第一》是《坛经》的第一章，重点是介绍慧能求佛、成佛的言行。有很多小故事，很好读。佛教经书开头往往会说，“如是我闻”，意思是我是这样听佛祖说的。《坛经》也一样。这段话前面有几个字，“大师告众曰”，表明这是听慧能大师宣讲的，类似的说法还有，如“师示众曰”，这是佛教经书的一种格式。

在这段话里，慧能开宗明义，指出人的本性是清净的，成佛不必经过苦修，只要明心见性，就可以直接成佛。所谓“直了成佛”，就是指不需要经过任何苦修的阶段，可以直接成佛，所以“放下屠刀”，可以“立地成佛”。“心”这个概念，在《坛经》里，出现数百次，提请注意。

2. 时有风幡吹动，一僧曰：“风动。”一僧曰：“幡动。”议论不已，慧能进曰：“不是风动，不是幡动，仁者心动。”——《行由第一》

注释：时，讲经时。幡，佛教用来祈福的旗子，或用来表示佛、菩萨的威德。进，走上前去。仁者，这里指僧人。

翻译：讲经时，偶然又一阵风吹来，旗幡随风飘动，遂引起僧人的争论。一位僧人说：“这是风在动。”一位僧人说：“这是幡在动。”两人意见不统一，争论不休。慧能听见了，走上前去，说：“既不是风动，也不是幡动，而是诸位的心在动。”

精读：这是禅宗公案里一则有名的故事。说的是，慧能回到南方“曹溪”（今广东韶关）后，一直隐姓埋名，没有公开自己的身份。有一天，正准备开坛讲法时，碰到这么一番争论。

慧能说出这一番话后，引起轰动，当时主持法会的印宗法师马上停止讲《涅槃经》，请慧能登台说法，请教问题。印宗法师也是黄梅弘忍的弟子，他知道五祖把衣钵传给了一个人，并往南方。没想到，这个人就在自己眼前。于是印宗法师请求慧能出示衣钵，自此，慧能公开亮相，开始以六祖的身份在南方弘扬佛法。

3. 一念愚即般若绝，一念智即般若生。世人愚迷，不见般若。口说般若，心中常愚。——《般若第二》

注释：般若，觉悟的智慧。佛教的“智慧”往往连用，也单独使用。慧能单独使用，意在“破执”。世俗人所理解的真理称作“智”，佛教的终极真理称作“慧”。

翻译：一个愚蠢的念头产生，觉悟的智慧就消失了；一个聪明的念头产生，觉悟的智慧就出现了。人们往往陷入愚昧执迷的状态，不能正确认识觉悟的智慧，他们口里说的是觉悟的智慧，其实心中总是愚昧执迷。

精读：禅宗与中国玄学有很好的结合，中国“般若学”即是一个明证。“般若学”是讲觉悟的智慧的学问，传入中国后，里面有玄也有禅。在慧能看来，世人不能见到“真如”，一是他们总是说一套，做一套，心口不一，不能真心向佛；二是他们往往执迷不悟，所以常常也会产生一些愚蠢的念头。产生愚蠢的念头，又怎么能见到“真如”呢？

4. 善知识，若欲修行，在家亦得，不由在寺。——《疑

问第三》

注释：寺，指在寺庙修行。

翻译：成佛的人，如果要修行，在家修行也可以，不一定非要去寺庙修行。

精读：这是禅宗中国化、民间化的重要一步，这一步迈出去以后，就消解了出家人和在家人修行的区别；更主要的是，不出家也可以修行，就能迎合广大民众的口味，许多喜欢禅宗又不愿意剃度的人，就都可以在家参禅悟道了。知识分子尤其喜欢这样的修行方式。

5. 善知识，本来正教，无有顿渐，人性自利钝。迷人渐修，悟人顿契。自识本心，自见本性，即无差别。所以立顿渐之假名。——《定慧第四》

注释：正教，正确的教义，此处指禅宗教义。人性，此处指人的根性，不是指人的本性、本心。利钝，敏锐和迟钝。

翻译：成佛的人，正确的教义本身，没有顿渐的划分，只是人的根性本来就有愚笨和聪明的区别。愚笨的人要渐修渐悟，聪明的人可以顿修顿悟。自己能够认识自己的本心或者本性，那就没有什么顿渐的差别了。所以说顿渐只不过是权且设立的一个名称而已。

精读：渐修渐悟也好，顿修顿悟也罢，原本在本体论上没有区别，只不过是修行方式不同罢了。神秀在两京主持法会时，就曾经向武则天推荐过慧能，并写信邀请慧能北上传法，慧能以自己形容枯槁为由推辞了。这不仅仅是宽容和气度，而实在是南顿北渐本不是不可调和的敌我矛盾，不是非此即彼的关系。现在从慧能的这番话里，也可以看出，慧能并不排斥渐修渐悟，不过从人的根性上来说，有的人适合渐修渐悟，有的人适合顿修顿悟。慧能设立顿悟，也只是一种名称而已。

6. 善知识，何名坐禅？此法门中，无障无碍，外于一切善恶境界，心念不起，名为坐；内见自性不动，名为禅。——《妙行第五》

注释：坐禅，禅修的一种方式，常见的有两种，一种为“全跏坐”，俗称“双盘”，就是两足交叉趺坐在左右股上；一种为“半跏坐”，俗称“单盘”，只是用一条腿趺坐于股上。这两种形式，都是传统佛教对修禅坐姿的一种要求。

翻译：成佛的人，什么是坐禅呢？在我所宣讲的教义中，对外而言，没有任何挂碍，外在的一切善恶杂念都不会影响我心，这就是坐；对内而言，保持自己的本性不为所动，这就叫禅。

精读：很显然，慧能这是要对传统的坐禅方式进行改革，他认为传统的坐禅方式不仅繁琐，而且缘木求鱼。在慧能看来，外在坐禅怎么能够得到禅呢？既然坐禅可以见佛，那么磨砖岂不也可以得道？参禅要修的是自己的内心，或者叫本性，明心见性了，就能得到真如。慧能的“心性禅”最吸引人的地方，就是他的革新思想。

7. 慧能没伎俩，不断百思想。对境心数起，菩提作么

长？——《机缘第七》

注释：伎俩，此处指本事、本领。思想，指心念，后面的“心”，也同义。长，增长。

翻译：慧能没什么本事，并不致力于消除各种心念。面对各种形形色色的现象，慧能仍然有心念，这菩提又怎么能够增长？

精读：这是慧能大师回答卧轮禅师写的一首偈。卧轮大师原偈是：卧轮有伎俩，能断百思想。对境心不起，菩提日日长。从偈来看，这首偈同神秀大师的偈一样，虽然有悟，但没能明见自己的本心，因此悟得不彻底，心中仍然有枷锁。慧能大师这首偈，一看，就悟得非常彻底，既不排除大千世界的诱因，但又不为所动，面对种种现象，我心仍然干净，这才是真正的大彻大悟。真正的大师，往往就是这样，即便是在茫茫人海中，也能得见真如。

8. 吾本来兹土，传法救迷情。一花开五叶，结果自然成。——《付嘱第十》

注释：一花，指达摩禅师。五叶，有两种说法，一说指达摩禅师之后的二祖慧可、三祖僧璨、四祖道信、五祖弘忍、六祖慧能，一说指慧能大师之后南宗禅的五宗，从青原行思一派下来的有曹洞、云门和法眼，从南岳怀让一派下来的有沩仰、临济，共五宗，两说都讲得通。

翻译：我从天竺来到中国的本意，就是为了传播佛法以驱除人们的迷情，拯救人们脱离苦海。我死后，必然会有五个宗派，繁荣兴盛起来，到那时，禅宗定会光大于世。

精读：这一偈是后来者加上去的，显然不是慧能的原话。弟子法海眼看慧能大师不久于人世了，为了让师傅多说一点，就又鼓动鼓动师傅，让师傅说了以上这番话。这番话，有点像交代后事了，因此，这也是一条谶偈。

第十二讲

理学——朱熹

理学概述

理学是中国古代哲学思想的重要组成部分。在历史上，理学也被称为道学，理学家也被称为道学家。但需要注意的是，道学家不是道家学者，这里的道学，也就是“明道之学”，他们是儒家学者，遵循和宣传的仍然是儒家学说。因其代表人物不同，理学又被分为濂溪之学（简称濂学）、康节之学（简称术学）、横渠之学（简称关学）、河洛之学（简称洛学）、晦庵之学（简称朱学）、象山之学（简称陆学）、阳明之学（简称王学）。又因为程颐和朱熹的思想比较接近，陆象山和王阳明的思想比较一致，在理学历史上，这两派理学思想影响最大，传人最多，故又将理学称为程朱理学和陆王心学。程朱理学和陆王心学是中国古代理学的两座高峰。

就内容来说，理学并没有特别创新的地方，朱熹所强调的性即理，王阳明所强调的心即理，都能从前人的著作里找到根据，比如诸子之学、佛学等，即便是周敦颐所编绘的太极图说，也能从周易、老庄那里找到踪迹。但理学自诞生之日起，却历经宋、元、明、清四朝而始衰，在中国古代官方意识形态里盘桓 600 余年，这不能不说是一个奇迹。这其中，尤以朱熹的理学思想为正宗，因此，有的人干脆就认定朱熹是继孔子之后的第二个大圣人，将孔子和朱熹并称“孔朱”。由此也可见朱熹的影响力。

从渊源上来讲，理学的源头可以追溯到唐朝的韩愈。中唐以前，孟子的地位还是比较低的，人们并没有将孔子和孟子并称，而是将周公与孔子并称，称为“周孔”，或者将孔子与颜回并称，称为“孔颜”。但是到了唐朝中期，韩愈力推孟子，认为要重构儒家的“道统”，恢复儒学的尊严，要遵守“正心诚意”的“内圣之学”与“修齐治平”的“外王之道”相结合的儒家之道。韩愈说：“尧以是传之舜，舜以是传之禹，禹以是传之汤，汤以是传之文、武、周公，文、武、周公传之孔子，孔子传之孟轲。轲之死，不得其传焉。”可以说，韩愈借助提升孟子的地位，捍卫了儒学的正统地位。自此，孟子就慢慢地被抬高到亚圣的地位了。到了明清之际，孔孟之道就几乎成为了儒家学说的代名词。

理学的奠基还离不开“宋初三先生”。这三位先生就是泰州如皋（今江苏如皋）的胡瑗胡安定先生、晋州平阳（今山西临汾）的孙复泰山先生和兖州奉符（今山东泰安）的石介徂徕先生。这三位先生中，胡先生是教育家，曾亲手提携了程颐，是程颐的考官和老师；孙先生是经学家，在泰山讲学，排斥佛道，弘扬儒学正统地位；石先生是文学家，家居徂徕山下，聚众讲学，言必称“道”，为儒家勾勒了十分详尽的道统，从伏羲、神农、黄帝，一直到韩愈，是儒家学说的坚定维护者。

在宋初，还有两位文学大师对理学的奠基也起到了不可或缺的作用，一位是范仲淹，一位是欧阳修。这两位不仅是文学大师，以古文运动提振儒学的复兴，而且也是重要的政治家和思想家。范仲淹一身正气，为官清廉，帮助和提携宋初三先生以及张载，尤其是他“先天下之忧而忧，后天下之乐而乐”的思想，更是直接开启了儒家追求理想主义情怀的风气。欧阳修作为宋代古文运动的领袖，不仅积极扶持儒家人才，而且自己亲自写作《诗本义》《春秋论》等，弘扬儒家经典，否定章句训诂，强调从义理上探寻儒家本义，发掘其中的道理。

真正奠定理学基础的是理学家、文学家周敦颐。周敦颐，湖南道州（今湖南道县）人，历宋仁宗、宋英宗两帝，与王安石有交往。他几乎没做什么大官，来来回回在地方任职，而且主要是做判案断狱的官，先后到过江西、湖南、四川、广东，但几乎每一处都留下了非常好的口碑，人们称他为“人品甚高，胸怀洒落，如光风霁月”。周敦颐一生与庐山有缘，曾在庐山西侧筑舍定居，改堂前的溪水为濂溪，晚年又定居在此，因此人们称之为“濂溪先生”，其学便被称为“濂学”。

周敦颐一生形迹中最值得说道的一点，可能就是收“二程”为学生。周敦颐二十八岁时，调任江西南安任司理参军，“二程”的父亲也调往南安任职，十四五岁的“二程”跟随父亲前往，受业于周敦颐。周敦颐对“二程”的影响主要表现在两方面，一是宣讲“孔颜乐处”，分析颜回之乐到底乐在何处，点明颜回追求的是成为圣贤之乐，希望“二程”也追求圣贤之乐。二是教导弟子要遵循大自然“顺化”万物的原则，“以仁育万物，以义正万民”，“天道行而万物顺，圣德修而万民化”，强调做到修炼身心，爱护自然，遵循天道，达到天人合一的境界。“二程”受周敦颐的影响颇深，哥哥程颢曾说：“自再见茂叔，吟风弄月以归，有吾与点也之意。”言辞间很是得意，把周敦颐比作孔子，把自己比作颜回。可见很满意周敦颐这个老师。

周敦颐在两个问题上对后世理学多有影响：其一是“太极图说”；其二是圣贤修养论。先说“太极图说”。朱熹认为周敦颐最大的学术成就在于太极图说，认为这是构成周敦颐易学象数体系的基础。朱熹说：“天地万物之理，巨细幽明，高下粗精，无所不贯。”应该说，朱熹看得很准，理学的出发点就是宇宙生成论，而宇宙生成论的基础就是“太极图说”。这是周敦颐对理学的重要贡献。周敦颐的“太极图说”共249个字，文虽短思想却很深刻。主要有这样几层意思：第一，宇宙生成论。世界本源是无形无体的，不可追始，不可追终，天下万物生于有，有生于无，“无极而太极”，又复归于无极。这里“无极”的思想就来源于老子，老子有“复归于无极”的思想。第二，事物运动论。《周易》里有事物运动论的思想。《周易》说，易有太极，太极生两仪，两仪生四象，四象生八卦，八卦定吉凶，吉凶生大业。周敦颐把《周易》里的两仪理解成“阴静”和“阳动”，一阴一阳、一静一动、一东一西、一正一反、一顺一逆，彼此又生变化，从而生春夏秋冬四季，生万物。“阴阳”“动静”这两对概念是中国古代哲学的基本概念，周敦颐利用这两对基本概念表达对天地万物的运动规律的思考。第三，物性论。物各有其性，这是“五行说”的基本思想，所谓“五行各一其性”是也。中国的中医学、气功学也是建立在“五行说”的基础上的。后来朱熹“物各有其性”的思想可能就受此影响。第四，人极论。周敦颐认为人是万物之灵，所谓“万物生生，而变化无穷焉。惟人也得其秀而最灵”，就是这个意思。这是对人的价值的充分肯定。换一句话来说，周敦颐是从本体论的高度来看待伦理学的，他把伦理学抬高到宇宙本体论的高度加以认识，认为“圣人定之以中正仁义而主静，立人极焉”，这就是立人极的思想。这其中，又尤以圣人为人应该追求的最高目标，因为“圣人与天地合其德，日月合其明，四时合其序，鬼神合其吉凶”，完全达到了大化的境界。

周敦颐的另一个贡献是圣贤修养论。周敦颐认为圣人坚守“中正仁义”，主静，因此能做到“立人极焉”，达到做人的最高境界，这个境界就是天人合一。这其中，两个字最重要，一个是“诚”，一个是“静”。周敦颐说，“诚者，圣人之本”，又说，“诚，五常之本，百行之源也”。在周敦颐看来，“诚”是做人的根本，既是圣人做人的根本，也是普通人做人的根本。周敦颐还说，“元亨，诚之通也；利贞，诚之复也”，就是说，“诚”即是天地万物的开始（元）、生长（亨）、顺遂（利）和完成（贞）。这也就是“乾道变化，各正性命，诚斯立焉”。周敦颐把“诚”的问题上升到了本体论上来认识，使这一思考具有形而上的意义。这一思想其实来源于《中庸》。《中庸》说：“诚者，天之道也；诚之者，人之道也。”“诚”既是“人道”，也是天道。如何才能做到“诚”呢？这就需要“主静”，“主静”是修养的真功夫。周敦颐说，“无欲故静”。“无欲”的思想来源于孟子。孟子在《尽心》篇中说，“养心莫善于寡欲”。周敦颐的“无欲”，一是无形，一是虚静，这就又回到“太极”了，“太极”复归于无极，这样“主静”就有了“天道”意义上的思考了。后来，“二程”在“主静”的基础上，发展为“主敬”，朱熹又发展为“存天理，灭人欲”，都比周敦颐更进了一层。

作为理学先驱，张载也值得说一说。张载，原籍河南大梁（今河南开封），15岁时扶父亲灵柩回乡，途经陕西眉县横渠镇，缺盘缠，遭兵变，于是就在横渠为父亲守孝，从此就在横渠定居，直至38岁考中进士才离开，因此人们称之为“张横渠”，其学被称之为“横渠之学”，又因横渠地处关中，故又称其学为“关学”。张载曾受到范仲淹的着力提携，范仲淹告诫他，“儒者自有名教可乐，何事于兵”，劝他把精力放在研究儒家经典上，成为一个儒家学者。张载不负厚望，果然成为一个大学者，对宋代理学有开创之功。其主要贡献表现为“气学论”。张载以《周易》为宗，以《中庸》为体，以孔孟为法，创立了一套“气一元论”的理学思想体系。他认为，“气”是世界的本源，“太虚即气”；“气”也是做人的根本，“太虚者，天之实也。万物取足于太虚，人亦出于太虚。太虚者，心之实也。”既如此，做人就要有气节、气质，我们要通过修炼身心，“养成浩然之正气”，这样就能达到做人的最高境界，也就是圣人境界。所谓“知礼成性，变化气质”，就是张载“气学”思想的精华所在。很显然，张载的“气说”，是来源于孟子。除此以外，张载铭刻于心的几句话，也广为中国知识分子所记取，成为知识分子追求的终极人生目标，这就是：“为天地立心，为生民立命，为往圣继绝学，为万世开太平。”这几句话，中国知识分子一直奉为圭臬。

当然，宋明理学最有影响的内容当是程朱理学和陆王心学，这些内容后面将分专章进行介绍，这里就不赘述了。

程朱理学和朱熹

所谓“程朱理学”就是指以“二程”和朱熹为代表的理学，其中主要以朱熹为代表。“程朱理学”在一般人眼中，就是中国古代理学的代名词，甚至说，朱熹就是中国古代理学的代名词。

这里先说说程颐。程颐是程颢的弟弟，历史上称为“小程”，哥哥程颢被称为“大程”。应该说，“二程”的思想本质上并没有区别，不同之处在于：程颢的思想偏向于心学，后来成为心学的开拓者；程颐偏向于理学，后来成为“程朱理学”的重要基础。小程因长期居家伊川讲学，故又称小程为“程伊川”或“伊川先生”。

程颐最值得称道的事有两件，一件是与兄长一起开馆收徒讲学，一件是为皇帝师。公元1086年（宋哲宗元祐元年），五十三岁的程颐放弃自己坚持几十年不仕的立场，出任“崇政殿说书”，也就是做皇帝的老师。程颐很高兴，他说：“臣窃思之，得以讲学侍人主，苟能致人主得尧、舜、禹、汤、文、武之道，则天下享唐、虞、夏、商、周之治。儒者逢时，孰过于此？臣是以慨然有许国之心。”辅佐人主、责任天下、希冀有所作为的心思表露无遗。程颐的确是一个好老师，他对小皇帝严格要求，循规蹈矩，丝毫不苟。有一次，他刚讲完课，年幼的宋哲宗就凭栏折了一根柳树条，程颐马上就以教训的口吻说：“方春发生，不可无故摧折。”这里不仅见出程颐教育之严格，而且也充分表现了他的仁者之心。程颐也不因为皇帝的身份而降低自己作为老师的尊严，他一改前人要求老师站着讲课、皇帝学生坐着听课的格局，主张老师坐着讲，皇帝学生站着听，这在当时需要多大的勇气，程颐认为这就是“尊道不尊势”。一个人或许只有内心足够强大，才可能做到这一点。程颐就是这样一位仁者。

“二程”对中国哲学的最大贡献，是他们第一次从宇宙本体论的高度全面论述了“天理”的价值，奉“天理”为自然、社会以及人伦的最高原则，故此称他们为“理学家”。关于“天理”，先秦早已有论述，庄子首先提出了“天理”的概念，《礼记·乐记》中也出现了这个概念，这说明“天理”这个词并不是“二程”的发明。许慎的《说文解字》对“理”字也有清楚的界定，他说：“理，治玉也，从玉，里声。”原始之玉为璞，雕琢之后才可称之为玉，这雕琢的过程就是“理”，所以“理”就是剖析。后来所谓的“讲理”，实质上就是仔细分析、认真辨析的意思。说一个人不讲理，就是指一个人不仔细分析、不认真辨析，而是胡搅蛮缠。“二程”承认这种思想的传承影响，他们说，“吾学虽有所受，天理二字却是自家体贴出来”，对“天理”的觉悟颇为自得。

“二程”认为，天理既表现在自然界，也表现在人伦社会。他说：“凡物皆有理。凡眼前无非是物，物物皆有理。天下物皆可以理照，有物必有则，一物须有一理。万物皆有理，顺之则易，逆之则难，各循其理，何劳于己力哉？”这是说大自然有一个总原则，这个总原则就是“天理”。“天理”就是万物的理，而物物也各有这个理，这个理顺之则易，逆之则难。又说：“父子君臣，天下之定理，无所逃于天地之间。为君尽君道，为臣尽臣道，过此则无理。既为人，须尽得人理。视听言动，非理不为，即是礼；礼即是理。人伦者，天理也。”不仅大自然有一个总原则，人伦社会也有这个总原则，稍有不同的是，人伦社会的这个总原则就是儒家的“礼”，“礼”就是人伦社会的“天理”，也即父子君臣之道。更可贵的是，“二程”把这个天理抬高到宇宙本体论的意义上来认识，他说：“天地之间，万物之理，无有不同。一物之理，即万物之理。天下只有一个理。万物皆只是一个天理。”这个理“不为尧存，不为桀亡。人得之者，故大行不加，穷居不损。”这个理不受外界任何因素的干扰，它高悬于宇宙之上，既不会为高尚的道德而存在，也不会因为伤天害理而灭亡，“大行不加，穷居不损”，这就使得“天理”具有宇宙本体论的意义了。万物有一个总理，物物也各遵其理，那么物物之间又有何不同呢？“二程”又提出了“理一分殊”的思想。作为事物的本体的“天理”只有一个，即“理一”；但物物又各有区别，这个区别就是事物的性，即“分殊”，也就是说，万物各有其性。这就使得“天理”又具有形而下的意义，暗合了《周易》的“形而上者谓之道，形而下者谓之器”的思想。“二程”的“天理”论，既有本体论的高度，又有辩证法的灵活。

在此基础上，“二程”又提出了“存天理灭人欲”的思想。“二程”说，每个人都有私欲，即“人心”，而“人心”是无止境的，因为“利者，众人之所同欲也”。即便是圣人，也有私欲，但圣人的私欲能够自我控制，“圣人所欲不逾矩”。善于为政者，就在于“与民同乐”。如果任由其人的私欲发展下去，则天理不存也，“人之所以为人者，以有天理也。天理之不存，则与禽兽何异？”这一思想与孟子一脉相传。因此“二程”主张“存天理灭人欲”，“饿死事小，失节事大”；主张以“道心”来矫正“人心”，以此达到做人成圣的最高境界。这里“二程”把人欲与天理对立起来，是犯了机械化和绝对化的毛病。其实，“人心”也是“道心”的一部分，“天理”应包括“人心”，离开了“人心”的“天理”又有什么意义？稍后的朱熹就纠正了这一说法。

继承、发展“二程”的理学思想并集理学之大成者，是朱熹。朱熹，祖籍安徽婺源（婺源古属安徽徽州，今属江西），出生在福建南剑（今福建南平市）。生于1130年，卒于1200年，行年七十岁；南宋学者，人称“晦翁”“遁翁”“云谷老人”。中国古代儒家后期学说的代表，他的学说是元、明、清三朝的官方统治思想，也是科举考试的评判标准。其思想远播朝鲜、日本、越南以及欧美等地。朱熹是中国古代杰出的思想家、政治家和教育家。他创办或复兴的武夷精舍、紫阳书院、岳麓书院、白鹿洞书院在中国教育史上有着广泛而深远的影响。

朱熹一生历宋高宗、宋孝宗、宋光宗、宋宁宗四朝，在朝四十六天，出仕十余年，绝大部分时间都是在从事教学和著书立说，凡五十余年，是一位卓越的教师和学者。朱熹自幼就饱读诗书，刚牙牙学语时，就指着天问父亲，这上面是什么？父亲说，是天。朱熹又问，天上面是什么？父亲不能答，而惊疑朱熹的神奇。朱熹四岁时始读《孝经》，刻八个大字于书上，“若不如此，便不成人”。十四岁时，父亲病故，奉父之命，朱熹前往崇安五里向胡原仲、刘致中、刘彦冲求学。三十一岁时，拜李侗为师。这几个人融儒释道三家思想于一炉，因此早年的朱熹深受佛老的影响。所不同的是，朱熹后来完全转向对儒家的经典学习上，对“义理”下力最勤。深钻“义理”是宋明理学的一个特征，此一点有别于先前的儒家学者。十九岁时，朱熹考中进士。二十四岁时，开始做官。四十岁时，开办武夷精舍，始收徒讲学，其后，弟子若云。六十五岁时，出任皇帝师，被任命为“焕章阁侍制兼侍讲”，向宋宁宗宣讲《大学》精神。六十六岁时，朱熹学说遭禁，其学说被朝廷定性为“伪学”，弟子也都散去。面对此情此景，朱熹淡然处之，说，“非徒有望于今日，而又有望于后来也”，对自己的学说信心十足。后来果然如此，朱熹死后不断被朝廷追封，先是追认为“朱文公”，后是“信国公”，又赠封“太师”，宋理宗甚至说“恨不与之同时也”，直接把朱熹推上了云端。

朱熹的理学思想是宋代理学思想之集大成者，其主要内容有三点：

第一，理气变易的本体论。中国古代哲学，关于本体论的论述五花八门，有以“天”为本体者，以“道”为本体者，以“无”为本体者，以“心”为本体者，以“气”为本体者，朱熹以“理”为本体。朱熹说，“未有天地之先，毕竟是先有此理”，“理”可以超越天地而存在。朱熹又说，“合天地万物而言，只是一个理”，天地万物都共有一个理，这个“理”是独立于世界之外存在的，无所不包，无所不在，既无形，又无象。这个“理”就是形而上的宇宙本体。

与“理”相对的是“气”。“理”是形而上的，无形无象，“气”是形而下的，有形有体。“理”是一个抽象的概念，“气”是一个物质概念，可感可触。“理”不受任何因素的约束，它自由自在，“气”要受到物性的约束，它规定着运动的规律，“理”是本，“气”是末。朱熹说：“一元之气，运转流通，略无停间，只是生出许多万物而已。”因此变化运动是“气”的特性。“气升降，无时止息”，“气聚则生，气散则死”。天下之“理”，只有一个，而“气”可以生出万端，这就是朱熹的“一分为二”的思想。

朱熹的理气变易本体论，是对前人哲学思想的继承和发扬，这里面有《周易》的太极思想，有老庄的“道”的思想，有惠施的“一分为二”的思想，有周敦颐的宇宙本体思想，有张载的“气学”思想，有二程的“理一分殊”思想，他是古代哲学的集大成者。

第二，格物穷理的认识论。朱熹认为天地之间总有一个

“理”，每一个事物也都有一个“理”，这个“理”尽管是抽象的，既看不见也摸不着，但它客观地存在，因此朱熹认为这就是事物的“实理”。比如椅子。椅子有四条腿，方稳固，可坐人，如果只有三条腿，或者两条腿，就不稳固，也没法坐人，这就是椅子的“理”。这个“理”先于椅子而存在，也不会因某一个椅子的存亡而改变。椅子的形状、结构，就是一个事物的“气”（也称作“器”），“气”因禀赋的不同，而呈现出不同的形态，因此事物就千差万别。作为人，我们要尽其所能，“格物穷理”，穷尽每一个事物的“理”。

所谓“格”，就是达到、穷尽，“格物”就是要达到、穷尽事物的核心，不可半途而废，也不可浅尝辄止，更不能三心二意，要尽可能全面深入地认识事物蕴藏的道理。这就好比吃果子，要从表皮至外壳，至果肉，至内核，并且还要咬破果核，方才称之为“格”。又因为事物千差万别，所以我们“格物穷理”的功夫就没有尽头。道理无穷，格物不止。朱熹说，“一书不读则阙了一书道理，一事不穷则阙了一事道理，一物不格则阙了一物道理。须着逐一件与他理会过。”要“致广大，尽精微”。这才是一个人读书做事的基本精神。

“格物”的目的是“致知”，“致”就是推开去，“知”就是知识、认识，合起来就是扩大知识，增加认识，在一个更高的层面获得真知，认识真理。这就是儒家所提倡的“正心诚意”，“明明德”，“止于至善”。“格物致知”的具体方法和基本途径是积累和贯通。朱熹说：“一物格而万理通，虽颜子亦未至此，唯今日格一物，明日又格一物，积习既多，然后脱然有贯通处耳。”闻一知十，锱铢积累，功到自然成。朱熹的认识论，不仅当时广有影响，这也是朱熹人格魅力之所在，而且今天也仍有现实意义，它对于我们学习、工作和做人都有借鉴意义。

第三，革欲尽理的伦理观。朱熹继承了孟子的性善论思想，他说，“性即天理”，既是“天理”，就没有性善性恶之说，“天理”只是性善，天理“未有不善者也”。当初孟子只是提出性善说，并没有回答性为什么是善的，朱熹回答了这个问题，因为“性即天理”，“天理”本性善。不仅如此，朱熹还发展了孟子的性善说。朱熹把“性”分为“天命之性”和“气质之性”两种，“天命之性”本性善，而“气质之性”包含恶性，“气质之性”因为禀赋的不同，而包含有恶性。朱熹说：“天地间只有一个理，性便是理，人之所以有善有不善，只缘气质之禀，各有清浊。”这种伦理认识，更接近人性的真实面貌。

朱熹还继承了二程的“道心”说和“人心”说。朱熹说，“道心者，天理也”，道心至善，因为“道心是本来禀受得仁义礼智之心”，因此“圣人全是道心主宰，故其人心自是不危”。而人心兼善恶，人心是“气血和合做成”，是“饥思食”，“寒思衣”，是“形气之私”，故而兼有善恶。在此基础上，朱熹又创造了“人欲”的概念。“人欲”有时就是“人心”的同义语，有时“人欲”又指“恶的心”，“恶的心”就是纵欲、过欲，这是朱熹对二程思想的超越。正因为“人欲”有“恶的心”，所以朱熹认为必须予以克制。“存天理，灭人欲”，就是从这儿来的。

在《朱子语类》中记载有这样一次对话，有人问："饮食之间，孰为天理，孰为人欲？"是啊，一个饮食，怎样区分"天理"和"人欲"，有什么善恶之分呢？朱熹回答说："饮食者，天理也；要求美味，人欲也。"正常的饮食，就是"天理"，就是善的，而追求美味，就是"人欲"，就是恶的，因为追求美味，是一种纵欲、过欲。据此，朱熹提出了"存天理，灭人欲"的思想，主张做人要追求道德修养，要"革尽人欲，复尽天理"，要做"持敬"的功夫。这样，一个人在道德上才能达到"至善"。殊不知，追求美味，其实也是"人心"的一种正常追求。朱熹继承了孔子"克己复礼"的思想，弘扬了周敦颐"主静"的思想，他把"理"这个本体论的思想又转变成"做人成圣"的伦理思想，使"理"具有无上的崇高感和庄严感，成为人伦追求的最高原则。

朱熹的教育思想

朱熹是继孔子之后中国古代最伟大的教育家和学者。他一生从事教育和著书立说的时间长达五十余年，比孔子的时间还要长。朱熹培养的学生数以百计、千计，这些学生后来都成为国家的栋梁之才。在为官的十余年间，朱熹每到一地，都要整顿学校，鼓励从学，教书育人，诲人不倦。他亲手创办了武夷精舍、同安县学、紫阳书院和考亭书院，经他之手，位于庐山东侧的白鹿洞书院和位于湘江之畔的岳麓书院，不仅翻修以后焕然一新，而且书声琅琅，学生如云，学校办得如火如荼。这几个书院在中国教育史上具有广泛而深远的影响。

朱熹以儒家经典著作为基础，综罗百家，研读义理，使这些著作的思想闪烁出熠熠光辉。他亲手编订的教科书有：《孟子集解》《语孟精义》《大学章句》《中庸章句》《论语集注》《孟子集注》《易学启蒙》等。编著的学术著作就更多了，如《周敦颐通书》《二程语录》《太极图说解》《中和旧说》《西铭解》《伊洛渊源录》《近思录》《周易本义》《周易参同契考异》《诗集传》《楚辞集注》等，经九十多位学生编纂的《朱子语类》多达140余卷，约200万字，集中记录了朱熹的教师生涯，内容涉及哲学、宗教、伦理、经学、兵法、教育、宇宙学、天文学、气象学以及治学态度和方法，完全可以说是一部百科全书。《近思录》一书更是他思想精华的结晶，这部书历来被公认为是中国国学的必读书目。钱穆甚至说，中国人必读的传统书目共有七部，其中就包括《近思录》。朱熹还亲手制定学规，要求师生共同遵守，如镌刻在白鹿洞书院墙壁上的"白鹿洞书院学规"，直到今天仍有现实意义。

"父子有亲、君臣有义、夫妇有别、长幼有序、朋友有信"，此为"五教之目"。

"博学之，审问之，慎思之，明辨之，笃行之"，此为"为学之序"。

"言忠信，行笃敬，惩忿窒欲，迁善改过"，此为"修身之要"。

"正其谊不谋其利，明其道不计其功"，此为"处事之要"。

"己所不欲，勿施于人，行有不得，反求诸己"，此为"接物之要"。

朱熹的教育思想博大精深，对后世产生了积极的影响。其主要内容可概括为三个方面：第一，阐明教育目的；第二，革新教育内容；第三，总结教育方法。下面分别介绍。

第一，教育的目的在于返本明义。什么是教育之本？朱熹认为就是儒家的"五伦"，五种伦理观念。朱熹说，先王之学、圣人之教，都在于以人伦为本。什么是人伦？朱熹在《孟子集注》里说："父子有亲，君臣有义，夫妇有别，长幼有序，朋友有信，此人之大伦也。立、序、学、校，皆以明此而已。"把教育之本规定得清清楚楚。在此五伦中，又以父子、君臣和夫妇为纲，简称为"三纲"。这就是"三纲五常"。"三纲五常"不仅是儒家最大的伦理道德，也是朱熹规定的教育之本。

为什么要返本呢？朱熹认为现在的社会有些晦暗，教育是一代不如一代，人们都"怀利去义""忘本逐末"。朱熹说："后世学校之设，虽或不异乎先王之时，然其师之所以教弟子之所以学，则皆忘本逐末，怀利去义，而无复先王之意，以故学校之名虽在，而其实不举，期效至于风俗日蔽，人才日衰。"所以要返本。不返本，先王之学、圣人之教，就都要被遗忘了。

返本的目的又在于明义。明什么"义"？朱熹认为就是明"天理"。朱熹说："义为天理之所宜"。"宜"是什么意思？"宜"就是合当、应当、恰当，应该如此的，这就是"天理"。比如做官的，就应该廉洁勤勉，一心为公。朱熹说，这个"义"，从伦理的角度说，就是儒家的"仁"。朱熹在《论语集注》里把孔子所倡导的"仁"，归结为"爱之理""心之德"，要求做人做事要尽忠尽孝尽诚。为人臣侍奉君王要尽忠，为人子侍奉父母要尽孝，为人弟对待兄长要尽诚，"居处恭，执事敬，与人忠"，这就是明义。很显然，朱熹的"明义"带有片面性，他只规定了一方的"义"，而忽略了另一方的"义"。

第二，教育内容必须改革。朱熹的教育宗旨带有鲜明的儒家伦理特色，朱熹的教育内容也承续了这一点。朱熹建立了严格的书院制度，主张“有教无类”，他继承了孔子人人都应受教育的思想。朱熹说：“古之圣王，设为学校，以教天下之人。使自王世子、王子、公侯、卿大夫、元士之适子，以至庶人之子，皆以八岁而入小学，十有五岁而入大学。自天子至于庶人，无一人不入学。”提倡人人都应该接受教育，做一个文明人。

朱熹将教育内容分为小学和大学两部分。规定：八到十五岁入小学，十五岁以后入大学；小学主要是学事，学做事，大学主要是学理，探究事物的道理。朱熹说：“人生八岁，则自王公以下，至于庶人子弟，皆入小学，而教之以洒扫、应对、进退之节，礼、乐、射、御、书、数之文。”主张以“六艺”来教育儿童，养成儿童良好的行为规范。朱熹在《朱子语类》中说：“至人教小孩洒扫、应对，件件要谨慎。一个小孩举止有礼，穿戴整齐，因为是他家长从小教诲得如此。”朱熹指出，大学也应以“六艺”作为学习内容，只不过这个“六艺”不同于小学阶段的“六艺”，这“六艺”是指诗、书、乐、易、礼、春秋，很显然，这个内容要比小学阶段的层次高，难度大。朱熹说，大学就是要学习修身、齐家、治国的本领，将来好应用于社会。朱熹说：“大人之学，为穷理、修身、正心、齐家、治国、平天下之道。”前面四点是内修，修炼个人涵养；后面两点是外治，作用于社会和国家。

朱熹的教育内容改革不仅弘扬了儒家思想，表达了自己内圣外王的教育理想，而且严格区分了小学和大学阶段的课程内容，这是基于学生的年龄和身心发展的特点所决定的，十分具有科学道理。

第三，主张读书应该博学慎思。朱熹借用《中庸》中的一段话，总结了自己几十年来的教育经验，即读书学习，要“博学之，审问之，慎思之，明辨之，笃行之”，强调学习要有渊博的学识，要不耻下问，要勤勉思考，要善于辨析是非，要知行结合，多多实践。这一些思想在孔子那里都有。子夏曾说：“博学而笃志，切问而近思，仁在其中矣。”朱熹进一步强化并明确地指出，这就是读书学习的基本途径和方法。

朱熹说，“博学是致知”，博学是致知的前提条件。又说：“圣人教人有序，未有不先于博者。”要想成为一个高尚的人，就必须先要学问渊博、思想精神。朱熹是这样说的，也是这样做的。他一生博览群书，凡所学无所不精，内容涉及大千世界的方方面面。晚年朱熹自己回忆说：“某旧时，亦要无所不学，禅、道、文章、楚辞、诗、兵法，事事要学，出入时无数文字。”朱熹的确称得上是“一世学者宗师”。

朱熹特别强调“好问”，多问、每事问、不耻下问。孔子也是“好问”之人。一部《论语》涉及问仁、问政、问智、问礼、问孝等，凡 120 多问，真堪作“好问”的大师。朱熹也是如此，一部《朱子语类》，几乎就是一部问答录，200 万言，处处皆问，处处皆答。“好问”就是学而不厌，就是敏而好学，就是仁。

朱熹一生也是“笃行”的表率。朱熹爱好广游，古人所说，“读万卷书，行万里路”，这也是朱熹的信念。朱熹的足迹曾经遍布福建、浙江、江西、湖南等省，几乎踏变了中国的东南部。朱熹曾深有感触地说：“今也须如僧家行脚，接四方之贤士，察四方之事情，览山川之形势，观古今兴亡治乱得失之迹，这道理方见得周遍，不是块然守定这事物在一室，关门独坐便了，便可以为圣贤。”这是十分诚恳的“笃行”体会。

朱熹还十分强调“慎思”。《大学》中曾说，“君子必慎其独也”，认为即便是个人独处，也要谨小慎微，因为举头三尺有神明。朱熹深膺这一点。朱熹说：“独者，人所不知而己所独知之地也。”既是己知，理当谨慎思考，不可妄为。这一点现在特别有教育意义。现代人人所知都不怕，更别说人所不知了，对照一下古人，对照一下朱熹，我们是不是应该感到惭愧？

朱熹曾用一首诗表达了对“思”的重视和感悟，他说“半亩方塘一鉴开，天光云影共徘徊。问渠那得清如许，为有源头活水来。”慎思、勤思，就是读书求学的“源头活水”。“学原于思，思发其聪明”，“思”是使人聪明的利剑。事物之道理，也只有通过“思”，才能见出，“事与思相互发明”。孔子曾倡导的“学而不思则罔，思而不学则殆”，在朱熹这里再一次得到发扬光大。

《近思录》名句精读

《近思录》是朱熹和吕祖谦合著的一部思想大书，虽然不完全是朱熹的思想，但能反映和代表朱熹的思想。这里择其经典语句，以窥朱熹理学思想的博大精深。

1. 无极而太极。太极动而生阳，动极而静。静而生阴，阴极复动。一动一静，互为其根。分阴分阳，两仪生焉。——《道体》

注释：“极”，最高的屋梁，“太极”，最高最高的屋梁。又说是宇宙本源，万物产生的根本。还说是天地万物之总理，比如朱熹说“总天地万物之理，便是太极”。两仪，即阴阳。《易经》有“易有太极，始生两仪，两仪生四象，四象生八卦”之说。

翻译：作为宇宙本源的太极是无声无臭、无边无际的。太极一动，就生成阳，动到极致就变为静。静则生成阴，静到极致就又变成动。这样一动一静，互相作为对方产生的根本。太极分为阴和阳，阴和阳两仪就产生了。

精读：《道体》一章，是朱熹理学思想的总纲。这段话是朱熹引周敦颐的语句来阐述自己的宇宙本体论思想的。宋代理学家有许多是科学家，如周敦颐、邵雍、朱熹等，他们都对浩渺的宇宙发表了自己的看法。

这段话几乎涉及中国传统哲学的几个基本概念，无极、太极、阴阳、动静，这里面既有关于宇宙本体的思考，又有关于物质运动的思考，还有关于辩证法的思考。周敦颐认为无极是太极的顶端，在太极之上还有一个无极，所以周敦颐的原文中有一个“自”字，“自无极而太极”。朱熹把“自”字删掉了。朱熹认为，太极之上还是太极，没有另一个世界，万物之本体就是一个“理”字，“理”就是宇宙之本源。无极是形容太极的，是说太极无声无臭、无边无际。朱熹也认为万物之理必有对，就是说万事万物都是在矛盾运动中产生的，就像阴和阳、动和静，都有对立面。矛盾运动产生万物。

2. 生之谓性。性即气，气即性，生之谓也。人生气禀，理有善恶。——《道体》

注释：生，生下来，生命诞生之初。性，性质，本性。禀，禀赋、天性。

翻译：人生下来，就具有某种本性。这个本性就是气质，气质就是本性，也就是人生下来就具有这种东西。人生下来就具有某种气质和禀赋，理也具有善恶两种形态。

精读："性理说"是朱熹的一个重要思想。在朱熹看来，天地万物总有一个理，这个理即是天性，天性又是禀赋。天理、天性、禀赋都是抽象的道理。人生下来因为赋有某种禀赋，因此就分出了清和浊，形形色色的人就是这样来的；事物因为禀赋不同便具有了善和恶，形形色色的事物也是这样来的。朱熹继承了孟子的性善说，又解释了性善说，回答了人性之善何以为善的根本原因。

3. 习，重习也。时复思绎，浃洽于中，则说也。以善及人而信从者众，故可乐也。虽乐于及人，不见是而无闷，乃所谓君子。——《为学》

注释：习，学习。重习，反复学习。思绎，思考、演绎。浃洽，融会贯通。说，同"悦"。无闷，不感到失落。

翻译：学习，就应该反复学习。时刻反复思考、演绎，学习的东西就会在心中融会贯通，这样就充满喜悦。把自己的善行推及他人而跟随者众多，当然就感到高兴。如果你把善行推及他人，他人不能接受，而你却并不因此感到失落，这就是君子。

精读：《为学》一章讨论怎样成为君子。朱熹在这一段话中，既强调了反复学习的重要性，又强调了"人不知而不愠"的君子风度。这一思想来源于孔子。《论语》中说："学而时习之，不亦说乎？有朋自远方来，不亦乐乎？人不知而不愠，不亦君子乎？"在如何作君子的问题上，两相对照，朱熹似乎也没有超越孔子，看来，要超越孔子这位伟人怕还有些困难。

4. 濂溪先生曰，孟子曰："养心莫善于寡欲。"予谓养心不止于寡而存耳。盖寡焉以至于无，无则诚立明通。诚立贤也，明通圣也。——《克己》

注释：濂溪先生，即周敦颐。寡，减少。存，保留。无，无私欲。

翻译：周敦颐说，孟子说："修养本心的最好途径莫过于减少私欲。"我认为修养本心不能止于减少私欲而还保留私欲的存在。减少私欲一定要达到无私欲的程度，无私欲才能做到真诚、明理、通达。真诚，就能做到贤人的样子，明理，就能达到圣人的境界。

精读：《克己》一章讨论怎样修身养性，其核心就是尽可能减少人的私欲。中国传统哲学总是跟人的私欲过不去，朱熹就是如此。在前辈的基础上，朱熹更是登峰造极，提出了"存天理，灭人欲"的思想，把减少人的私欲推到一个极端。老子说，"见素抱朴，少私寡欲"，主张"寡欲"。孔子说，"克己复礼之谓仁"，克制自己的私欲就能做到仁。孟子说，"养心莫善于寡欲"，最好的养心办法莫过于减少私欲。都是跟私欲过不去，这是何苦来哉？！或许真有不可估量的作用？比如贪官层出不穷，西方金融危机频发，莫不是人的私欲导致的结果？

5. 又问："或有孤孀贫穷无托者，可再嫁否？"曰："只是后世怕寒饿死，故有是说。然饿死事极小，失节事极大。"——《家道》

注释：孤，幼年死父曰孤。孀，夫死独居曰寡。孤孀，孤儿寡妇。是，代词，这样的。

翻译：又有人问："如果有孤儿寡妇贫穷无依无靠，可以再嫁吗？"程颐说："这是后世人们担心孤儿寡妇因贫穷饥寒而饿死，才故意这样说。要知道相比较而言，饿死之事算小，失节事才是大事。"

精读：《家道》一章讨论如何齐家，治理家庭。在程颐和朱熹看来，寡妇不可再嫁，再嫁就等于失节，而失节比饥寒饿死更严重。在此一问之前，还有一问。有人问程颐，寡妇为什么不能再嫁？程颐说，男人娶妻要与自己的身份相配，如果不能相配，就等于失节。而娶一个寡妇，又怎能与自己身份相配呢？所以娶寡妇就等于失节，因此寡妇不能再嫁。朱熹引这段话来讨论治理家庭的问题，说明朱熹是认同程颐的说法的。今天看来，这一看法无疑是极端错误的，这是我们要加以批判的。

6. 治道亦有从本而言，亦有从事而言。从本而言，唯从格君心之非，"正心以正朝廷，正朝廷以正百官。"——《治体》

注释：治道，治理世道。本，根本。事，具体事务。格，革除。正，教正。

翻译：治理世道有从根本原则出发的，也有从具体事务出发的。从根本原则上来说，只有从革除君王的私心错误开始，（古人说）"教正君王之心，就可以教正朝廷之心，教正朝廷之心，就可以教正文武百官之心。"

精读：《治体》一章讨论治国平天下之策。在这一章里，朱熹表达了勇于变革的思想和敢于批判的勇气。俗话说，“乱自上出”，所以治国先要正人心，尤其是先要正君王之心。王心正，朝廷正，朝廷正，则文武百官正，这样国家才可治理，天下才可太平。段中所引的语句，出自董仲舒语，选自《汉书》，可见朱熹十分注意吸收前人的先进思想。在这一段话后面，朱熹还说，“大变则大益，小变则小益”，大的变革产生大的效益，小的变革产生小的效益，极力主张变革图治。

7. 人未安之，又进之，未喻之，又告之，徒使人生此节目。不尽材，不顾安，不由诚，皆是施之妄也。教人至难，必尽人之材，乃不误人。——《教学》

注释：安，熟悉。进，推进。喻，晓谕，明白。告，讲解。徒，白白浪费。施，实施。妄，盲目。

翻译：学生没有充分熟悉，老师又推进新的教学内容，学生还没弄明白，老师又开始讲授新知识，这样就白白地浪费了人力物力。不能充分发挥学生的才能，没有照顾学生的学习程度，没有激发学生的学习诚意，这都是盲目实施的教育方法。教育人最困难的，是尽量发挥学生的才能，做到这样，才叫不误人子弟。

精读：《教学》一章讨论教育问题。作为一位伟大的教育家，朱熹所讨论的问题，到现在为止，仍有积极的现实意义。朱熹所谈的问题就是适时教育问题。关于这一点，孔子也有论述。孔子说：“不愤不启，不悱不发，举一隅不以三隅反，则不复也。”不到学生想说而说不出，老师坚决不去引导他，不到学生想弄明白而又不得，老师坚决不去启发他，学生如果不能举一反三，老师就不要再往下讲了，这说明学生还没有融会贯通。即便讲了，也是白费力气，甚至还可能使人昏昏。朱熹说，教书育人，最困难的就是要尽量发挥学生的聪明才智，然而这一点，又是最难实现的。对这个问题，八百多年前，朱熹是看得多么深刻！谁又能否认，这不是教育过程中最困难的问题？

第十四讲

心学——王阳明

心学概述

心学，也是理学，它是宋明理学的一个分支，其主要代表人物是南宋的陆九渊和明代的王阳明。心学之所以从理学中分出来，是因为陆王心学与程朱理学有明显的不同，其理学思想和修敬功夫完全呈现出另一派风景，因此，人们便称陆九渊和王阳明的理学为“心学”。

心学的起源，或许要从二程（程颢、程颐）之异同说起。著名哲学家冯友兰先生对二程有一个简单的界定，他说，大程开启了心学，小程开启了理学；大程与陆九渊、王阳明织成一条心学的链条，小程与朱熹织成一条理学的链条。其实，大程和小程从本质上来说，本没有什么区别，所谓区别只在于二人的气象性格和修敬功夫不同罢了。有两个成语能够清楚地说明二人的气象性格，形容大程就说“如坐春风”，形容小程就说“程门立雪”。

“如坐春风”见于朱熹编辑的《伊洛渊源录》。说的是朱公庭到汝州跟随程颢求学，朱公庭听程颢讲课如痴似醉，不觉一月都过去了。回家后，朱公庭逢人便说老师讲课是如何精妙，跟随程先生学习，就像在春风里坐了一个月一样，轻松自在。这是说程颢讲课风趣幽默，为人谦和随意，跟学生之间没有架子，学生跟着他学习很享受。“程门立雪”出自《宋史·杨时传》。“至是，杨时见程颐于洛，时盖年四十矣。一日见颐，颐偶瞑坐，时与游酢侍立不去。颐既觉，则门外雪深一尺矣。”说的是杨时与游酢同去拜访程颐，见程颐正在午睡，便自觉在门前站立等候，等到程颐发现他们俩时，门外的积雪已经深达一尺多厚了。要知道，此时杨时也已经四十来岁了，比程颐小不了多少。由此可见，程颐为学为人，严谨肃静，不苟言笑，所以学生都有点怕他。当时有人这样评价两兄弟，说“明道犹有谑语，若伊川则全无。……伊川直是谨严，坐间尊卑长幼，莫不肃然。”大程喜欢开玩笑，小程则只是严肃。还有人说，伊川“于圣人气象差少从容尔。明道则已从容，惜其早死，不及用也。”小程似乎少了一点圣人气象的从容，而大程倒是有，只可惜英年早逝了。清代黄宗羲整理儿子黄百家后续完善的《宋元学案》里说：“顾二程子同受学濂溪，而大程德行宽宏，规模阔广，以光风霁月为怀；二程（即小程）气质刚方，文理密察，以峭壁孤峰为体。其道虽同，而造德自各有殊也。”这是对二程气象性格之异的一个较为全面的评价。

两人在治学风格上也呈现出不一样的面貌。陆九渊在自己的语录里曾经毫不隐讳地说，“伊川蔽固深，明道却疏通”，指出小程思想、学问不通套，有隔，而大程比较通达，明显地贬小程尊大程。朱熹也曾在自己的语录里明确地表明态度，他说，“明道说话超迈，不如伊川说得的确”，指出大程说话有时候有点恣意，而小程说话却严谨、准确。这其实说的是大小程治学风格的不同。

朱熹和陆九渊之所以对二程褒贬倾向不一，原因是朱陆二人思想倾向有异。程颐和朱熹说，“性即理也”。而陆九渊却说，“心即理也”，都是认“理”的，但一个认为“性即是理”，一个认为“心即是理”，区别就在一个字上。朱熹是宋代理学的集大成者，而陆九渊则是宋代心学的创始人，他们一个尊崇“天理”，一个认可“我心”，二人并立为南宋理学的双峰。

这里要重点说一说陆九渊。陆九渊，字子静，南宋抚州金溪（今江西省金溪县）人，古代著名哲学家，因讲学于象山书院（今江西省贵溪县龙虎山），所以人们又称之为“陆象山”或“象山先生”。陆九渊一生有过短暂的从政经历，但大多数时间是在收徒讲学和著书立说，算得上是一个纯儒，一个性情通达的儒家学者；他给后世留下了厚重的《陆九渊集》。

陆九渊自小就显示了非凡的智慧和胆识，有神童之称。有一次父亲陆贺请客，高朋满座，有人借机想试一试陆公子的才学，便说，你能背出《论语》中“有子三章”吗？陆九渊不慌不忙地就背出来了。客人又问，你能解释“有子三章”的义理吗？陆九渊胸有成竹地说，“有子名叫有若，字子有，是孔子晚年的学生，小孔子四十三岁，也是孔子晚年最有出息的学生之一。有子主要是阐述和弘扬孔子的思想。第一章是讲仁之本，第二章是讲礼之用，第三章是讲信与义。有子认为，孝、悌、礼、义是做人的根本。”一番话说得客人点头称是。由此可见，陆九渊自小就尊奉儒家思想为根本。

还有一次，陆九渊与几个兄长一起跟随父亲散步，谈到二程。陆九渊说，我近来在读程伊川，感觉他讲的一些话是违背圣人之道的，也是背离人情的。“存天理、灭人欲”，与孔子的仁者爱人是相违背的。人本有七情六欲，怎么能舍弃呢？程伊川讲君贵民轻，与孟子所讲的民贵君轻刚好相反。我的确不喜欢程伊川啊！由此可以看出，陆九渊自接受儒家教育以来，就与程伊川格格不入。

陆九渊能诗，曾多次用诗来表达自己对儒家义理的思考。有一次，他与兄长、父亲一块儿郊游，父亲要求每个孩子都写一首诗，以诗言志。陆九渊写的诗是：

讲习岂无乐，钻磨未有涯。
书非贵口诵，学必到心斋。
酒可陶吾性，诗堪述所怀。
谁言曾点志，吾得与之偕。

在诗里，陆九渊既表明了自己认真“钻磨”儒家经典的志愿，又说明自己在性情上与庄子贴近，他是想借用庄子的“心斋”，来批评死读书的风气，而倡导这种风气的正是程颐和朱熹。由此可知，陆九渊的心学思想早在少年时期就已经露出端倪。

陆九渊的核心思想就是“心本论”。陆九渊认为，天地万物，本于一心，一心无，则万物无，本心与万物实为“一”。他说：“宇宙便是吾心，吾心便是宇宙。”宇宙之大不过在于一心，一心虽小，却足以囊括宇宙万物；心生万物，万物一心。他又说："心即万物，万物即心，心与万物为一体。"这就说得更明确了，万物与心虽然为二，实则为一，人心之外，并无万物，万物之所得，全在于一心。陆九渊从宇宙论和认识论的角度，阐释了以人心为本体的世界观。所以，陆九渊的本体论是"心本论"。在"心"之外，陆九渊还谈到了"理"。陆九渊说："万物森然于方寸之间，满心而发，充塞宇宙，无非此理。"朱熹也说过类似的话。朱熹说："合天地万物之言，只是一个理。"陆九渊的"理"和朱熹的"理"，都是指天地万物都存有一个"理"，这个"理"是客观存在的。既然如此，那么人心与万物之间的"理"是一种什么样的关系呢？陆九渊说："人皆有是心，心皆具是理，心即理也。"所有的人都具有这个心，所有的心都存有这个理，所以"心就是理"。陆九渊终于显示了他与朱熹的区别。

既然"心就是理"，所以陆九渊就认为人无需外求，也不必像朱熹所提倡的那样，"格物致知"，只要"发明本心"就可以了，这样陆九渊就建立起了自己的"心学"。曾有弟子问陆九渊什么是"本心"，陆九渊说，仁义礼智"四端"就是我们每个人的本心，孟子不是说："恻隐之心，仁之端也；羞恶之心，义之端也；辞让之心，礼之端也；是非之心，智之端也。"这不就是说，人先天就具有一颗善良之心吗？这就是"本心"！陆九渊直接继承了孟子的性善论，并更加明确了修养的途径。孟子说："吾善养吾浩然之气。"陆九渊说，为学传道必须"发明本心"。所谓"发明本心"，就是使原本那颗晶莹透亮的心重放光明。为什么原先晶莹透亮的心会蒙尘、会暗淡无光呢？原因就在于我们人有私欲，有“私心”，而圣人呢，他们只有“本心”“公心”。陆九渊说：“人性本善，其有不善者迁于物也。”人之所以有不善之举，就是因为有“物”的遮蔽。这个“物”首先就是“私欲”“私心”。为此，陆九渊特别强调，要去蔽，要剥落，要减担，甚至要静坐，总而言之，就是要逐渐减掉遮蔽“本心”的一切多余的东西，使“本心”重见天日。因此，那些死读书、死认理的“格物”做法，就是缘木求鱼。这样，陆九渊尽管也认为天地万物都存有一个理，但他终究与朱熹分别开了，他要另寻一条轻松的途径去追求君子之道。而这种求道的方式和途径，与禅宗的“明心见性”有异曲同工之妙，因此，朱熹批评陆九渊“近禅”，不是没有道理的。

鹅湖之会

中国历史上，有三次伟大的会见，注定要被人们永远铭记。第一次是请教，以学生的身份向老师请教，发生在春秋时期，这就是孔子拜见老子，孔子向老子问礼。第二次是同游，一个天才诗人与另一个天才诗人，由于某种原因，像两颗星座一样，碰面了，惹得诗人闻一多先生大发感慨，认为是一次“晴天里太阳和月亮走碰了头”，这就是唐代李白与杜甫的同游洛阳。第三次是论学，很难想象，在偏于一隅的南宋王朝，在江西信州的鹅湖寺山上，竟然有一次关于哲学的激烈论争，争论的双方是两个理学家。更让人匪夷所思的是，这次学术之争竟然都是用诗歌作为媒介，也就是说，争论的双方都是用诗歌来说明自己的哲学观点。几年之后，争论双方的两个主要代表，竟互相约请讲学，彼此还欣赏不已，这一人类历史上明澈的“学术论争”，就是被中国哲学史传为佳话的“鹅湖之会”。

“鹅湖之会”既是一次哲学论争，也是一次文人雅聚。公元 1175 年，小朱熹七岁的“东南三贤”之一的吕祖谦，刚去福建采访完朱熹，回浙江金华的时候，为了调解朱熹和陆九渊的矛盾，便同时约请朱熹和陆九渊来江西信州鹅湖寺，以言会友，切磋思想。

在鹅湖寺山上，吕祖谦首先问陆九渊的兄长陆九龄，近来可有什么新观点，陆九龄便赋了一首诗：

孩提知爱长知钦，古圣相传只此心。
大抵有基方筑室，未闻无址忽成岑。
留情传注翻蓁塞，着意精微转陆沉。
珍重友朋相切琢，须知至乐在于今。

这首诗的大意是：每个人孩提时代，都知道爱其亲，尊其长，这是孔孟相传的仁义本心。仁义本心是一个人立事的根基，从来没有听说舍弃这个根基而筑室成山的。如果舍弃本心，而专注于纷繁复杂的转注，或者词句的精微辨析，这就好像陷入了蓁塞和陆沉的困境。今天朋友们在一起切磋，这是多么好的事情，我们应该珍惜这份情谊。

朱熹听完陆九龄的诗后，面色稍改，对老朋友吕祖谦说，陆九龄已经上了陆九渊的船了，兄弟俩不分彼此。接着又说，但是我觉得，为学的目标首先就是求理，而求理的办法就是读书，读书必须循序渐进，切不可像禅宗那样讲究顿悟了事。说完，便转过头问陆九渊，子静（陆九渊字子静）兄，你以为然否？

陆九渊站起来了，终于有机会说话了。因为在朱熹和吕祖谦面前，陆九渊算是晚辈，吕祖谦是陆九渊科举成功的恩师，所以，在朱熹、吕祖谦面前，陆九渊要执弟子礼。陆九渊站起来说，我在来鹅湖寺的路上，为了和兄长子寿（陆九龄字子寿）之诗，我也赋了一首诗，现在念出来，请老师指教：

墟墓兴哀宗庙钦，斯人千古不磨心。
涓流滴到沧溟水，拳石崇成泰华岑。
易简功夫终久大，支离事业竟浮尘。
欲知自下升高处，真伪先须辨只今。

朱熹听到五六两句时，就不高兴了，当听完全诗就有些坐不住了，以至“失声”，“大不怿”，会谈场面十分尴尬。吕祖谦只好宣布散会。第二天，朱陆之争还在继续，但都以陆九渊这一边占上风，朱熹及弟子神情有些黯然。

那么陆九渊这首诗写的是什么意思呢？竟然让朱熹“大不怿”！这首诗的大意是说：见到废墟荒墓就感到悲哀，见到祖宗宗庙就感到钦敬，这是千古不灭的圣人之心。涓涓细流可以汇成大海，拳拳沙石可以聚成高山。简单易学的功夫终究可以成为大气象，而繁琐的注解只会把事业弄得支离破碎。要想知道一种学问是怎样由低升到高处的，只需要把如今的真伪辨别清楚就可以了。看得出来，这首诗是针对朱熹的治学特点而写的，因为朱熹提倡追求圣人之道，就是要“留情转注”，要一件一件地“格物致知”。也难怪朱熹不高兴。

有意思的是，朱熹当时没有回应，也就是说没有像陆九渊兄弟俩那样，以诗明志，而是在事隔四年后，也就是 1179 年，陆九龄拜访朱熹，借此机会，朱熹和了一首诗，回应了一下陆九渊兄弟俩：

德义风流夙所钦，别离三载更关心。
偶扶藜仗出寒谷，又枉篮舆度远岑。
旧学商量加邃密，新知培养转深沉。
却愁说到无言处，不信人间有古今。

朱熹是说，你们兄弟二人的道德文章我一向是很钦佩的，离别三载以后更是挂念不已。我潜居深山，偶尔扶着藜杖走出寒谷看看，你们却那么远乘坐竹轿过来看我，我感到很高兴啊！古老的学问只有经过仔细研究才能逐渐深邃和精密，新的知识只有通过不断学习才能转向深沉。我现在发愁的是，你们常常流于空谈，坠入空疏，不相信古今之学从来都是要仔细学习的道理。

朱熹以一个师者的身份，语重心长，谆谆告诫，希望陆九渊兄弟二人扎扎实实地为学传道，而不要搞“发明本心”那一套，那样只会荒废了自己的学业。自然，陆九渊兄弟二人也不可能听信朱熹的这一套。

朱陆之争其实在本质问题上，并没有太大区别，主要的还是在为学方法上的分歧。朱熹主张“即事穷理”，强调“格物致知”，陆九渊主张“发明本心”，强调“易简功夫”；前者主张为学传道，要认真读书，且必须下一番苦功夫，后者主张为学传道，只应识其大体，不必转注索解。所以一个说“性即是理”，形而上要穷其理，形而下要见其性；一个说“心即是理”，形而上要明其心，形而下自然就可通其理。区别只在一个“性”和“心”字上。

不仅如此，细究起来，朱陆二人还是有许多相异点的。比如，第一，理解“无极”之异。周敦颐《太极图解说》开篇就说，“无极而太极”，朱熹认为“无极”是用来形容太极的，是说太极无方无形，这样说无不可，也不能据此就说这一思想是出自老子；陆九渊说，儒家也有形容太极的，比如说“上天之载”或者“无声无臭”，但没有用“无极”形容太极的，而且“无极”一词明显地出自老子，怎能说不是源于老学呢？认为朱熹巧言辩说。第二，理解“孟子”之异。朱熹对孟子多有批评，说孟子不像孔子那样切实做学问，而只喜好从义理层面说心，导致后来的学者学问荒疏，而不肯“格物致知”。而陆九渊恰恰是高举孟子的旗帜的，认为人先天本善，所有人人都具有仁义的本心，不同的只是功夫问题，普通人必须革除遮蔽，见其本心，方能为学传道，所以陆九渊认为那种死读书是要不得的，“尽信书则不如无书”。第三，理解王安石之异。朱熹的学生杨时全面否定王安石，批评挖苦的言辞尖锐刻薄，认为王安石不仅学问多有穿凿，而且人品也有问题，说王安石心胸狭小，投敌卖国。朱熹虽然不像自己的学生那样，但对王安石基本上也持否定态度。但陆九渊对王安石多有挺举。他认为王安石“英特迈往，不屑于流俗……洁白之操，寒于冰霜，公之质也”，“道术必为孔孟，勋绩必为伊周”，对王安石的人品和道德文章都给予了极高的评价。不仅如此，陆九渊还认为变法失败，不能把责任都归结到王安石头上，认为批评王安石的人大多意气用事，不顾事实，他说“熙宁排公者，大抵极诋訾之言，而不折之以至理，平者未一二，而激居者八九”。为王安石受到不公平的对待，打抱不平。

虽然有这样激烈的争论，但朱熹和陆九渊仍然表现出了儒家学者的高风亮节，他们二人不仅没有为此争吵翻脸，或者背后损人骂人，相反，越到后来，二人越表现出互相倾慕的姿态。他们互相欣赏，极力地肯定对方，朱熹说陆九渊“南渡以来，八字脚里会着实功夫，唯某与陆子静二人而已，某实敬其为人，老兄未可轻议之也”，对陆九渊的人品和学问都很钦佩。陆九渊说朱熹，“此老才起英特，平生志愿不没于利欲，当今诚难其辈。第其讲学之差，蔽而不解，甚可念也”，在钦敬中，又惺惺相惜。更难能可贵的是，1181年，陆九渊受朱熹之邀，前往庐山白鹿洞书院拜访朱熹，为朱熹的弟子讲孟子“君子喻于义，小人喻于利”一章，朱熹后来回忆这一次讲学，常常泪流满面。这是多么感人的一道学术风景啊，遗憾的是，当今再也难以见到了！

王阳明及心学思想

有一种说法，说圣人所谓“立德、立功、立言”三不朽之宏伟事业，后世儒家只有两个半人做到了，这两个半人就是诸葛亮、王阳明和曾国藩，曾国藩还只能算半个人。由此可见，王阳明在历史上的地位，是很高的。著名国学大师钱穆说，中国人要学习古代文化，加强自我修养，有六本书必须读，这就是《论语》《孟子》《老子》《庄子》《坛经》《近思录》和《传习录》，《传习录》就是王阳明学术思想的结晶。由此也可知，王阳明的思想，不仅是中国传统文化的组成部分，而且是极其重要的组成部分。

那么，王阳明何许人也？他为何有如此高的地位和影响？他有什么样的哲学思想？下面简略述说之。

王阳明，字伯安，又名守仁，浙江余姚人，明代著名哲学家、文学家、教育家和军事家，是继朱熹之后又一代通才大儒。王阳明曾有过短暂的从政经历，带过兵，打过仗，武艺也很了得。

据说，大太监张忠想让王阳明出丑，要他当众射箭，心想王阳明是一个读书人，肯定不会射。没想到，王阳明弯弓搭箭，轻车熟路，刷刷刷，三箭射出去，竟然全部射中靶心。王阳明曾在家乡余姚阳明洞结庐悟学，别号阳明子，因此世称“阳明先生”，后来遂以王阳明行世。王阳明继承了孟子的心论思想，将陆九渊的心学发扬光大，并以此与程颐朱熹的“格物”理学相抗衡，遂成为陆王心学的集大成者，也成为明代以后最重要的思想家，其影响不仅深入明代，而且延伸到清代、近代，甚至远播到日本、朝鲜等东南亚诸国，在欧美也有一定的影响。

孟子曾经说：“人之所不学而能者，其良能也；所不虑而知者，其良知也。孩提之童，莫不知爱其亲者，及其长也，无不知敬其兄也。亲亲，仁也；敬长，义也；无他，达之天下也。”意思就是说，“人不用学习就能的，是良能；不用思考就知道的，是良知。两三岁的小孩子，没有不知道亲爱他父母的，等到他长大，没有不知道尊敬他兄长的。亲爱父母是仁；尊敬兄长是义。没有其他原因，因为这两种品德是通行天下的。”孟子在此提出了“良知”的概念，肯定了人性本善的本质，指出“良知”出自人的本能。王阳明进一步论述了“良知”的本质属性。他认为，“良知”就是人的本能。他说：“是非之心，不待虑而知，不待学而能，是故谓之良知。”“良知”是什么？“良知”就是“不待虑而知，不待学而能”的自然之理，它自然而然，自能自会，深藏于心。传说有这样一个故事，有一个贼被王阳明的门人逮住，王阳明对贼大讲“良知”的道理。

贼听得大笑，说，请先生告诉我，我的良知在哪里？王阳明说，天太热，请脱掉上衣。贼照做了。王阳明又叫贼脱掉裤子，贼犹豫了，说这样好像不太得体吧？王阳明大声对贼说，看，这就是你的良知，它深藏于你的内心。这就说明良知就是人心。

“良知”不同于“知”，“知”是物性层面的东西，它是耳鼻口舌之学，一定会有私心，而“良知”呢，它是“全体之知”，“全体之知……总是一个本体”。他又说：“天，良知一也。以其妙用而言，谓之神。以其流行而言，为之气。以其凝聚而言，谓之精。……阴根阳，阳根阴，亦非有二也。”在王阳明看来，上天和良知是一个东西，是一个整体，也就是本为一体。除此以外，别无他物。据此，王阳明提出了他的一元论哲学。所谓一元论哲学，就是承认世界只有一个本源，没有物质和精神之分，没有主体和客体之辨。王阳明曾经携友游南镇，朋友指着岩中花树问他，先生曾经说，天下无心外之物，就像这岩中的花树，它们在深山中自开自落，于我心有何关联？王阳明说，你未看此花时，此花与心同归于寂寞；你来看花时，此花一同与你明白起来。因此，便可知道此花决不在你心之外。这就是著名的“岩中花树”的故事，它充分说明王阳明是一个主观唯心主义者，无此心，则无世界，心之外，再无他物。王阳明说：“良知是造化的精灵，这些精灵，生天生地，成鬼成帝，皆从此出。”天地万物就是由“良知”所生，这“良知”不就是世界的本源吗？

王阳明认为良知之本体，也就是人心之本体，良知和人心合二为一。他说，“我的灵明，便是天地鬼神的主宰”，这所谓的“灵明”便是“良知”，也就是“仁心”。孟子曾经说，观孺子入井，而生恻隐之心，观草木摧折，而生悲悯之心，这就是仁心。王阳明继承了这一思想。他说：“我心之良知，即所谓天理也。……是合心与理为一也。”又说：“圣人之心，以天地万物为一体。”良知即是天理，人心即是天理，良知和人心与万物为一体，王阳明终于把良知、人心和天地万物统一了起来。王阳明还有几句话说得更明确，他说：“良知之虚，便是天之太虚。良知之无，便是太极之无。”这就从宇宙论的角度进一步确认了“良知”的一元论思想。

当然，讨论“良知”不是目的，“致良知”才是目的。《大学》所讲的“大学之道，在明明德，在亲民，在止于至善”，就是“致良知”，这才是至诚至敬的目的，也是儒家成人成圣的最高境界。“致良知”是王阳明核心思想。所谓“致良知”，就是要达到“良知”，为此王阳明提出了自己的修敬途径，这就是“易简”。在这个问题上，王阳明继承并弘扬了陆九渊的思想。他说：“心即理也，此心无私欲之蔽，即是天理，不须外面添一分。”又说：“千思万虑，只是要致良知。良知愈思愈精明。”所谓“致良知”，就是一个思虑即可，求得圣人之心，何须向身外去求？王阳明比陆九渊走得更远。传说王阳明是在被贬谪到贵州农场驿以后突然醒悟到“致良知”的学说的。《王阳明年谱》中说：“忽中夜，大悟格物致知之旨，寤寐中若有人语之者，不觉呼跃。”为自己之突然醒悟欣喜不已。王阳明自己说：“致此良知……便是格物。‘致知’二字，是千古圣学之秘……此是孔门正法眼藏，从前儒者多不曾悟到。”千年间，孔门的正法眼藏，只有自己悟得，言辞间，颇有一点自得之态。

王阳明也是用“致良知”来对抗朱熹的“格物致知”。他说：“身之主宰便是心。心之所发便是意。意之本体便是知。……所以某说无心外之理，无心外之物。”强调“致良知”就是要反观内心，通过静坐，从内心去修得圣人之道。王阳明批评朱熹“格物致知”乃是“义外求理”。他说：“此格物之说未透，心何尝有内外？……人须在事上磨练做功夫，乃有益。”强调在事上磨练功夫。据说，王阳明早年也是信奉朱熹的“格物”之学的。有一次，他决心认真练习一下格物，面对园中竹子，他连续格了七天七夜，结果什么也没有“格”出，人倒是累病了。后来在农场驿悟道，使王阳明彻底明白了，所谓“致良知”，就是要顿悟，要内求，这就同于陆九渊的“发明本心”。陆九渊的学生杨简很长时间不明白何为“本心”，后来任职官场，还是困惑不解。有一次断了一场卖扇子的官司后，就问陆九渊，什么是本心。陆九渊说，你刚才断案，断是为是，断非为非，这就是本心。杨简问，难道仅止于此吗？陆九渊大喝道，难道还有别的东西吗？杨简就此顿悟。

王阳明还强调“知行合一”。有一个学生问什么是“知行合一”。王阳明说，现在的人把知和行分作两件事，这就使得行虽有不善，但也无法禁止了。“我今说个知行合一，正要人晓得一念发动处，便即是行了；发动处有不善，就得将这不善的念克倒了，须要彻根彻底，不使那一念不善潜伏在胸中。此是我立言宗旨。”这就说得很明白了，如果认为知和行是两个东西，不善的行动已经开始了，就无法再制止了；而提倡知行合一，就能避免这个问题，因为行动开始时，念头也刚刚开始，所以可以制止。王阳明还说：“知是行的主意，行是知的功夫。知是行之始，行是知之成。”不仅简明扼要地讲明了知和行的辩证关系，关键的是以此强调要讲“诚意”。王阳明说，人的“私欲日生，如地上尘，一日不扫，便又有一层。着实用功，便见道无终穷。”又说，圣人之所以成为圣人，就是一旦发现不善，就立即改掉。所谓“古之圣贤，时时自见己过而改之，是以能无过”，这就是圣贤的高明之处。如果普通人都能做到这样，则人人皆可为尧舜，满街也就都是圣人了。

从陆九渊到王阳明，心学已经走得很远了，他不仅发展了陆九渊的主观唯心主义，而且实现了儒学的嬗变，使儒家学说呈现出另一个面貌。因此，也有人说，王阳明是儒学的转折点。王阳明能狂，平生之志就是要做第一等大事，这一点不同于原儒；王阳明近禅，他强调在日用事情上磨练功夫，强调顿悟，这一点与禅宗几乎无二致。王阳明的心学思想实际上已经融合了儒释道三家的思想。王阳明自己说：“仙佛到极处，与儒者略同。”又说：“圣人与天地万物同体，儒佛老庄，皆吾之用，是之谓大道。”当然，他的底色仍然是儒家，因为这一切都是为了为学传道，追求至圣。王阳明晚年有一首诗说得好：

莲花顶上老僧居，脚踏莲花不染污。
夜半花心吐明月，一颗悬空黍米珠。

这首诗中，“老僧”和“莲花”用的是佛家语，而“悬空黍米珠”却出自《道藏》第一卷《度人经》，由此可见王阳明的的确确是“三教合一”之大成，他的思想颇有些驳杂之色。

《传习录》名句精读

《传习录》是全面反映王阳明哲学思想的一部著作，分上、中、下三卷，上卷由三篇学生笔录组成，记载王阳明与三个学生之间的问答；中卷是王阳明的书信集，分别回答了七个学生的提问；下卷也是学生笔录，记载了师生之间的一些活动。下面择其重要语句做一点评析，以窥王阳明哲学思想之一斑。

1. 先生曰："心即理也。天下又有心外之事、心外之理乎？"——《卷上·徐爱录》

注释：心，人心。理，天理。

翻译：王阳明先生说："人心就是天理。难道天下还有人心之外的事情、人心之外的天理吗？"

精读：徐爱，王阳明的妹夫，也是王阳明第一个最得意的弟子，有"王门颜回"之称。"心即理"，是王阳明哲学的核心命题，也是王阳明继承陆九渊心学思想的直接反映。王阳明是一个主观唯心主义者，他认为世界的本源只有一个，这就是人心，天理就在人心。除此以外，别无他物。作为人，所要做的唯一功夫，就是“致良知”。因此，要诚意，要格物，要静坐，要反观内心。他说“《中庸》言，‘不诚无物’，《大学》‘明明德’之功，只是个诚意，诚意之功，只是个格物。”以“心即理”为基础，王阳明把“良知之本体论”和“致良知”的修敬功夫全部统一了起来，全部的学问只在一个动词上，这就是“致”。所以说，“天理即是明德。穷理即是明明德。”

2. 或问：“晦庵先生曰，‘人之所以为学者，心与理而已。’此语如何？”曰：“心即性，性即理。下一与字，恐未免为二，此在学者善观之。”——《卷上·徐爱录》

注释：晦庵，即朱熹，朱熹号晦庵。为学，做学问。

翻译：有人问：“朱熹说，‘人之所以做学问，就是要分清心和理罢了。’这句话正确吗？”王阳明先生说：“心就是性，性就是理，‘心’和‘理’之间加一个‘与’字，恐怕就把心和理分成两个东西了。这就要求做学问的人要善于观察体会了。”

精读：王阳明和朱熹在很多方面不同，“心、理”理解之异，恐怕是关键。在朱熹看来，这个世界有两个本源，一个是人心，一个是天理，人心是主观的，天理是客观的，人所要做的就是穷其毕生的功夫，“格物致知”，发现、探究客观世界的那个天理；而人心因为有私欲，往往会遮蔽这个过程，所以就要仔细读书，认真研磨。可是，在王阳明看来，这个世界只有一个本源，这就是人心、良知，人心就是天理，良知就是人性，心、性、理三者合一，除此以外，没有其他事物。因此，朱熹重研磨，王阳明重顿悟。

3. 若鄙人所谓致知格物者，致吾心之良知于事事物物也。吾心之良知，即所谓天理也。致吾心良知之天理于事事物物，则事事物物皆得其理也。——《卷中·答顾东桥书》

注释：致，达到、明白、求得。知，知识、智慧。格，分辨、揣摩、探究。“格物致知”，现代汉语解释为“推究事物的原理法则而总结为理性知识”。

翻译：我所说的格物致知，就是把我心中的良知用到事事物物上去。我心中的良知就是天理，把我心中的天理良知用到事事物物上，那么事事物物就能得到天理了。

精读：顾东桥，王阳明的弟子。这句话是针对程颐朱熹的“格物致知”来说的。有几个意思。第一，表明自己的“格物”不同于朱熹。朱熹的“格物”，是要通过读书思辨来探求客观事物的道理，而王阳明是要通过达到良知来求得圣人之道。第二，王阳明意在强调在事物上研磨。王阳明说：“除了人情事变，则无事矣。喜怒哀乐非人情乎？自视听言动以至富贵贫贱患难死生，皆事变也，事变亦只在人情里。”就是说，在喜怒哀乐这样的人情事物里，照样可以“致良知”。这有点像后期的禅宗，认为修道参禅不需要出家，在日常事务里就可以做到，所谓担水劈柴，莫不是禅修。当然，王阳明认为喜怒哀乐要恰到好处，以至中和，这才是在“事上磨练”的本意。所谓“人但要识得心体，自然增减分毫不得”，这也就是孔子所说的“思无邪”，追求一个“和”字。

4. 圣人之学，日远日晦，而功利之习，愈趋愈下。其间虽尝瞽惑于佛老，而佛老之说，卒亦未能有以胜其功利之心。虽又尝折衷于群儒，而群儒之论终亦未能有以破其功利之见。盖至于今，功利之毒沦浃于人之心髓，而习以成性也几千年矣。——《卷中·答顾东桥书》

注释：晦，月尽也，天气灰暗，不明朗。瞽，本指眼睛瞎，此处指被迷惑。浃，湿透，浸透。

翻译：圣人的学说，一天天远去，一天天晦暗，而追逐功利的风气却日益兴盛。这中间曾有人被佛老两家学说所迷惑，而佛老的学说并不能战胜追逐功名利禄的人心。虽然曾有人拿群儒的学说来折中调和，但群儒的学说最终也没能阻止人们追逐功利的偏见。直到今天，追逐功利的流毒已经深入人的骨髓，积习成性已经达数千年之久了。

精读：这是一段十分沉痛的文字，表达了王阳明的深沉痛苦和儒家情怀。王阳明深感功利之风甚嚣尘上，而儒家道统学说日渐沉沦，作为一个终身都致力于“致良知”的知识分子来说，他一定是十分痛心的，因为他无力挽救。就在这封信的结尾处，王阳明再次强烈地表达了“舍我其谁”的宏伟抱负，他说：“所幸天理之在人心，终有所不可泯，而良知之明，万古一日，则其闻吾拔本塞源之论，必有恻然而悲，戚然而痛，忿然而起，沛然若决江河而有所不可御者矣。非夫豪杰之士，无所待而兴起者，吾谁与望乎！”这简直就是一篇向功利之风宣战的决心书，其情其貌，虽时隔千年，今日读来依然动容。这就是王阳明，骨子里面始终激荡着狂狷之气的儒家学者，同孟子一样，伟大而刚烈。

5. 问：“先生尝谓‘善恶只是一物’。善恶两端，如冰炭相反，如同谓之一物？”先生曰：“至善者心之本体。……不是有一个善，却又有一个恶来相对也。故善恶只是一物。”——《卷下·黄直录》

注释：端，事物的一头，在这里指事物的一个方面。本，原指树木之根。本体，指事物的根本、根源。

翻译：黄直问：“先生曾经说，‘善恶只是一个事物’。善恶有两个方面，就像冰和炭一样分明，怎么能说是一个事物呢？”王阳明先生回答说：“最高的善就是心之根本。心之根本是善，没有另一个恶来与之相对，所以说善恶只是一个事物。”

精读：黄直，王阳明的弟子。善恶一体，无善无恶，这是王阳明的伦理观。因为，王阳明认为，人性本善，不存在善之外，还有一个恶。那为什么人会作恶呢？王阳明说，那是人失去了本体。王阳明说：“恶人之心，失其本体。”王阳明还用打比方的方式说明人性本善，或者说本体无善无恶。他说，天地山川中生长的花草，有什么善恶之分。你赏花时，花就是善的；你除草时，草就是恶的，这全都因为人心有善恶之故。但这是错误的。最高的善，却是无善无恶。“无善无恶者理之静，有善有恶者气之动”，不动于气，这就是至善。佛家也说无善无恶，但佛家是不作为，儒家说无善无恶，但儒家是遵王之道，遵循天理。

6. 问："'思无邪'一言，如何便盖得三百篇之义？"先生曰："岂特三百篇，《六经》止此一言便可该贯，以至穷古今天下圣贤的话，'思无邪'一言也可该贯。此外更有何说？此是一了百当的功夫。"——《卷下·黄省曾录》

注释：思无邪，出自《论语·为政》。原文是："子曰：《诗》三百，一言以蔽之，曰'思无邪'。"盖得，概括。三百篇，指《诗经》。特，副词，止。《六经》，指《诗》《书》《礼》《乐》《易》《春秋》六部儒家经典。贯，贯穿，概括。

翻译：黄省曾问："'思无邪'一句话，如何能概括得了《诗经》三百篇的意思？"王阳明先生说："岂止是《诗经》三百篇，就是《六经》也只需要这一句话就可以概括贯穿，以至古今天下圣贤的话，都可以用'思无邪'这一句话来概括。除了这句话，难道还有什么别的话可以概括吗？这就是一了百当的功夫。"

精读：黄省曾，王阳明的弟子，苏州人。这里体现了王阳明的诗教思想。王阳明作为一个教育家，很好地继承了孔子的教育思想，特别是孔子的诗教思想。"思无邪"是孔子诗教思想的出发点，所谓无邪，就是纯正端正，而这正是儒家成人成君子的基本要求，也是最高要求。

第十五讲

诗学

诗学概述

在一些中国古代哲学、古代思想的著作中，均不见“诗学”的影子，这实在是沧海遗珠，遗憾得很。“诗学”不仅应该进入古代哲学、古代思想研究的视野，而且也应该给“诗学”以名正言顺的地位。因为，“诗学”不仅是中国先民的生活和文化指南，也是中国古代哲学、古代思想的原生点。中国传统文化从某种意义上来说，就是从这儿出发的。为此，需要专门单列一章以介绍之。

诗学，即指以古代《诗经》为代表的诗歌教育思想，不是指文学意义上的诗学。在中国古代，读诗、学诗是人生中的一件大事，教育、从政、治国、外交、做人、生活，都离不开读诗、学诗。孔子说：“不学诗，无以言。”不读诗，连话都说不了，还能做什么？可见，读诗、学诗是学习和做人的第一等大事。

《诗经》是人们说话、行动的准则和规范，是统治者用以教化人民的教科书，做任何事都要从《诗经》中找依据，都要用《诗经》。

家庭教育离不开《诗经》。有一次，孔子的一个学生陈亢怀疑孔子给自己的儿子孔鲤开小灶，就问孔鲤，老师对您有什么不一样的教诲吗？孔鲤说，没有啊。孔鲤说，我父亲有一次独立站在庭院里，我快步走过时，他叫住我，说："读《诗经》了吗？"我回答说："没有。"父亲说："不读《诗经》，怎么能够说话得体呢？"于是，我退回去认真读《诗经》。像孔子这样教诗、读诗，估计在那时候，绝不是个例。可见，在家庭教育里，学习《诗经》是普遍现象。

宴饮离不开《诗经》。《小雅》第一篇《鹿鸣》就描述了一场宴饮开始的情景，好客的主人热烈欢迎宾客，并对宾客表示感谢："呦呦鹿鸣，食野之苹。我有嘉宾，鼓瑟吹笙。吹笙鼓簧，承筐是将。人之好我，示我周行。"意思是：一群鹿儿呦呦叫，都在原野吃艾草。我的一帮好朋友，弹琴吹笙奏乐调。满筐礼品送给我，弹琴吹笙奏乐调。都是我的好朋友，引我奔向光明道。你看，宴饮时，一边唱歌奏乐，一边诵诗，好不热闹，还很文雅，日子过得有滋有味。朱熹说，这首诗原来是贵族的宴饮，后来影响到民间，普通老百姓宴饮时也开始用《诗经》。现代宴饮生活中，有时为了助兴，也会吟诗作对，可见这种影响之深。

征战打了胜仗，为了记住某人的功绩，也要诵诗。《小雅》有一篇《出车》，其中有这样几句："王命南仲，往城于方。出车彭彭，旂旐央央。天子命我，城彼朔方。赫赫南仲，玁狁于襄。"意思是：周王命令南仲将军，筑城守卫在北方。出征的车子连成线，出征的旌旗迎风扬。这是周天子的命令，命我筑城守北方。威风凛凛的南仲将军，打击猃狁的侵略，城池固若金汤。从诗中来看，南仲将军应该很会打仗，估计立过战功，因此深得周天子信任，周天子才派他去筑城守北方。他出征时很威风，又是战车，又是旌旗，很有气势。

祭祀在那时是一件十分严肃的事，当然要用到《诗经》。《小雅》中有一篇《楚茨》记述祭祀十分详细，我们录用两节看看："楚楚者茨，言抽其棘，自昔何为？我艺黍稷。我黍与与，我稷翼翼。我仓既盈，我庾维亿。以为酒食，以享以祀，以妥以侑，以介景福。济济跄跄，絜尔牛羊，以往烝尝。或剥或亨，或肆或将。祝祭于祊，祀事孔明。先祖是皇，神保是飨。孝孙有庆，报以介福，万寿无疆！"这里录用的是前两节，讲述祭祀的原因和场景。诗的意思是：蒺藜长得真茂盛，人们用锄头斩草荆。从前至今为什么？种高粱种谷传生命。我的高粱真壮硕，我的谷子真齐整。我的谷仓满又满，我的粮仓装不进。酿好酒来做祭食，做好祭饭献神灵。众位神灵您坐好，祈求福禄得靠神。人儿多多，脚步多么齐整，洗净牛羊，做好秋冬祭蒸。有人屠宰，有人调烹；有人陈列，有人捧进。祭事想得很周全，祭礼隆重摆庙门。弘扬先祖功德，祭献先祖神灵。孝子贤孙，吉祥如意，保佑我们万福，万世永享太平！这本是一首周王祭祀先祖宗庙的乐歌，起初可能就是贵族社会用，后来传到民间，民间遂成风气。祭祀的习俗从那时起，一直传到今天，历两千多年而不衰。现在我们逢年过节，都要置办祭祀食品，以供诸位列祖列宗"享用"。

外交场合离不开《诗经》。《左传·襄公二十九年》讲述了这样一个故事：吴国公子季札去鲁国访问，请求观赏周朝的音乐和舞蹈。鲁国人让乐工为他演唱《齐风》，季札听了后说，真美啊！宏大而深远，这大概就是大国的音乐吧，就是太公的国家吧，完全可以作为东海诸国的表率，国运真是不可限量啊！乐工又为他演唱《豳风》，季札说，真美啊！坦坦荡荡，快乐而不放纵，这大概就是周公东征时的乐歌吧！又为之演唱《秦风》，季札说，这乐歌就叫做正声吧！能做正声，自然就宏大，宏大到了极点，这大概是周室故地的乐歌吧。又为之演唱《魏风》，季札说，真美啊！轻轻地飘动，粗犷而又婉转，变化曲折而又易于流传，加上德行的辅助，就完全可以成为贤明的君主了！两国交往，不仅说话引用《诗经》，为表示欢迎，为壮大国威，都要诵诗。

人们还直接用诗来反映社会的不平等，表达愤怒的心声。《魏风》中《伐檀》和《硕鼠》都是这样的名篇。我们先看《伐檀》："坎坎伐檀兮，置之河之干兮，河水清且涟猗。不稼不穑，胡取禾三百廛兮？不狩不猎，胡瞻尔庭有县貆兮？彼君子兮，不素餐兮！"这首诗集中反映了劳动不得和不劳而获的矛盾。砍伐檀树声坎坎，棵棵放倒堆河边，河水清清微波转，不播种来不收割，为何三百捆谷物往家搬？夏不打猎冬不狩，为何你的庭院猪獾悬？你们这些老爷君子啊，难道不是白吃饭？自己种地，却不能收获，老爷君子不干活，却有满院的粮食。你说，这是多么不平等啊！愤愤不平的怨气溢于言表。再来看《硕鼠》："硕鼠硕鼠，无食我黍！三岁贯汝，莫我肯顾。逝将去汝，适彼乐土。乐土乐土，爰得我所。”《伐檀》仅仅是怨言，《硕鼠》就开始反抗了，而且还表达了自己的向往。大老鼠啊大老鼠，不要吃我种的黍！多年辛苦养活你，我的生活你不顾。发誓从此离开你，到那理想新乐土。新乐土啊新乐土，才是安居好去处！诗中最可贵的，是表达了一种向往，向往没有剥削、没有压迫的人间“乐土”。这种社会理想的提出，在我国思想史上产生了巨大作用。陶渊明的《桃花源记》就构建了一个“世外桃源”，或许就受此影响。

用诗来表达感情，反映婚姻生活，更是一道有特殊意味的风景线。最著名的篇章之一就是《卫风》的《氓》：“桑之未落，其叶沃若。于嗟鸠兮，无食桑葚。于嗟女兮，无与士耽。士之耽兮，犹可说也；女之耽兮，不可说也！”桑叶还未凋落的时候，它的颜色是多么娇嫩。斑鸠啊斑鸠，你不要贪吃桑葚！姑娘啊姑娘，不要与男子沉溺于爱情。男子沉溺爱情里，他们可以忘记；姑娘沉溺爱情里，就无法脱身。这是一首弃妇诗，对后世反映妇女的文学作品影响巨大。它描写了一个弃妇与负心男子从订婚、迎娶，到遭受虐待、遗弃的过程，表达了弃妇对被虐待与遗弃的痛苦与悲哀，也表达了对男子“二三其德”（三心二意）的愤怒，还表达了弃妇对爱情与婚姻“不思其反”的决心和觉悟。诗中反映的男女对待感情的态度差别，成为后来一个常说常新的永恒话题。

著名历史学家顾颉刚先生把《诗经》的用法大致分为四类，典礼、讽谏、赋诗、言语，总体准确。但其实《诗经》在当时用途要广泛得多，几乎无所不用，完全可以说，《诗经》就是人们生活的教科书。不仅如此，《诗经》还是一部用来统治思想的文化典籍，是古代士人参加科举考试的宝典，是文化学者研究先秦政治社会的重要史料。《诗经》是一座思想文化高峰。

秦汉以前，人们对《诗经》的研究不系统，只有孔子、孟子和荀子零星地讨论过一些问题，产生了一定的影响。《诗经》研究的复兴是汉代和宋代。汉代注重训诂，人们称之为“汉学”，宋代注重义理，人们称之为“宋学”。“汉学”产生了今文经学派和古文经学派，前者以董仲舒为代表，其代表著作是《春秋公羊传》，后者以郑玄为代表，代表著作是《毛诗传笺》。《毛诗传笺》诞生以后，遂成为天下通行的《诗经》版本。“宋学”以朱熹为代表，其代表作品是《诗集传》，《诗集传》是古代《诗经》研究史上的一个里程碑。近现代以来，胡适、顾颉刚、朱自清、鲁迅、闻一多、郭沫若等学者，在总结前人《诗经》研究的基础上，从文学、史学、社会学、民俗学、文字学等领域，把《诗经》的研究推向了一个新阶段。

《诗经》是一部什么样的书

《诗经》原本是一部文学作品，不是经书，但在《诗经》时代，却被统治者奉为一部教化民众的经书。统治者用它“经夫妇，成孝敬，厚人伦，美教化，移风俗”，把它作为政治思想教育和道德修养教育的必修书。

《诗经》是我国第一部诗歌总集，收入自西周初年至春秋中叶约五百多年的诗歌，共305篇。在秦汉以前，《诗经》只称为《诗》，因为《诗经》有305篇，为取个整数，所以又称《诗三百》。西汉时，《诗经》被尊为儒家经典，始称《诗经》，这一名称遂沿用至今。

《诗经》有“六艺”，即“风雅颂”和“赋比兴”，前三者指的是《诗经》的内容，后三者指的是《诗经》的表现手法。

“风雅颂”是依据音乐的不同来划分的。“风”，又称为“十五国风”，共160篇，是《诗经》中篇幅最多的，也是《诗经》中成就最高的，主要指采诗官在黄河流域采取的乐歌，含周南、召南、邶、鄘、卫、王、郑、齐、魏、唐、秦、陈、桧、曹、豳等15个地区，包括现在陕西、山西、河南、河北、山东和湖北北部，这一地域是我国古代文化的摇篮。“风”多半是民歌。“风”的意思十分复杂，难有定论。最早被理解为风化和教化，后来朱熹解释为“风土之音”，意即一种民俗歌谣，再后来梁启超理解为一种诗体，章太炎理解为吟咏和背诵的诗，还有人认为是一种乐调，比如顾颉刚就持这一观点。因为“风雅颂”是按照乐调来划分的，所以“风”指一种乐调比较可信。“雅”分为“小雅”和“大雅”两部分，是文人创作的宫廷乐歌，共105篇。“雅”的本义是“正”，所以“雅”又称为“正声”“正乐”。此外，古时“雅”“夏”通用，故可知“雅”乃为夏地（周室）的乐歌，也就是周室宫廷和贵族用的正声。“雅”为何又分“大雅”和“小雅”呢？因为正者，政也，也就是王政之兴衰，而政有大小之分，“大雅”是“文王之德”，“小雅”是“周德之衰”。也有人说，“雅”就是指“雅乐”，后来“雅乐”又有了新的变化，因此把旧的“雅乐”成为“大雅”，新的“雅乐”成为“小雅”。“颂”是按照封地来划分的，分为“周颂”“鲁颂”和“商颂”，是宗庙用于祭祀的乐歌和舞歌，共40篇。“颂”是乐舞合一的乐歌，特点是“美盛德之形容，以其成功告于神明者也”，“颂之言容，天子之德，光被四表”，也就是边歌边舞，用以在宫廷宗庙上祭祀祖先、祈祷神明。古时“颂”“庸”通假，“庸”即“镛”，“镛”就是大钟，声音缓慢，音色庄重，所以“颂”的篇章多半简短，无韵，不分章，不叠句，比较适合宗教性的祭祀歌舞。

“赋比兴”是《诗经》最主要的表现手法。“赋者，敷也，敷陈其事而直言之者也”，也就是直接铺陈叙述。“赋”是《诗经》最基本的表现手法。比如《邶风》中《静女》一篇，第一节写道：“静女其姝，俟我于城隅。爱而不见，搔首踟蹰。”就是直接描写，不讲含蓄，把一个美丽的女子与心爱的男子约会，却故意躲起来不见，男子抓耳挠腮，徘徊不定的约会场景描绘得十分客观逼真。这就是“赋”的写法。“比”，就是打比方，“以彼物比此物也”。《诗经》中几乎处处用“比”。比如《氓》中，为了突出女子恋爱的快乐，诗中写道：“桑之未落，其叶沃若。”用桑叶的茂盛来比喻爱情的热恋。“桑之落矣，其黄而陨。”男子变心了，连树叶也要黄而枯萎了。为了赞美卫庄公的夫人庄姜的美貌“巧笑倩兮，美目盼兮”，《硕人》一诗中连用六个比喻来形容：“手如柔荑，肤如凝脂，领如蝤蛴，齿如瓠犀，螓首蛾眉。”手像白茅的嫩芽，皮肤如凝结的油脂，脖颈像天牛的幼虫，牙齿像葫芦的子仁，头部如蝉那样小而方正，眉毛似蚕蛾那样弯曲而细长，真是形容得精妙绝伦！“兴”，就是先说一件事，以引起要说明的事物，即“先言他物以引起所咏之辞也”。“兴”常常兼有“比”的用法，往往用于一首诗或一章诗的开头。如《桃夭》一诗，开头的“桃之夭夭，灼灼其华”，就既写出了春天桃花开放时的美丽，是写实之笔，又可理解为对新娘美貌的暗喻，与下文结婚时的热烈气氛形成照应，这既是“兴”的写法，又是“比”的写法。

《诗经》的语言以四言为主，在结构上讲究重章叠句。所谓重章叠句，是指在诗歌的不同段落，稍微变换几个词语，反复吟唱，这样诗歌就有一唱三叹、回环往复的美感。如《蒹葭》，每一章句式基本相同，字数大致相等，在相同位置，变换词语，达到反复吟唱的目的：

蒹葭苍苍，白露为霜。所谓伊人，在水一方。
溯洄从之，道阻且长。溯游从之，宛在水中央。
蒹葭萋萋，白露未晞。所谓伊人，在水之湄。
溯洄从之，道阻且跻。溯游从之，宛在水中坻。
蒹葭采采，白露未已。所谓伊人，在水之涘。
溯洄从之，道阻且右。溯游从之，宛在水中沚。

从以上对《诗经》的介绍来看，《诗经》实在是一部文学作品，并不是经书，所以我们应该以文学的眼光看待之。

关于《诗经》一书的来历，历来有三种说法，第一种是采诗说。在周代，据说沿用了上古的采风制度，就是朝廷派官员去民间采集歌谣，为统治者知民情，观风俗。《汉书·食货志》就记载有这样的事：“孟春之月，群居者将散，行人振木铎，徇于路以采诗，献之太师，比其音律，以闻于天子。故曰王者不出牖户而知天下。”第二种是献诗说。《国语·周语》记有这样一句话：“故天子听政，使公卿至于列士献诗。”据此可知，周代有献诗的制度。影响最大的是第三种，删诗说。删诗说见于《史记·孔子世家》：“古者诗三千余篇，及至孔子，去其重，取可施于礼义……三百五篇”，可见现在我们见到的305篇，就是孔子删诗以后确定的。但是许多人不相信此说，比如胡适、冯友兰等，认为孔子最大的可能性是修订，并没有删诗。但不管怎样，第一，孔子与《诗经》结有不解之缘，这应该没有异议。第二，孔子用《诗经》来表达自己的政治理想，这大概也没有异议吧。

孔子的诗教思想

孔子对《诗经》有着天然的爱好，他喜欢读诗、引诗、说诗；尽管他对《诗经》没有做系统的研究，但他的诗教思想，却闪动着熠熠的光辉。孔子说诗共十六处，均散见于《论语》。

孔子的诗教思想主要表现在以下几个方面：

第一，用之训练语言。孔子喜欢用诗说话，也喜欢劝别人用诗说话，最典型的就是要求儿子孔鲤读《诗经》，学说话。他说："不学诗，无以言。"可见读《诗》对于训练语言的重要性。为什么读《诗》可以训练语言呢？因为孔子说《诗经》都是雅言，雅言就是那时候的标准语、普通话。孔子说，"诗，书，执礼，皆雅言也"，又说，读诗还能"多识鸟兽草木之名"，可见学习《诗经》还能增长知识。

第二，用于修炼个人修养。孔子是把学诗、学礼和学习音乐联系起来看待的，他说，"兴于《诗》，立于礼，成于乐"，也就是说，一个人的修养开始于学《诗》，自立于学礼，完成于学乐，学诗是一个人修炼修养的基础。孔子十分强调修炼的过程，他与子贡的一段对话清楚地说明这一点。子贡说：“贫穷而能不谄媚，富有而能不骄傲，怎么样？”孔子说：“已经很不错了，但还是不如虽贫穷却快乐于道，虽富裕又好礼于人。”子贡说：“《诗》上说，‘要像对待骨、角、象牙、玉石一样，切磋它，琢磨它’，就是讲的这个意思吧？”孔子说：“子贡啊，你能从我已经讲过的话中领会到我还没有说到的意思，举一反三，我可以同你谈论《诗》了。”在孔子看来，一个人的修养要像切磋玉石、象牙那样经常打磨，这样才能变成一个高尚的人。

第三，用于兴观群怨，教化社会。“兴观群怨”是孔子最重要的诗教思想之一，在中国思想史和文艺批评史上有着巨大的影响。“兴”就是熏陶，是指用诗对人们的思想进行启示，对情感进行感染。“观”就是认识，用来认识社会，主要是察民情、观风俗、知兴衰、明进退，十五国风中的大部分篇目都有这个作用。“群”就是沟通，就是言志，人们的思想感情、礼仪规范是需要沟通交流的，诵诗可以达到这个目的，许多外交场合通过诵诗达到彼此了解的目的。“怨”就是讽刺、美刺，用诗合情合理地批评社会的不良现象，规劝不合礼度的言行，《诗经》中的讽喻诗即是这类。“兴观群怨”反映了孔子诗教思想的本质特征。

第四，用于规范礼度。孔子非常看重《诗经》的规范作用。他说：“诗三百篇，一言以蔽之，曰：思无邪。”“无邪”就是归正，也就是要合于礼度，合于中庸之道，无论是“兴观群怨”，还是抒发感情，都要做到合于礼度、合于分寸。孔子并不反对爱情，只是认为要合乎礼仪，要有礼有节。他说，《关雎》就是一篇合乎礼节的作品，它“乐而不淫，哀而不伤”，表达感情恰到好处。

第五，强调学以致用。孔子不死读书，恰恰相反，他非常强调学以致用，强调社会实践。他总是鼓励学生大胆地去参加社会实践，借以实现自己的政治抱负。他说：“诵诗三百，授之以政，不达；使于四方，不能专对。虽多，亦奚以为？”意思是：把《诗》三百篇读得很熟，让他处理政务，却不会办事；让他当外交使节，不能独立地跟人交涉；书读得很多，又有什么用呢？”可见他反对死读《诗经》，倡导活学活用。南怀瑾非常赞同这一点，他说：“书读好的人，从政经验不够，就派他到外面多经历人情世故。回来还不能深入，就不是从政的大才，书读得再多也没有用。”

第六，讲究借鉴迁移、触类旁通。活学，一方面体现在实践中，一方面还体现在“打通”上，能从一个方面联想到多个方面。在《八佾》篇中，子夏问“巧笑倩兮，美目盼兮，素以为绚兮”（笑得真好看啊，美丽的眼睛真明亮啊，是用素粉打扮的啊）是什么意思？孔子回答说，先有白底子，然后在上面好作画。子夏又问，礼是不是也是后起的呢？孔子说，子夏啊，你真是能启发我，现在可以同你谈论诗了。什么意思呢？子夏从女子的美貌联想到绘画，又联想到学礼，按说是离原诗的意思越来越远了，可为什么孔子却大加赞赏呢？这就是孔子的用诗观。诗的原意是什么并不重要，关键是要能说明自己的道德理想。孔子用“触类旁通”的方法，是要告诉人们，要成为一个君子，有令人艳羡的气度，就要先留出空白的底子，然后学礼，然后成君子。

孔子的诗教思想对后世的政治、文学、教育都有着深远的影响，对孟子和荀子的诗教思想更有着直接的传承。不过，孟子和荀子发展了孔子的诗教思想。孟子的诗教思想，其核心是“以意逆志”和“知人论世”。“以意逆志”就是不要拘泥于个别词句，而要以全篇意思去推求作者的意旨、本意，这样做势必很难，因为每个人的立场、背景、学养不同，自然推求的结果是不同的，于是孟子又提出“知人论世”的思想，强调要了解作者，理解作者，要读书读人相结合，这样理解诗句的意思才可能全面、正确。孟子着重从方法论的角度去解诗。荀子的诗教思想走得更远一点，核心是“隆礼义，杀《诗》《书》”，简而言之，就是推崇礼义，贬抑《诗》《书》，把《诗》《书》的崇高地位降下来，把最高的位置让给“礼义”。荀子说，“礼义者。治之始也”，礼义是治国的基础。又说，“礼者，治辨之极也，强国之本也”。礼义不仅是治国的基础，也是一个国家强大的根本，礼义被抬到了最高位置。这个观点与孔孟都不同。孔孟强调读诗、用诗，荀子却贬抑诗，推崇礼义。

朱熹的诗教思想

《诗经》在汉代被尊称为“经”，始称《诗经》，由此揭开“诗经学”研究的大幕。东汉末年，古文经学家郑玄著《毛诗传笺》，集《诗经》研究之大成，使《诗经》研究成为一门显学。著名《诗经》研究专家夏传才认为，《毛诗传笺》是《诗经》研究史上的第一个里程碑！

魏晋南北朝《诗经》研究渐趋衰落，到了唐代，借助一批诗人、散文家的影响力，《诗经》重放光彩。文人们或倡导诗歌革新，或推举新乐府运动，或复兴古文运动，一方面把《诗经》当作儒家经典来学习，一方面，从《诗经》中汲取丰富的文学养分，兴诗歌革命和散文革命之波澜。这其中，陈子昂、李白、杜甫、元稹、白居易、韩愈、柳宗元都是旗手。

至宋，欧阳修和苏辙首先掀开《诗经》研究的神秘面纱，坚持 “废序”，王安石紧跟之。所谓“废序”，就是废除《诗经》中的“大序”和“小序”。“大序”居《诗经》一书之首，是解读《诗经》的钥匙；“小序”居每篇之首，是解读每首诗的拐杖。“大序”和“小序”假托圣人之言，曲解诗经，歪读诗章，使《诗经》失去它本原的面貌。著名的理学家程颐、吕祖谦等都是尊序派重要力量，他们坚持认为诗序是圣人所作，捍卫“大小序”的尊严。

朱熹坚持“废序”，指出“诗序”有三大害处：其一，“诗序”完全为后人所作，不是孔子所著，孔子是“述而不作”；其二，“诗序”害诗，许多诗本来很优美，意思很清楚，经“诗序”曲解后，面目全非，不堪卒读；第三，“诗序”有害孔子诗教思想，孔子说，一本《诗经》，一言以蔽之，曰“思无邪”，但“诗序”则以下刺上，多有怨怼，这不合儒家纲纪伦常。

作为南宋理学大师的朱熹，在前人研究《诗经》的基础上，追本溯源，殚精竭虑，力求还《诗经》以原貌。他所撰写的《诗集传》成为中国《诗经》研究史上的一座丰碑。

朱熹的诗教思想主要有以下几个特点：

第一，在继承中有创新。孔子“述而不作”，对许多篇章采用“春秋笔法”，点到为止，并没有深究，这使得许多诗，人们只知其然，而不知其所以然。比如读《关雎》，孔子说，“关雎乐而不淫，哀而不伤”，只是指出这首诗的特点，并没有说明这首诗为什么会这样。朱熹解读说，这首诗是“周之文王，生有圣德，又得圣女姒氏以为之配，宫中之人……见其有幽闲贞静之德，故作是诗”。朱熹认为“此纲纪之首，王教之端也”，这样，就充分解释了这首诗何以“乐而不淫，哀而不伤”，何以赢得了孔子的充分肯定。当然，朱熹仍然是从教化的角度来解读这首诗的，这是朱熹的思想局限。

另外，朱熹在前人研究的基础上，一方面努力继承，另一方面，又大胆扬弃，遂使《诗经》焕发出新鲜的色彩。比如，孔子修诗，认为“郑卫之乐，皆为淫声”，认为郑风和卫风全部都是爱情诗。但朱熹经过认真研究后，认为“卫诗三十有九，而淫奔之诗才四之一。郑诗二十有一，而淫奔之诗已不翘七之五”，郑风和卫风的爱情诗是不少，但远远没有孔子所说的数字，这种研究或许更接近历史事实吧。

第二，废除“二序”，用文学的眼光解读《诗经》。朱熹作为理学大师，其思想当然是维护儒教的统治地位的，但可贵的是，朱熹能废除“二序”，第一次用文学的眼光看待《诗经》。这在《诗经》历史上具有革命的意义。朱熹说，“《诗》本易明，只被前面《诗序》作梗。《诗序》作，而观《诗》者不知《诗》意。”“《诗》意”是什么，就是文学的眼光。朱熹说，《诗经》之主体部分的“十五国风”，多“出于里巷歌谣之作”，这些诗大部分是表达男女情感的，是爱情诗，“乃是男女相与咏歌，各言其情”。如《蒹葭》一诗，“小序”说，“蒹葭，刺襄公也。未能用周礼，将无以固其国也”。这纯粹是穿凿附会式的解读。《诗集传》却说，“言秋水方盛之时，所谓彼人者，乃在水之一方，上下求之而皆不可得。”指出这应该是一首爱情诗。不仅如此，对“雅诗”中的部分篇章，朱熹也以文学的眼光进行阅读。

第三，考证文本，注意韵读。朱熹不愧为一代汉语言文字大师，他肯下功夫，无门户之见，《诗集传》对许多文字多有考证，对多家注解多有汇编，纠正了前人不少错讹。而且朱熹利用“叶音”法反切，给许多生僻汉字注音，使人们方便诵读。这为《诗经》的普及做出了很大的贡献。

第四，朱熹对《诗经》的创作原因、功用、创作内容和学习途径都作出十分精细的学理分析。这主要集中在《诗集传序》中。他说，“诗何为而作也”，就是天性、欲望使然，人有“感于物而动”的本能，所以有表达的要求，这就诞生了诗歌。他说，《诗经》能正是非，美教化，“使夫学者即是而有以考其得失，善者师之，而恶者改焉”，这就是《诗经》“而其教实被于万世”的原因。他认为，《诗经》的“十五国风”有许多是民间歌谣，表达男女相悦相爱之情，有正性情、化成德的作用，特别是《周南》和《召南》两个地区的民歌，所以他认为学习《诗经》应当从学习“二南”开始，“本之二南以求其端”。

当然，朱熹的诗教思想也有其局限。比如，他仍然过分强调《诗经》的经学意义，这使得《诗经》在文学解读的道路上，走得并不远；为了音韵和谐，朱熹采用“叶音”反切，临时把某个字改读成某个读音，这实际上是不明白语音变化之故，汉语音随着时间的流变，有些读音已经不押韵了，这完全是语言变化的自然规律所致。

《诗经》名句精读

一、反映爱情婚姻生活

1. 关关雎鸠，在河之洲，窈窕淑女，君子好逑。（《诗经·周南·关雎》）

注释：关关，雎鸠鸟（一般认为是鱼鹰）发出求偶的叫声。逑，配偶，这里指求偶。

翻译：雎鸠鸟关关相对唱，成双成对小岛上。纯洁美丽的好姑娘，正是君子寻找的好对象。

精读：《关雎》是《诗经》的第一篇，也是《国风》的第一篇，地位举足轻重。这是一首爱情诗，写一青年男子热恋一个采集荇菜的女子。“诗序”说是颂“后妃之德也”，真是歪读可也！“诗序”又说：“《风》之始也，所以风天下而正夫妇也。故用之乡人焉，用之邦国焉。”古人认为，夫妇之伦理为人伦之始，所以一切道德的完善，应从正夫妇伦理开始，这样说，虽说是教化，可也有几分道理。

2. 蒹葭苍苍，白露为霜。所谓伊人，在水一方。（《诗经·秦风·蒹葭》）

注释：蒹葭，指芦荻，芦苇。

翻译：河边芦苇青苍苍，秋深露水结成霜。意中人儿在何处？正在河水那一方。

精读：前两句为起兴。《蒹葭》也是一首爱情诗，写一个青年追求意中人而不得。“诗序”说是“刺襄公也。未能用周礼，将无以固其国焉。”明明是情诗，却这样说，也是歪读。

3. 桃之夭夭，灼灼其华。之子于归，宜其室家。（《诗经·周南·桃夭》）

注释：夭夭，桃花怒放的样子。华，同“花”。之，代词，这个人，指新娘。

翻译：桃树蓓蕾满枝桠，鲜艳明丽赛朝霞。美丽姑娘出嫁了，和和顺顺上夫家。

精读：前两句起兴，兼有比喻，喻新娘的美丽。朱熹说这首诗合周礼，“仲春令会男女。然则桃之有华，正婚姻之时也。”男大当婚，女大当嫁，所言极是。

4. 风雨如晦，鸡鸣不已。既见君子，云胡不喜？ （《诗经·郑风·风雨》）

注释：晦，昏暗。云胡，为何。

翻译：风雨天气阴又冷，雄鸡喔喔叫不已。丈夫已经归家来，我心哪能不欢喜？

精读：这首诗写夫妇久别重逢的快乐。风雨之夜，久别的丈夫突然归家，娘子喜不自胜。原来，古人言夫妇之爱，也是这般急切！

5. 青青子衿，悠悠我心。纵我不往，子宁不嗣音？（《诗经·郑风·子衿》）

注释：衿，衣领。嗣音，捎信。

翻译：青青你的衣领，悠悠我的心境。纵然我不前往，难道你不能捎信？

精读：这首诗写一个女子久等情人，不来，遂生怨言。确实，嗔怪之意，溢于言表。钱锺书先生说，“《子衿》云：‘纵我不往，子宁不嗣音？’薄责己而厚望于人也。已开后世小说言情心理描绘矣。”说得有道理。

6. 投我以木桃，报之以琼瑶。匪报也，永以为好也。（《诗经·卫风·木瓜》）

注释：琼瑶，古代的一种佩玉。

翻译：你以木瓜相送我，我以美玉回赠你。不是为了表感谢，表示永远爱着你。

精读：这首诗写男女互赠信物，表达爱情。周王朝时代，男女定情后，男子多以佩玉相赠，以示相好。“投桃报李”即出自该诗。

7. 月出皎兮，佼人僚兮。舒窈纠兮。劳心悄兮。（《诗经·陈

风·月出》）

注释：皎，皎洁，形容月色。僚，娇美。窈纠，体态苗条的样子。悄：忧愁的样子。

翻译：多么皎洁的月光，映照你娇美的脸庞。你婀娜多姿的倩影，牵动我百结的愁肠！

精读：这首诗写一男子在月下怀念一位美人。“诗序”却说是讽刺陈国统治者“好色”，何其谬也！还是朱熹说得好，他说，这首诗“亦男女相悦而相念之辞”，一语中的！这就是朱熹的智慧。

8. 汉之广矣，不可泳思。江之永矣，不可方思。（《诗经·周南·汉广》）

注释：泳，游水渡过。方，划船渡过。

翻译：汉水滔滔宽又长，不能泅渡空忧伤。长江汤汤宽又长，不能摆渡空惆怅。

精读：这首诗写一个青年男子爱慕一女子，却不能如愿，因而空生惆怅。中国爱情诗中有“企慕情境”一说，意思是，有一类诗专写思慕而不得的怅惘。钱锺书先生说，其原型意境当为《蒹葭》《汉广》。所说有一定理由。

9. 江有汜，之子归，不我以。不我以，其后也悔。（《诗经·召南·江有汜》）

注释：汜，长江的支流。归：出嫁。

翻译：江水长长有支流，新人出嫁喜悠悠，旧人遭弃使人愁。今日虽然不要我，将来必悔又来求。

精读：第一句起兴，无实际意义。这是一首弃妇诗，以一个女子的口吻写来。这一女子遭弃后，一面自怜，一面自信，难得！弃妇诗当以《诗经》中的《氓》《江有汜》为滥觞，《氓》因前文中已有论述，故未选。

二、成君子之德

1. 巧笑倩兮，美目盼兮。（《诗经·卫风·硕人》）

注释：倩，口角含笑的样子。盼：眼睛黑白分明的样子。

翻译：微微浅笑使人醉，美目流传不胜收。

精读：在数以千计想象美貌的诗篇中，这一篇当为翘楚。这首诗赞美卫庄公夫人庄姜的美貌！为什么要赞美她呢？因为庄姜虽然渴望爱情，但她能压制内心的冲动，不让其外泄，符合孔子所说的“思无邪”的标准。庄姜同卫国卫灵公的夫人南子形成鲜明对比。这种美，不仅可以形容女人，也用来赞美君子之德。

2. 有匪君子，如切如磋，如琢如磨。《诗经·卫风·淇奥》

注释：匪，同“斐”，有文采的样子。切，切割骨器。磋，雕刻象玉。琢，雕刻玉石。磨，打磨石器。

翻译：有文采的君子啊，就像那象牙必须经过切磋，如美玉必须经过琢磨。

精读：这首诗赞美一位才华出众的男子，说他的文采风流，像象牙那样经得起切磋，像玉石那样经得起琢磨。象牙、玉石，不仅说明品德的修炼需要一个雕琢的过程，而且也说明真正的君子，必须要具有清朗俊秀的君子风范。“如切如磋，如琢如磨”，现已成为成语，被人们广为使用。

3. 心之忧矣，如匪浣衣。静言思之，不能奋飞。（《诗经·邶风·柏舟》）

注释：匪，彼，那。

翻译：心中的忧愁抹不掉，如洗不净的脏衣裳。静下心来前后想，只恨想飞无翅膀。

精读：这首诗写遇人不淑，遭小人阻碍，有志不得伸展，因而怀愁叹息。“诗序”说，这首诗“言仁而不遇也”，“诗序”这回算是说对了。

三、反映征战戍边

1. 死生契阔，与子成说。执子之手，与子偕老。（《诗经·邶风·击鼓》）

注释：契阔，相合，离别，也就是“聚散”，形容生离死别。

翻译：无论聚散与死活，绝不忘记生死约。拉着你手久不放，白头到老一起过。

精读：这是一首反映征战的诗，写士兵思念家乡、思念妻子而不得回家的痛苦，控诉了征战的残酷性。两千余年，而今读来，依然痛断肝肠，真是好诗！

2. 昔我往矣，杨柳依依。今我来思，雨雪霏霏。（《诗经·小雅·采薇》）

注释：依依，杨柳迎风招展的样子。思，语气助词。

翻译：当初离家，出征远方，杨柳迎风，柳枝飘扬。如今归来，道路依旧，漫天雨雪，心思迷茫。

精读：这首诗，写出了三千年前的一位长久戍边的战士，在归家途中的追忆唱叹之情，可称为千古厌战诗之鼻祖。王夫之说，“以乐景写哀，以哀景写乐，一倍增其哀乐”，刘熙载说“雅人深致，正在借景言情”，说的都是这首诗，可见这首诗的影响了。

四、表达讽谏规劝

1. 知我者谓我心忧，不知我者谓我何求。悠悠苍天，此何人哉？（《诗经·王风·黍离》）

注释：悠悠，高远的样子。

翻译：了解我的，知道我的忧愁；不了解我的，说我有什么企求！高远的苍天啊，是谁把国家搞成这样？

精读：这是一首讽喻诗，为周王室乱离之作，写故国变为农田，令人神伤。“王风”多为乱离之作。诗歌刻画了一个流浪汉的形象，他徘徊在农田边，感叹国运的衰落，哀伤不已。这首诗被誉为悲悼故国的代表作。

2. 不敢暴虎，不敢冯河。人知其一，莫知其他。战战兢兢，如临深渊，如履薄冰。（《诗经·小雅·小旻》）

注释：暴虎，徒手打虎。冯河，徒步过河。

翻译：不敢徒手打虎，不敢徒步过河。人们只知空手打虎、徒步过河的危险，却不知任用小人的危害。面对政局我胆战心惊，就像面临深渊，就像脚踏薄冰。

精读：这首诗讽刺幽王任用小人，招致灾祸。“诗序”说“刺幽王也”。周幽王骄奢淫逸，昏庸无道，听信邪僻之言，重用奸佞之臣，致使覆灭之祸，近在眼前。这几个句子充分表现了一个有道臣子的焦虑万分的心情。这几句诗含有五个成语：暴虎冯河、只知其一不知其二、战战兢兢、如临深渊、如履薄冰。足见其语言的表现力。

3. 它山之石，可以攻玉。（《诗经·小雅·鹤鸣》）

注释：攻，磨刻。

翻译：别的山上的石头，可以用来磨刻成玉器。

精读：“诗序”认为这篇作品是规劝宣王求贤。朱熹对此看法稍有改变，他说，“此诗之作，不可知其所由，然必陈善纳诲之辞也。”认为意在劝善。著名学者程俊英在《诗经译注》中说，“这是一首通篇用借喻的手法，抒发招致人才为国所用的主张的诗，亦可称为‘招隐诗’。”笔者认可这种说法。

4. 靡不有初，鲜克有终。（《诗经·大雅·荡》）

注释：靡，无。克，能够。

翻译：开头尽讲漂亮话，很少能有好收场。

精读：读者一定很熟悉“疾风知劲草，板荡识诚臣”这两句诗，其起源就在《大雅》。《大雅》有《板》《荡》两篇，据说，都是刺周厉王昏庸无道的。“板荡”后用来指天下大乱，时局动荡不安。有学者认为，这首诗是周文王假托上帝之口，指斥商纣王暴虐无道的，或许有几分可信。